헨리 나우웬
1932-1996

Henri J. M. Nouwen

자신의 아픔과 상처, 불안과 염려, 기쁨과 우정을 여과 없이 보여줌으로써 많은 이들에게 영적인 위로와 감동을 준 '상처 입은 치유자'. 누구보다 하나님과의 친밀한 관계를 원했던 그는 하나님을 사랑하는 법과 인간의 마음에 임재하시는 하나님을 발견하고자 애썼다. 매년 책을 펴내면서도 국제적인 강사, 교수, 성직자로서 정신없이 바쁜 행보를 이어갔고, 이러한 그의 삶은 1996년 9월 심장마비로 이 세상을 떠날 때까지 계속되었다.

수많은 강연과 40여 권이 넘는 저서를 통해, 그리고 무엇보다 자신의 삶을 통해 하나님과 직접 교제하는 모범을 보여주었다. 자신의 내면을 들여다보기 위해, 하나님을 사랑하고 그분의 사랑을 받는 법을 배우기 위해, 그래서 그 사랑으로 다른 사람들을 부르기 위해 종종 일터 현장에서 물러났으며, 마침내 안착한 곳은 지체장애자들의 공동체인 라르쉬 데이브레이크였다. 신앙은 그의 생명줄이자 요동하는 세상의 유일한 부동점이었으며, 교회는 아무리 결점이 많아도 여전히 소망과 위로를 주는 피난처였다. 데이브레이크 공동체에서 함께 생활했던 수 모스텔러 수녀는 "당신의 고통을 두려워하지 말라, 관계가 힘들 때는 사랑을 선택하라, 서로 하나 되기 위해 상처 입고 쓰라린 감정 사이를 거닐라, 마음으로부터 서로 용서하라"는 것이 헨리 나우웬의 유산이라고 요약했다. 그의 유산은 지금도 살아 있다.

1932년 네덜란드 네이께르끄에서 태어나 1957년에 사제 서품을 받았다. 1966년부터 노트르담 대학교와 예일 대학교, 하버드 대학교의 강단에 섰으며, 1986년부터 데이브레이크 공동체를 섬겼다. 《탕자의 귀향》《집으로 돌아가는 길》《제네시 일기》《데이브레이크로 가는 길》《두려움을 떠나 사랑의 집으로》《긍휼을 구하는 기도》《나이 든다는 것》 등 그의 책 대부분이 국내에 번역, 소개되었다.

엮은이 마이클 크리스텐슨 Michael J. Christensen

예일 대학교 신학부에서 헨리 나우웬에게 수학했다. 드류 대학교에서 영성과 실천신학을 가르치고 있으며, 샬롬공동체 총책임자이다.

엮은이 레베카 레어드 Rebecca J. Laird

드류 대학교에서 영성 계발과 기독교 사역을 가르치고 있으며, 그곳에서 사역자 계발 책임을 맡고 있다.

옮긴이 이은진

전북대학교 정치외교학과를 졸업하고 경희대학교 평화복지대학원에서 국제및공공정책학을 전공했다. 옮긴 책으로 《그리스도처럼》《천국을 향한 기다림》《책의 책》 외 다수가 있다.

표지 그림 Arkhip Kuindzhi(1842~1910)의 〈Cloud〉, oil painting

분별력

분별력

D I S C E R N M E N T

헨리 나우웬 | 이은진 옮김

포이에마
POIEMA

■ 일러두기

본문에 인용된 성경은 대한성서공회에서 펴낸 새번역판을 따랐으며, 개역개정이나 유진
피터슨의 《메시지》(복있는사람)를 인용한 경우 따로 표기하였습니다.

분별력

헨리 나우웬 지음 | 이은진 옮김

1판 1쇄 발행 2016. 5. 10. | **1판 11쇄 발행** 2024. 9. 27. | **발행처** 포이에마 | **발행인** 박강휘 | **디자인**
지은혜 | **등록번호** 제300-2006-190호 | **등록일자** 2006. 10. 16. | 서울특별시 종로구 북촌로 63-3
우편번호 03052 | 마케팅부 02)3668-3260, 편집부 02)730-8648, 팩스 02)745-4827

값은 뒤표지에 있습니다. ISBN 979-11-5809-047 03230 | 독자의견 전화 02)730-8648 | 이메일
masterpiece@poiema.co.kr | 좋은 독자가 좋은 책을 만듭니다. | 포이에마는 독자 여러분의 의견
에 항상 귀를 기울이고 있습니다.

D I S C E R N M E N T

DISCERNMENT

3 소명과 임재, 정체성과 때 분별하기

무엇에 관한 책인가

이 책에는 하나님이 늘 우리에게 말씀하신다는 전제가 깔려 있다. 하나님은 다양한 시기에 다양한 방법으로 그리스도인 개개인과 하나님의 백성들에게 말씀하신다. 꿈과 환상을 통해, 선지자와 전령을 통해, 성경과 전승, 경험과 이성, 자연과 사건을 통해 늘 우리에게 말씀하신다. '분별'은 하나님이 우리에게 말씀하시려고 하는 바를 이해하고자 하는 영성 훈련이다.

우리가 기도와 고독에 깊이 잠겨 있고 신앙 공동체의 일원으로 살아간다면, 영적인 문제에 답을 얻으려고 씨름할 때 일상생활에서 어떤 표징들을 발견하게 된다. 우리가 읽는 책과 우리가 벗 삼은 자연, 우리가 만나는 사람, 우리가 겪는 사건에는 하나님의 임재와 인도하심을 드러내는 표징이 담겨 있다. 어떤 시구詩句나 성경 구절이 특별한 방식으로 우리에게 말을 걸 때, 자연이 노래하고 피조세계가 그 영광을 드러낼 때, 인생길에서 특정한 사람을 만난 것이 특별한 의미가 있는 것 같을 때, 지금 일어나고 있는 중대한 사건이 의미심장하게 다가올 때가 있다. 그때는 그것들이 암시하는 하나님의 뜻에 주목해야 한다. 분별은 그러한 표징을 읽고 하나님의 메시지를 알아채는 것이다. 헨리 나우웬은 오래된 이 영성 훈련의 길로 우리를 인도할 믿을 만한 안내자다.

이 책은 헨리 나우웬 사후에 출간된 영성 3부작 중 세 번째이자 마지막 작품이다. 독자들은 이 3부작을 통해 가슴속에 품었던 질문을 풀어내고, 성령을 따라 옛 삶에서 새 삶으로 나아가고, 표징을 읽고 하나님의 뜻을 분별하는 법을 배운다. 3부작 중 하퍼원 출판사에서 2006년에 출간한 첫 번째 책 《영성수업 *Spiritual Direction*》은 '나는 누구인가?', '나는 무슨 일을 하도록 부름 받았나?', '나에게 하나님은 어떤 분인가?'와 같은 궁금증을 해결하는 것에 관하여 다루었다. 2010년에 출간한 두 번째 책 《두려움에서 사랑으로 *Spiritual Formation*》는 성령을 따라 원망에서 감사로, 두려움에서 사랑으로, 죽음을 부정하는 삶에서 죽음과 친구가 되는 삶으로 나아가는 것에 관하여 다루었다. 그리고 이번에 출간되는 세 번째 책 《분별력》은 주로 일상생활에서 책과 자연, 사람과 사건을 통해 드러나는 표징을 읽는 것에 관하여 다룬다.

이 책은 헨리 나우웬이 남긴 일기와 저작 가운데서 분별과 소명에 관한 내용을 간추려 재구성한 것이다. 성경적 통찰과 교회 절기를 반영하여 본문은 3부로 나누었다. 1부에서는 성경에 나오는, 거짓 영과 참 영을 분별하는 은사를 포함하여 분별의 본질을 다룬다. 2부에서는 책과 자연, 사람과 사건 속에서 하나님의 인도하심을 찾는 과정을 다룬다. 3부에서는 소명과 임재, 정체성과 때를 분간하는 법에 관하여 다룬다.

헨리 나우웬은 평범한 일상의 소음 밑에서 어렴풋이 들려오는 더 낮은 소리를 듣는 것, 겉으로 드러난 현상을 넘어 사건들의 '상호연계성'을 꿰뚫어보는 것을 '분별'이라고 보았다. 다시 말해, 우리 인생에서나 이 세상에서 벌어지는 이런저런 일이 어떻게 연결되는지를 꿰뚫어보는 통찰*theoria physike*을 분별이라고 보았다. 성경은 훈련과 연습을 통해 하나님이 우리 삶 속에서 어떻게 일하시는지 이해하는 영적 이해력과 경험 지식을 가리켜 '분별'이라 말한다. 우리에게 이런 지식이 생길 때, 비로소 우리는 주님께 합당한 삶을 살아갈 수 있다(골 1:10). 분별은 "하나님이 우리 삶 속에서 우리를 향한 그분의 사랑을 나타내시고 우리를 지도하시는 독특한 방식을 알아내고 확인하는" 영적 은사이자 훈련이다. 우리는 분별을 훈련하고 실천함으로써 "우리를 사랑하시는 하나님과의 신비한 상호작용 안에서 하나님의 뜻을 알고 하나님이 우리에게 주신 소명과 사명을 이룰 수 있다."[1]

그러나 영적인 삶에 관한 궁금증을 풀고, 성령의 이끄심을 따라 나아가려고 애써본 사람이라면 누구나 알고 있듯이, 분별은 단계별 프로그램이나 어떤 체계적인 형식이 아니다. 분별은 휘몰아치는 회오리바람 밑에서 어렴풋이 들려오는 부드럽고 조용한 소리에 귀를 기울이는 규칙적인 훈련이자, 일상생활에서 감지하기 어려운 미묘한 표징을 읽어내는 신앙 훈련이다. 분별은 인생의 중대한 시점에 단 한 번 내리는 의사 결정('이 일자리를 잡아야 할까?' '누구와 결혼해야 할까?' '어디에서 살며 일해야 할까?'와 같은)이 아니다. 하나님을 기억하고

memoria Dei, 자신이 누구인지 알고, 오늘 성령이 하시는 말씀에 세심한 주의를 기울이고자 평생토록 헌신하는 것, 그것이 분별이다.

헨리 나우웬은 개인과 공동체, 이 두 맥락에서 분별에 접근한다. 그래서 이 책의 편집을 맡은 우리는 헨리 나우웬이 분별에 접근하는 방식을 공통 주제에 따라 세 부분으로 정리했다. 체계적으로 분별의 과정을 제시하는 대신, 헨리 나우웬이 이미 발표한 원고와 발표하지 않은 원고를 총망라하여 분별이라는 주제와 관련된 내용을 간추려서 다듬었다. 그가 쓴 일기와 기존에 발표하지 않은 원고를 중심으로 구성하되 이미 발표한 글에서도 일부 발췌하여 보충했다.

1부에서 헨리 나우웬은 분별이란, 기도, 공동체, 예배, 사역 등 그리스도인의 삶에서 핵심이 되는 규율에 뿌리를 박고 있는 은사이자 훈련이라고 정의한다. 그러면서 성경에 나온 것처럼 영을 분별하려 애쓰면서 '악한 영과 싸웠던' 자신의 경험을 풀어놓는다. 헨리 나우웬은 우리에게 이 싸움을 받아들이고 하나님의 능력을 믿으라고 말한다. 어둠의 영에게 저항하고 우리가 하나님께 사랑받는 존재임을 일깨우시는 하나님의 빛 안에서 살자고 우리를 부른다.

2부에서는 자신의 멘토 토머스 머튼Thomas Merton에게서 얻은 교훈을 공유하는 한편, 하나님이 함께하시는 표징을 읽어내고 성경과 그 밖의 양서, 자연의 아름다움, 인생길에서 만난 사람들, 우리 인생에 발생한 중대 사건들 속에서 하나님의 인도하심을 발견했던 자신의 경험을 털어놓는다.

3부에서는 '분별의 영성'에 관하여 다룬다. 헨리 나우웬이 다른 책에서 주로 다루었던 주제에 익숙한 독자라면, 이것이 헨리 나우웬의 최고의 작품임을 인정할 것이다. 그리고 하나님께 사랑받는 자녀로서 우리의 핵심 정체성과 관련하여 새로운 통찰을 얻게 될 것이다. 분별을 통해 우리는, 인간의 마음 안에 계신 하나님을 경험하고*memoria Dei*, 하나님의 시간*kairos*에 따라 행동할 때와 기다릴 때, 인도하시는 대로 따라갈 때(끌고 가는 대로 끌려갈 때)가 언제인지 알게 될 것이다. 우리가 분별에 힘쓰는 이유가 여기에 있다.

어떻게 쓰였나

3부작 중 앞의 두 권은 1980년대에 헨리 나우웬이 예일대 신학대학원과 하버드대 신학대학원에서 가르칠 때 사용했던 강의 노트와 관련 글을 중심으로 구성한 것이다. 그에 반해 3부작의 대미를 장식하는 이 책은 헨리 나우웬이 25년 넘게 꼼꼼히 써내려간 분별 일기 중 발표되지 않은 내용을 중심으로 구성했다. 《제네시 일기*The Genesee Diary*》라는 제목으로 출간된 "피정에 관하여: 제네시 일기" (1974), 《소명을 찾아서*Gracias!*》라는 제목으로 출간된 "남아메리카 일기"(1981-1982), 《데이브레이크로 가는 길*The Road to Daybreak*》이라는 제목으로 출간된 "라르쉬 일기"(1985-1986), 발표되지 않은 "우크라이나 일기"(1996), 《안식의 여정*Sabbatical Journey*》이라는 제목으로 출간된 "안식 일기"(1996)가 이 책의 1차 자료다(이미 책으로 출간된 일기라도 원본에는 있으나 책에는 포함되지 않은 원고를 주로 활용했다-옮긴이). 우리는 헨리 나우웬이 분별에 관하여 했던 이야기를 이 한 권에 담아내고자 했다. 그가 아빌라의 테레사*Teresa of Avila*, 장 피에르 드 코사드*Jean-Pierre de Caussade* 같은 고전 작가들과 토머스 머튼, 장

바니에Jean Vanier 같은 동시대 멘토들, 특별히 좋아하던 신비주의
자들과 성인들에게서 배운 교훈과 함께 미완의 유고를 한데 엮어내
고자 했다. 나우웬 문헌 보관위원회Nouwen Literary Trust의 후원과
협력이 있었기에 가능한 일이었다. 그들의 후원과 협력이 없었다
면, 이 책은 단순한 인용 자료 모음집에 그치고 말았을 것이다.

어떻게 읽을 것인가

헨리 나우웬의 책은 대부분 하루나 이틀이면 충분히 읽을 수 있
을 정도로 분량이 적다. 마음을 기울여 천천히 읽어도 몇 주면 읽을
수 있는 분량이다. 이 책의 경우에는 세 부분으로 나누어 읽기를 권
한다. 대림절이나 사순절 기간에 몇 주에 걸쳐 읽는 것도 추천한다.

3부 중에 먼저 읽을 부분을 선택하는 것도 좋은 방법이다. 1부부
터 3부까지 순서대로 읽을 필요는 없지만, 각 부 안에서는 장 순서
대로 읽는 것이 좋다.

독서 모임이나 영성 훈련 모임에 참석하고 있다면, 10주 동안 한
주에 한 장씩 읽어보길 권한다. 아니면, 교회 절기에 맞춰 활용해도 좋
다. 각 장 끝에는 '깊이 있는 분별 연습'이라는 꼭지가 실려 있으니, 개
인 일기를 쓰거나 소그룹 모임에서 교제를 나눌 때 활용하길 권한다.

영성 지도나 영성 형성에 관한 학교 수업이나 자격증을 위한 과
정의 부교재로 이 책을 활용하는 경우라면, 부록에 실린 자료들을 참
고하라. 헨리 나우웬이 분별에 접근하는 독특한 방식을 이해하는 데
도움이 될 것이다. 로버트 조너스가 쓴 추천사 "헨리 나우웬이 걸었
던 분별의 길"과 부록 "우정과 분별"은 이 주제를 깊이 연구하는 데

좋은 자료다. 마이클 크리스텐슨이 쓴 부록 "더 낮은 북소리를 듣는 헨리 나우웬"은, "다른 드러머의 북소리를 듣고, 그 소리가 어떠하든, 또 얼마나 멀리에서 들리든, 자신이 듣는 음악에 맞추어 걸어가는" (*Walden*, 8장) 사람으로 분별을 설명한 헨리 데이비드 소로Henry David Thoreau를 인용하여 쓴 헨리 나우웬의 글을 확대한 것이다.

마지막으로, 3부작 중 앞서 출간된 두 권과 마찬가지로 이 책은 규칙적으로 영성 훈련을 하면서 경건하게 읽는 것이 좋다. 헨리 나우웬은 관상 기도와 명상 가운데 렉시오 디비나(*lectio divina*, 영적 독서)와 비시오 디비나(*visio divina*, 영적 관찰)를 어떻게 행하는지 상세히 설명한다. 헨리 나우웬의 강의를 녹음한 녹음테이프를 활용할 수 있다면, 책을 읽으면서 아우디오 디비나(*audio divina*, 영적 경청)를 함께 해보는 것도 좋다. 예를 들어, 10장 "때를 알라: 행동할 때, 기다릴 때, 끌려갈 때"를 읽을 때에는 〈기다림의 영성*A Spirituality of Waiting*〉(Crossroads, 1995)이라는 녹음테이프를 함께 활용하면 더 큰 유익을 얻을 것이다.

영적인 문제에 대한 궁금증을 해소하고, 성령이 이끄시는 대로 두려움에서 사랑으로 나아가고, 일상생활에서 표징을 읽어냄으로써, 우리는 쉬운 답과 상충되는 움직임과 혼란스러운 표징이 너무나 많은 이 세상에서 영적인 삶을 더 잘 살아갈 수 있다.

마이클 크리스텐슨과 레베카 레어드
2013년 주현절

헨리 나우웬이 걸었던 분별의 길

로버트 조너스

헨리 나우웬은 아주 특이한 로마가톨릭 신부였다. 그는 개신교 목사들, 라틴아메리카에 사는 농부들, 도시에 사는 지식인들, 미국 상원의원들, 부유한 후원자들, 정신이나 신체에 장애가 있는 사람들을 허물없이 사귀었다. 그가 쓴 책은 전 세계 수백만 독자에게 사랑을 받고 있다. 그중에는 프레드 로저스Fred Rogers, 빌 모이어스Bill Moyers 같은 유명인과 힐러리 로댐 클린턴Hillary Rodham Clinton 같은 정치 지도자도 있다. 힐러리 클린턴은 인생의 중요한 시기에 헨리 나우웬의 대표작《탕자의 귀향The Return of the Prodigal Son》으로부터 지대한 영향을 받았다고 공개적으로 이야기했다.[1] 헨리 나우웬에게는 모든 곳이 자신의 교구였고 모든 사람이 자신의 회중이었다. 그는 모든 부류의 사람들을 섬기는 신부였고, 어떤 상황에 처하든 의지할 수 있는 목회자였다.

거의 40년을 성직자로 살면서 헨리는 거의 매일 성체 성사를 집전했고, 북아메리카와 남아메리카, 그리고 유럽 곳곳에서 수백 번의 출생과 결혼, 장례에 함께했다. 헨리는 많은 사람이 원하는 상담가이자 멘토이자 안내자로서 수많은 사람과 개인적이고 목회적인 대화를 셀 수 없이 많이 나눴다. 타자를 치거나 이메일을 보내는 법도 몰랐지만, 아름다운 손 글씨로 거의 매일 편지를 썼다. 헨리를 따르는 사람들은, 그가 '예수님의 이야기는 우리의 이야기'이고 예수님처럼 우리도 하나님에게 사랑받는 자녀라는 확신을 가지고 경건하고 솜씨 좋게 예수님 이야기를 풀어내는 방식을 좋아하고 즐겼다.

헨리는 익숙한 궤도나 예상 가능한 길을 따르는 삶을 살지 않았다. 그의 여정은 걸어온 길을 되돌아봐야만 완벽하게 이해가 된다. 그가 걸어온 길을 돌려보면, 헨리는 거의 모든 선택을 할 때마다 새로운 영역을 개척하고 있었다. 헨리에게 분별은 일상이었다. 실제로 분별은 순간순간의 행위였다. 부르심을 발견하는 것과 관련하여 어떠한 패턴도 모델도 찾지 못했기 때문이다. 헨리는 허공이나 다름없는 가느다란 줄에 발을 내딛는 줄타기 곡예사처럼, 혹은 한 치 앞도 보이지 않는 안개 속에서 냇가를 건너는 사람처럼 미지의 세계에 발을 내디뎠다. 그럴 때마다 그의 반석이신 예수께서 튼튼한 징검다리가 되어주셨다.

헨리는 제네시 수도원의 존 유드John Eudes 원장과 라르쉬 설립자 장 바니에를 비롯한 영적 지도자들에게서 교훈을 얻었고, 친구도 많았다. 그러나 하나님에게 가는 길의 안내자로 헨리가 온전히 신뢰한 이는 예수뿐이었다. 헨리에게 예수는 자신이 한 모든 일에서 하나님의 임재를 예민하게 알아채고 온전히 분별할 줄 아는 인물의 원형이었다.

헨리는 마음이라는 동굴을 탐험하는 영적 동굴 탐험 기술의 천재였다. 성령이라는 헤드램프를 쓰고 새로운 영역을 개척하기 위해 이용 가능한 모든 도구에 손을 뻗었다. 신학적 지혜, 심리학적 통찰, 성경, 기독교 신비주의자들과 성인들의 저작, 다른 종교 전통의 가르침, 문학, 예술, 기도, 학술 연구, 세계 여행 등 활용할 수 있는 모든 것을 활용했다. 헨리는 예수 그리스도 안에서 영적 각성의 생수를 찾았다고 믿었다. 그리고 이 영원한 시내에서 물을 마시도록 사람들을 초대하는 일에 평생을 바쳤다. 헨리에게 예수는 어둠 속에서 비치는 빛이었다. 또 그분이 그러셨듯 마음속 깊은 곳의 소리를 들으며 살고자 하는 모든 이에게 문이요 치유자요 구원자요 영감을 주는 이요 안내자였다.

헨리는 그리스도인의 분별이 단순한 의사 결정과 같지 않다는 점을 강조했다. 결정에 이르는 길은 간단할 수 있다. 우선, 목표와 선택안들을 생각한다. 그리고 각 선택안의 장단점을 정리한다. 그런 다음에는 목표를 가장 효과적으로 달성할 수 있는 행동을 선택하면 된다. 반면에, 분별은 우리의 가장 간절한 소원을 하나님의 소원에 맞추어 조정하는 곳, 곧 우리 마음속 소리에 귀를 기울이고 거기에 반응하는 것이다. 분별에 힘쓰는 우리는, 마음속 충동과 동기를 꼼꼼히 살피고, 우리 자신과 다른 사람들을 향한 하나님의 사랑과 긍휼로부터 우리를 더 멀어지게 하는 안은 어느 것이고 더 가까워지게 하는 안은 어느 것인지 알아내고자 선택안들을 샅샅이 살핀다.

헨리는 자신이 쓴 35권의 책은 물론이고, 설교와 피정을 할 때에

추천의 말

도 철저하게 성경과 가톨릭 신학에 근거하여 예수 그리스도의 독특한 통찰을 강조했다. 헨리가 말한 '분별'이 무슨 뜻인지 이해하려면, 헨리에게 예수는 사람의 모양으로 세상에 오신 하나님의 영원한 현존을 의미했다는 사실을 거듭 상기해야 한다. 헨리는 성육신이 계속되는 것으로 보았다. 그래서 시간을 초월하는 예수 그리스도의 특질, 곧 십자가에 못 박혀 죽으시고 부활하신 예수님의 삶을 지금 우리가 공유하고 있다는 사실에 관심을 기울였다. 헨리에 따르면, 예수의 역사적 삶은 인간 경험에 새 지평을 열었다. 그래서 시작도 없고 끝도 없는 그리스도의 성육신은 온 인류에게, 나아가 모든 피조물에게 진행 중인 사건이 되었다. 그리하여 우리는 언제 어디서나 그리스도의 얼굴을 알아보는 법을 배울 수 있다. 헨리의 시각은 중세 도미니크회 수사 마이스터 에크하르트Meister Eckhart를 떠올리게 한다. 에크하르트는 "모든 피조물 속에서 똑같이 하나님을 기대하라"라고 조언했다.

헨리는 예수를 인성과 신성을 겸비한 부활하신 그리스도의 실재로 이해했다. 예수는 우리의 평범한 일상 속 모든 순간에 함께하고 싶어 하시는 하나님의 생명이시다. 헨리는 시간을 초월하는 예수님과의 관계가 우리의 삶을 서서히 변화시키고, 우리의 의지와 하나님의 뜻을 완전히 일치시킬 것이라고 믿었다. 아마도 이러한 연합은 우리가 죽고 나서야 완성될 테지만, 결국엔 완성될 것이다. 그리스도인은 그리스도를 시간의 개념으로 설명할 때 '어제도 계셨고 오늘도 계시고 내일도 계실 이'로 묘사한다. 헨리는 바로 이것이 예수의 충만한 임재를 표현하는 것이라고 보았다. 신앙인들에게 예수는 어제도 오늘도 내일도 우리 삶에 생명을 불어넣으시는 하나님이다.

헨리는 자신이 뿌리 내리고 있는 평범한 삶에서 분별이 시작되어야 한다고 보았다. 헨리는 사람들이 일상의 스트레스와 갈등에서 벗어나는 것을 목표로 삼기를 원치 않았다. 대신에 우리의 직접 경험과 우리의 생각과 기억, 염려, 계획에 성령을 모셔 들여야 한다고 말했다. 고통과 괴로움에서 해방된 삶을 구하는 대신, 우리가 겪는 고통과 괴로움 한가운데 예수가 함께 계신다는 사실을 믿어야 한다고 했다. 우리는 우리가 겪는 괴로움을 정직하게 인정해야 한다. 외로움, 후회, 슬픔, 절망, 분노를 정직하게 인정하고, 우리의 세세한 삶 속에서 우리를 사랑하시는 예수에게 마음을 열어야 한다. 헨리가 늘 말하던 대로, 그렇게 하면 슬픔이 기쁨으로, 적개심이 환대로, 외로움이 가능성 그득한 고독으로 바뀔 수 있다. 사랑하는 사람을 잃고 슬픔에 빠져 있다면, 그저 슬픔을 억누르고 견디려 하거나 억지로 즐거운 일에 관심을 돌리려 해서는 안 된다. 예수가 우리와 함께 상실을 감당하시게 해야 한다. 헨리는 우리가 사랑하는 이를 잃었을 때 예수도 사랑하는 이를 잃으신 것이라고 했다.

헨리는 한 인간이 만물의 근원이자 신비이신 하나님을 찾기 시작하면, 그 즉시 분별의 여정이 시작된다고 보았다. 나의 진정한 자아와 진정한 소명, 진정한 공동체를 찾아가는 데 어떤 신앙 전통이 도움이 될까? 이 세상의 필요를 떨쳐낼 수 없는 인간으로서 내가 아름답게 꽃을 피울 곳은 어디일까? 헨리는 기독교가 유일한 길이라고 말하지 않았다. 최상의 길이라고도 하지 않았다. 이 길은 그가 걸었던 길이다. 헨리에게는 이쪽이 진북眞北이었다. 헨리는 우리 각자가 예수를 믿는 믿음으로, 사랑하는 신앙 공동체와 안내자의 도움을 받아, 역사적 예수의 삶에서 목격한 자질들을 드러내는 삶에 깊이 뿌리 내릴 수 있다고 굳게 믿었다. 헨리는 '성령의 열매'라고 부르는 것들이 이러한 자질에 포함된다고 보았다. "성령의 열매는 사랑과 기쁨과 화평과 인내와 친절과 선함과 신실과 온유와 절제입니다"(갈 5:22-23). 헨리는 이러한 자질을 자신의 삶에서 구현하고 싶어 했다. 그래서 다음과 같은 질문에 사역의 초점을 맞추었다. "어떻게 해야 변화를 일으키는 예수의 길을 널리 전할 수 있을까?" "어떻게 해야 사람들에게 사랑에 관한 복음 메시지를 신선하게 들려줄 수 있을까?"

라르쉬 공동체는 로마가톨릭 전통에 뿌리를 두고 있다. 헨리는 토론토에 있는 라르쉬 데이브레이크 공동체에서 목회자로 산 10년 동안 매일 미사를 집전하고 자주 세례식과 결혼식, 장례식을 집전했다. 헨리는 회심할 가능성이 있는 사람들에게 기쁜 마음으로 로마가톨릭교회를 소개했지만, 다른 직원들과 함께 일할 때에는 공동체 핵심 구성원들의 비非가톨릭 신앙 전통을 존중하고자 힘썼다. 신실한 로마가톨릭 신자가 되는 것이 그가 택한 길이었지만, 모든 사람이 그 길을 택하지는 않을 수 있다는 사실을 받아들였다.

헨리는 전 세계 수백만 명을 후원했다. 친구로, 목회자로, 상담가로 그들을 섬겼다. 고통받는 사람들을 보면 가슴 아파했다. 그들이 그리스도의 사랑이라는 선물을 알지 못했기 때문이다. 헨리는 (자신을 포함한) 모든 사람이 우리가 진정 누구인지 기억하도록 돕고 싶어 했다. 우리가 하나님께 선택받고 사랑받는 자녀라는 사실을 기억하도록 도와주고 싶어 했다. 헨리는 이렇게 말하곤 했다. "내가 선택받는다고 해서 다른 사람들은 선택받지 못한다는 뜻이 아닙니다. 하나님의 자녀가 되는 이 귀한 선물을 받을 때, 나는 주위를 둘러보고 다른 모든 사람도 나처럼 사랑받고 있다는 사실을 알게 됩니다!"

헨리는 사람들에게 가장 많은 사랑을 받은 대표작《탕자의 귀향》에서 인생을 허비하고도 아버지에게 조건 없는 환대를 받는 탕자의 모습을 돌아본다. 넘치는 사랑으로 아들을 끌어안는 아버지의 두 손은 하나님의 부성과 모성을 나타낸다. 우리가 이런 궁극의 포옹을 받는다면, 매 순간 이 사실을 마음 깊이 받아들인다면, 하나님의 뜻을 분별하는 일도 한결 쉬워진다. 우리가 사랑받는 존재라는 사실을 받아들이면, 우리 마음에 들어오신 성령께서 우리의 지식과 느낌과 결정의 중심이 되시기 때문이다. 성령은 결정과 분별을 담당하는 중앙 센터를 그대로 두고 우리를 인도하신다.

헨리는 어느 날 갑자기 영적으로 성숙하는 것은 불가능함을 알았다. 우리는 우리를 돌보시고 은혜를 베푸시는 하나님의 피조물이지만, 우리의 정체성을 쉬 잊어버리는 성향을 물려받았다고 보았다. 우리는 창조주 하나님의 형상을 따라 지음을 받았고, 예수가 하나님의 선택과 사랑을 받았던 것처럼 우리 각 사람도 하나님의 선택과 사랑을 받는 존재다. 이것이 진정한 우리의 정체성이다. 그러나 우리는 이 사실을 자주 잊어버린다. 죄를 짓고 고집을 부린다. 특히 두려움이 엄습할 때면 자기중심적인 인간이 된다. 하나님 안에서 우리가 진정 누구인지 알려고 하지 않는다.

추천의 말

헨리는 우리가 자기중심으로 현실을 바라보는 시각을 버려야만, 인생의 깊이와 소명을 분별할 수 있다고 보았다. 누구나 알듯이, 이 것은 결코 쉬운 일이 아니다. '내가 생각하는 나'를 포기하는 것은 불안하고 겁나는 일이다. 가진 것과 하는 일에 더 이상 매달리지 않는 것은 실로 두려운 일이다. 하나님을 만나는, 감춰져 있고 알려지지 않은 차원의 삶에 발을 내딛는 것은 겁나는 일이다. 물론, 우리는 특정 교회나 교파가 내세우는 규율을 완벽하게 따르는 데 초점을 맞춘 영적 행로를 따라가기로 마음먹을 수도 있다. 그러나 신조와 교리, 종교 규율과 눈에 보이는 행위에 대한 헌신은 우리를 어느 지점까지만 데려다줄 수 있다. 문화 속에서 형성된 작은 정체성들을 마음속에서 포기할 때에만, 우리는 비로소 우리를 기다리시고 우리의 지식과 분별에 하나님의 사랑을 불어넣고 싶어 하시는 성령에게 마음을 열 수 있다. 우리는 에고ego를 포기하는 좁은 문을 통해 진리와 진정한 자아와 소명을 발견한다.

헨리는 하나님 안에서 더 큰 자아를 받아들이는 이 일을 실천하면서 예수님의 말씀을 신실하게 따랐다. "자기 목숨을 얻으려는 사람은 목숨을 잃을 것이요, 나를 위하여 자기 목숨을 잃는 사람은 목숨을 얻을 것이다"(마 10:39). 포기하는 것은 무언가를 잃는 것처럼 보이지만, 이 경우에는 반대다. 역설적이지만 우리는 포기함으로써 자유를 얻고 진정한 자아를 발견한다. 저 깊은 곳에 있는 우리 자아의 중심에 성령이 계시기 때문이다. 헨리는 예수가 성령을 생생히 경험했다는 사실을 지적하곤 했다. 예수께서 세례를 받을 때에도 성령이 함께 계셨고, 하나님과 깊은 고독 속에 들어가도록 인도하고 악마와 싸워 이기게 하신 이도 성령이시라고 말하곤 했다(막 1:12; 눅 4:1 참고). 예수님 이야기를 들을 때, 우리는 그분 안에서 일하시는 성령을 본다. 우리 자신의 이야기에 깊숙이 들어갈 때에도 우리 삶 속에서 일하시는 성령을 발견한다. 예수가 하신 말씀을 기억하는가. "말하는 이는 너희가 아니라, 너희 안에서 말씀하시는 아버지의 영이시다"(마 10:20).

헨리는 그리스도 안에서 시작되는 새로운 삶의 중심이 우리 안에 거하시는 성령이라고 믿었다. 성령에게 귀를 기울일 때 분별이 꽃을 피운다고 믿었다. 시간이 흐르면서 우리가 우리 안에 계신 성령을 신뢰할수록 분별도 쉬워진다. 그러나 계속해서 시선을 고정하려면 훈련이 필요한 법이다. 따라서 거친 바다를 항해하는 항해자처럼 자신의 목표와 의도를 기억하고, 하나님을 신뢰하고, 우리가 구현하고 싶어 하는 성령의 특성(열매)을 묵상해야 한다. 그리고 우리가 모든 것을 고려하고 있는지 확인하기 위해서, 성령의 임재를 나타내는 표징을 자세히 살피고, 성령의 부르심을 알아채고, 헨리가 '사랑하는 이의 목소리'라 부른 것에 귀를 기울이고 있는지 확인하기 위해 자신의 안팎의 삶을 끊임없이 살펴야 한다.

분별은 신뢰와 사랑, 믿음, 소망, 용기를 키워야 하는 일이다. 우리는 우리 앞에 무엇이 놓여 있는지 선명하게 볼 수 없다. 우리 안에 계신 성령도 볼 수 없다. 사실, 우리에게는 성령께서 우리 안에 거하신다는 물증이 없다. 이 가능성을 신뢰하는 것은 어디까지나 신앙의 문제다. 우리는 성령을 통제할 수 없다. "바람은 불고 싶은 대로 분다. 너는 그 소리는 듣지만, 어디에서 와서 어디로 가는지는 모른다. 성령으로 태어난 사람은 다 이와 같다"(요 3:8). 성령으로 태어나는 것은 이전에 상상해본 적이 없는 자유를 얻는 것이다. 성령께서 나보다 나를 더 잘 안다는 사실을 믿는 것이다. 그리하여 우리는 우리의 이해를 넘어서는 존재가 되기 위해 작은 정체성들을 포기할 수 있다. 이제 우리는 한때 우리 외부에, 우리 너머에 계신 듯했으나 우리 안에 거하시는 하나님의 신비를 받아들인다.

　우리가 하나님께 정말로 사랑받는 존재라는 사실을 받아들일 때, 우리는 더 이상 우리 자신과 다른 사람들을 판단하지 않는다. 그리하여 다른 사람들도 우리와 함께 있을 때 안전하다고 느낀다. 우리가 마음을 활짝 열고 성령을 맞아들일 때, 성령께서는 동료 인간들과 하나님이 지으신 모든 피조세계를 환대하도록 우리를 해방시키신다. 성령의 환대는 우리의 환대가 되고, 우리는 하나님의 뜻에 우리의 뜻을 맞춘다. 전통적으로 분별에 성공했다는 것은 이런 의미다. 하나님이 원하시는 것이 우리가 원하는 것이다. 역설적이지만, 이렇게 될 때 우리는 이전보다 훨씬 강하게 자신을 느낀다.

　헨리 나우웬이 걸었던 분별의 길은 우리를 어디로 데리고 갈까? 어느 순간 우리는 알아챌 것이다. 우리의 삶에서 혼란과 드라마가 서서히 줄어들고 있다는 사실을. 전보다 덜 불안해하고 덜 두려워한다는 사실을. 여전히 가끔은 두려움과 불안감으로 몸이 뻣뻣해지기도 하지만, 그럼에도 새로운 일을 창조하고 도움을 주거나 도움을 요청하기 위해 미지의 세계에 발을 디딜 수 있게 되었다는 사실을. 고독을 조금 더 편안해하고 신비와 불확실함, 역설과 모호함을 조금 더 쉽게 받아들이게 되었다는 사실을 알아챌 것이다. 고투 중인 사람들에게 귀를 기울이면서 인내심이 늘었다는 사실을 어느 순간 깨닫게 될 것이다. 이따금 고독 속에서 느끼던 내면의 평화를 다른 이들과 함께 있을 때에도 느낀다는 사실을 깨닫게 될 것이다. 자신이나 다른 사람을 판단하거나 비난하는 내면의 대화에 붙잡히는 일이 줄어든 사실을 알게 될 것이다. 이것들은 모두 성령이 우리와 함께 계시는 표징이다.

우리 안에 계신 성령은 에고ego가 주도하는 분규와 혼란에 영향을 받지 않으신다. 영원하시고 변함이 없으신 성령은 애정을 기울여 우리 삶에 흘러드신다. 특정한 삶의 형태와 활력을 갖게 하시고, 느낌과 생각, 상상, 경청의 질과 깊이는 물론이고 의식에 이르기까지 우리의 모든 경험에 관여하신다. 우리 안에 계신 성령은 우리가 사랑 안에서 다른 이들과 긴밀한 관계를 맺고 서로 영향을 주고받으며 살도록 인도하신다. 그리하여 우리의 몸과 삶은 그리스도의 몸에 참여하고, 역동적이고 결코 굴하지 않으시는 성령은 우리로 끊임없이 하나 되게 하신다.

헨리 나우웬은 우리가 그리스도 안에서 완전히 성숙하면 자신의 내적 경험을 신뢰할 수 있다고 믿었다. 인생이라는 바다를 항해하는 항해자처럼 예수께서 손짓하시는 저 먼 수평선에 시선을 고정하면, 그분이 우리를 진북으로 인도하실 것이라는 사실을 믿을 수 있다. 범선의 타륜에 두 손을 얹고, 성령께서 돛에 바람을 일으켜 이끌어 가시도록 내어드리면, 슬픔에 빠져 있을 때에도, 분노에 휩싸일 때에도, 외로움에 몸부림칠 때에도 축복을 발견하게 된다. 우리의 가장 깊고 내밀한 정체성은 성령이 사시고 아시고 사랑하시고 인도하시는 우리의 의식 속에 있다. 이것이 우리의 모든 지식과 분별의 수평선이다. 헨리는 캘리포니아 주 가든 그로브에 있는 수정교회에서 강론할 때 분별에 관한 모든 질문의 토대가 되는 말로 강론을 마쳤다.

하나님은 우리를 창조하실 때 하나님의 사랑으로만 만족시킬 수 있는 마음을 여러분과 저에게 주셨습니다. 다른 사랑은 모두 불완전할 것입니다. 진실하나 한계가 있을 것이고 고통스러울 것입니다. 만일 이 고통이 제거되도록 우리 자신을 내어놓고 우리가 하나님께 사랑받는 존재라는 사실을 깊이 자각하면, 우리는 예수님만큼 자유로워질 수 있고, 이 세상을 거닐며, 어디에 가든 하나님의 첫사랑을 선포할 수 있습니다.[2]

어둠이 있는 곳에 빛이 있다

헨리 나우웬

 지난 몇 년간 저는 저와 연결된 세계 곳곳의 사람들에게 글을 쓰고 싶은 열망이 계속 커졌습니다. 가까운 친구들, 예전 학생들과 지금 학생들, 교구민들, 편지를 주고받는 사람들, 가족, 그리고 공동체 식구들 모두를 위해 글을 쓰고 싶었습니다. 요즘, 여러분 모두가 하나의 공동체라는 생각이 점점 더 강하게 듭니다. 서로를 알든 모르든, 만난 적이 있든 없든, 서로를 받아들였든 그렇지 않든, 저는 여러분에게, 여러분은 제게, 우리는 서로에게 속해 있습니다. 우리의 선택을 넘어서, 하나님께서는 그분이 뜻하신 바를 위하여 그분의 선하심으로 우리를 모으셨습니다.

 저는 지금 쉬고 또 기도하기 위해 프랑스 리옹 남부 생마르탱두트라는 작은 마을에 머물고 있습니다. 드롬 주에 있는 낮은 언덕에 자리 잡은 이 작은 마을은 순결한 낙원입니다. 노랑, 초록, 파랑으로 끝없이 변주되며 물결치는 농경지의 풍경이 눈앞에 펼쳐집니다. 아름다운 장관을 보고 있노라면 숨이 멎을 것만 같습니다. 론 주 건너편 산맥으로 해가 넘어가는 사이 시시각각 빛깔이 바뀝니다. 해바라기와 밀로 뒤덮인, 완만한 경사를 이루는 넓은 들판을 볼 때면, 빈센트 반 고흐가 아를 지방의 밀밭을 이리저리 훑어볼 때 느꼈을 기분을 어렴풋이 짐작할 수 있습니다.

조용한 프랑스 교회 제단 앞에 앉아 말 없는 옛 성인들에게 둘러싸여 있으면, 마음속으로 여러분 모두를 불러모아 이전에는 할 수 없었던 방식으로 여러분에게 이야기할 때가 되었다는 느낌이 듭니다. 새로운 통찰이 제 안에서 모습을 드러내고 있습니다. 여러분이 누구이고, 제가 누구이고, 우리가 누구인지에 관하여 여러분에게 하고 싶은 이야기가 생겼습니다. 그래서 저는 이 텅 빈 교회에서 제 주위에 여러분을 불러모읍니다. 네덜란드, 벨기에, 프랑스, 또 볼리비아, 페루, 니카라과, 멕시코, 그리고 미국과 캐나다, 그 밖의 다른 시간과 공간에 있는 여러분들, 학생, 교사, 신부와 목사, 변호사, 의사, 은행가, 엔지니어들, 가난한 사람, 부유한 사람, 일에 치여 사는 사람, 일거리가 없는 사람, 은퇴한 사람, 행복한 사람, 슬픔에 잠긴 사람 모두 불러모읍니다.

제가 여러분의 선생이라고는 생각하지 않습니다. 그저 아주 긴 여행을 했고, 혼자만 간직하고 싶지 않은 아주 중요한 무언가를 배운 여러분의 친구라고 생각합니다. 저는 우리를 하나로 묶는 화합의 견지에서 우리들 사이의 분명하고 아름다운 차이가 지극히 작아 보이는 인생의 한 지점에 이르렀습니다. 우리의 화합은 우리들 간의 다양성보다 훨씬 깊고 강합니다.

사랑하는 벗들이여, 제가 여러분을 알게 된 것은, 여러분의 질문과 고통, 근심, 그리고 삶의 의미를 더 깊이 이해하고 싶은 진지한 갈망 때문이었습니다. 여러분은 저에게 여러분이 느끼는 외로움, 분리감, 소외감, 마음 둘 곳이 없는 쓸쓸함, 초조함, 성적 욕구불만, 정신적 혼란, 그리고 부모와 교사, 교회와 사회에 대한 분노를 꺼내 보였습니다. 마음의 평화를 찾기 위해 시도했던 여러 가지 방법도 저와 나누었습니다. 여러분은 그동안 상담사와 심리치료사, 영적 지도자를 만났습니다. 온갖 치유 모임과 워크숍과 피정에 참여하기도 했습니다. 그리하여 생활방식과 학업과 일터에서 근본적인 변화를 이루기도 했습니다.

여러분 중 어떤 이들은 자신의 과거를 부정했습니다. 어떤 이들은 아주 오래되어 이미 잊히고 있던 전통을 받아들였지요. 또 어떤 이들은 극동 지역을 여행하다가 그곳에서 신뢰할 만한 현인을 찾기도 했습니다. 모든 종교는 망상일 뿐이라는 결론에 이른 이들도 있지요. 어떤 이들은 욕구를 억누르려고 오랫동안 자신을 묶어두었던 제약을 벗어던지고 몸과 마음의 강렬한 충동을 따라 살기로 했습니다. 그런가 하면 또 어떤 이들은 세상의 즐거움을 외면하고 육체와 정서의 욕구를 드러내는 것을 엄격하게 제한하기도 했습니다. 어떤 이들은 성공과 인기를 얻으려는 원대한 야망을 여전히 품고 있습니다. 그런가 하면 더는 사람들의 칭찬을 구하지 않고 더 깊이 감춰진 영적 존재에 만족하는 이들도 있습니다.

여러분이 선택한 모든 방향, 여러분이 한 모든 선택을 마음 깊이 이해합니다. 그중 제게 익숙하지 않은 길은 거의 없습니다. 여러분이 중압감을 느꼈듯, 저 역시 그랬습니다. 여러분이 의사를 찾아갔듯, 저도 그랬습니다. 저도 여러분과 마찬가지로 새로운 책과 이론에 흥분했고, 새로운 정신 운동이나 영성 운동에 희망을 걸었고, 새로운 영웅을 믿었고, 자신과 다른 사람을 변화시키는 새로운 방식에 에너지를 쏟았습니다. 저는 여러분과 크게 다르지 않습니다. 우리는 한계나 금지된 길이 거의 없는 사회와 시대를 살고 있습니다.

교회 안에는 교회 밖 못지않게 많은 의견과 시각이 존재합니다. 어디선가 죄로 불리는 미덕이 있고, 어떤 죄는 다른 어디에서는 미덕으로 불립니다. 1.6킬로미터 이내의 거리에서, 사람들은 서로 판이한 것을 말하고 생각하고, 판이한 삶을 살고, 판이한 방식으로 행동합니다. 저마다 나름의 사고방식과 말투와 행동방식을 선택할 거대한 자유가 있습니다. 여러분이 무엇을 선택하든, 누군가는 여러분을 칭찬하고 누군가는 비난할 테지만, 간섭하는 사람은 거의 없을 것입니다. 우리들이 만들고 있는 세상에서 여러분과 저는 혼자입니다. 무서운 자유지요. 이런 세상에 살면서 누가 길을 잃지 않을 수 있을까요?

저의 확대 공동체인 여러분은 인간이 나아갈 수 있는 거의 모든 방향을 대변합니다. 여러분 가운데는 결혼한 사람, 이혼한 사람, 동성 연인과 헌신적인 관계를 유지하며 사는 사람, 배우자 한 명에게 구속받고 싶어 하지 않는 사람, 신에게 봉헌한 삶에 오롯이 헌신하는 독신자, 자신의 독신 생활을 가혹한 짐으로 여기는 사람이 있습니다. 여러분 중에는 내면의 깊은 어둠에 빠져 하루하루를 어떻게 견디며 살아내야 하는지조차 모르는 사람도 있고, 멋진 가능성으로 가득 찬 앞날을 기대하며 행복으로 밝게 빛나는 사람도 있습니다.

큰돈과 멋진 직장, 막중한 책임을 지고 있는 사람도 있지만, 살아남는 것조차 쉽지 않은 사람, 무얼 하며 시간을 보낼지 막막하고 내세울 것이 거의 없는 사람도 있습니다.

여러분이 누구든, 여러분 인생에서 어느 지점에 와 있든, 저는 기도하는 중에 제 앞에 있는 여러분을 봅니다. 감상에 빠져 하는 말이 아니라, 내적으로 여러분과 같은 인생을 살아왔고 여러분 마음속에 있는 고통과 기쁨을 아는 한 인간으로서 여러분이 아주 가깝게 느껴집니다. 제 마음과 여러분의 마음을 깊이 들여다보면서, 우리가 얼마나 길을 잃었는지 점점 더 확실히 깨닫습니다. 우리들 중 부유하고 성공한 사람이 가난하고 인생에서 실패했다고 생각하는 사람보다 길을 덜 잃은 것은 아닙니다. 우리들 중 건강하고 강인한 사람이 허약하고 연약한 사람보다 길을 덜 잃은 것도 아닙니다. 우리들 중 신부나 목사인 자들이 변호사나 의사, 사업가인 사람보다 길을 덜 잃은 것도 아닙니다. 우리들 중 교회와 사회에서 적극적으로 활동하는 사람이 인생의 마지막을 기다리기로 체념한 사람보다 길을 덜 잃은 것도 아닙니다. 우리들 중 새로운 프로젝트에 신이 나거나 여기저기서 변화를 일으키는 에너지가 충만한 사람이, 세상이 더 나아질 가능성에 회의적이거나 냉소적인 사람보다 길을 덜 잃은 것도 아닙니다.

우리 인생에 임한 하나님의 사랑과는 별개로, 우리는 닻도 없이 바다 한가운데서 길을 잃은 사람들입니다. 등을 기댈 벽도 없이, 발을 디딜 바닥도 없이, 보호해줄 천장도 없이, 이끌어줄 손도 없이, 애정으로 지켜봐줄 눈길도 없이, 길을 알려줄 동행도 없이, 우리는

들어가는 말

그렇게 홀로 서 있습니다.

사랑하는 벗들이여, 빛을 찾으려면 어둠을 알아야 합니다. 인생의 의미와 목적과 방향을 찾고 싶으면, 우리가 길을 잃었다는 사실을 먼저 알아야 합니다. 제가 여러분과 나누고 싶은 것은 어둠에서 빠져나와 빛을 찾는 방법입니다.

분별의 길은 기도로 시작됩니다. 기도는 존재의 장막을 뚫고 자신에게 실재가 된 비전을 따라가는 것을 의미합니다. 누군가는 그것을 '보이지 않는 실재'라고 부르고, 누군가는 '누멘'(Numen, 신의 뜻) 혹은 '능력' 혹은 '성령' 혹은 '그리스도'라고 부릅니다. 우리의 기도는 우리 자신이 아니라 상대자Another를 향합니다. 그분은 우리를 돌이키기 원하시고, 우리와 함께하기를 간절히 바라시며, 우리를 인도하실 능력이 있습니다. 하나님께 기도하는 사람은 어둠을 가르고 모든 존재의 근원을 깨닫습니다.

이 책은 영적 분별에 관한 책입니다. 먼저 혼자 있을 때와 공동체 안에 있을 때 어떻게 분별을 훈련하고 실천할 수 있는지 살피고, 성경에서 '영 분별'이라 부르는 훈련을 다룹니다. 우리는 홀로 그리고 공동체 안에서 어둠을 받아들임으로써 결국 빛을 찾습니다. 또 우리가 읽는 책과 우리가 벗 삼은 자연, 우리가 만나는 사람들, 그리고 우리가 경험하는 사건들 속에서 하나님의 인도하심을 발견할 수 있습니다. 분별하는 능력을 훈련함으로써 부르심을 확인하고 소명을 찾을 수 있습니다. 또 하나님 앞에서 마음을 열고 우리가 진정 누구인지 깨달을 수 있습니다. 행할 때와 기다릴 때, 인도하심을 따라야 할 때가 언제인지 알 수 있습니다. 영적 분별은 지혜의 샘과 함께하는 오래된 기독교 훈련 중 하나입니다. 이것이 제가 이어지는 지면에서 여러분과 나누고 싶은 주제입니다. 부디 시간을 내어 들어주시길 바라며 기도합니다.

살아서도 죽어서도 여러분의 벗,

헨리[1]

1

분별이란
무엇인가?

01

분별 연습

우리는 여러분이 주님께 합당하게 살아갈 수 있도록
하나님께서 여러분에게 신령한 지혜와 총명으로
하나님의 뜻을 아는 지식을 채워주시기를 빕니다.

(골 1 : 9-10, NRSV).

분별은 일상에서 하나님이 어떻게 일하시는지 아는 영적 통찰이자 경험 지식으로, 영성 훈련을 통해 얻는다. 분별은 우리가 각자의 소명과 공동의 사명을 이룰 수 있도록 주님께 합당하게 살면서 하나님의 사랑과 방향에 귀를 기울이는 것이다.

분별에 대한 정의를 먼저 내리는 것도 좋겠지만, 우선 어떠한 맥락에서 분별이 필요한지, 어떻게 분별을 연습할 수 있는지 간략히 설명하고자 한다. 관상의 삶을 살도록 부름 받은 것인지, 아니면 교수와 성직자로서 더 활동적인 삶을 살도록 부름 받은 것인지 분별하기 위해서 트라피스트 수도원에서 임시 수사로 살 때였다.[1] 걷다 보니 전에 가본 적이 없는 건물에 이르렀는데, 건물 앞에 걸려 있는 그림과 글귀가 눈길을 끌었다. 해저드 더피Hazard Durfee가 그린 아름다운 그림 〈플루트 연주자〉의 복제화인데, 그 안에 헨리 데이비드 소로가 쓴 친숙한 문장이 새겨져 있었다.

왜 우리는 성공을 좇아 그처럼 필사적으로 서두르고, 그처럼 무모하게 일을 벌일까? 어떤 이가 일행과 보조를 맞추지 않는다면, 그것은 아마도 다른 드러머의 북소리를 듣고 있기 때문일 것이다. 그로 하여금 자신이 듣는 음악에 맞추어 걸어가게 하라. 그 소리가 어떠하든, 또 얼마나 멀리에서 들리든.[2]

멀리서 들리는 북소리에 집중하는 것 같은 플루트 연주자의 표정을 찬찬히 살피다가, 분별은 다른 드러머의 북소리를 듣는 것과 같다는 생각이 들었다. 토머스 머튼에 관한 책 중에 《다른 드러머 *A Different Drummer*》라는 책이 생각난다.[3] 토머스 머튼은 학자로 활발하게 활동하는 삶에서 물러나 관상 생활을 택했다. 나는 나 역시 그런 삶을 살도록 부름을 받은 것인지 궁금했다.

〈플루트 연주자〉에 대해 곰곰이 생각해보다가 초조해하면서 날카로운 눈으로 무언가를 찾는 내 모습을 보았다. 그동안 나만의 충동과 착각에 발을 헛디딜 때가 너무나 많았다. 제네시 수도원에서 머무는 동안, 나는 성령의 음성에 귀를 기울여야 할 때, 더 깊은 곳에서 들리는 소리, 다른 박자에 귀를 기울여야 할 때가 언제인지 이해하기 시작했다. 영성 생활은 귀가 멀어 아무것도 듣지 못하는 삶에서 듣는 삶으로 나아가는 것이다. 분리감과 소외감, 외로움을 느끼는 삶에서, 인도하시고 치유하시는 하나님, 우리와 함께하시고 절대로 우리를 홀로 내버려두지 않으실 하나님의 음성을 듣는 삶으로 나아가는 것이다. 우리가 참여하는 여러 활동, 시간을 잡아먹는 여러 가지 일, 우리를 둘러싼 많은 소리는, 하나님의 임재와 뜻을 알려줄 '부드럽고 조용한 소리'(왕상 19:12)를 듣기 어렵게 한다.

영적으로 성숙한 삶을 살기 위해서는 우리 내면과 우리들 가운데서 들리는 하나님의 음성에 귀를 기울여야 한다. 하나님은 우리에게 "나는 여호와이니" 하고 단순하게 자신을 계시하지도 않으시고, 언제 어디서나 우리 인생에 적극 개입하지도 않으신다. 우리 하나님은 돌보시고 치유하시고 인도하시고 가리키시고 요구하시고 맞서게 하시고 바로잡으시는 분이다. 분별은 하나님께 귀를 기울이고, 하나님의 임재에 주목하고, 격려하시고 지시하시고 지도하시고 인도하시는 하나님께 순종하는 것이다.

나는 특별한 목적을 위해 설립된 공동체에서 한동안 차분히 시간을 갖고자, 가르치는 일에서 물러났다. 수업이 하나 끝나면 다음 수업으로, 이곳에서 저곳으로 이동하고 일하면서 하나님을 응시하기가 힘들었다. 준비해야 할 수업, 해야 할 강의, 끝내야 할 논문, 만나야 할 사람이 너무 많았다. 모두 나 스스로 꼭 필요하다고 믿는 일이었다. 고독과 휴식을 간절히 원하면서도 나는 여전히 혼자 있는 시간과 해야 할 일이 없는 하루를 두려워했다. 그렇게 내 마음은 모순으로 가득했다.

영적으로 귀가 멀면, 인생에 중요한 일이 일어나고 있어도 알지 못한다. 현재의 순간에서 계속 도망치면서 삶을 가치 있게 해줄 경험을 찾으려고 애쓴다. 그래서 틈이 생기면 찾아들지 모를 공허함과 맞닥뜨리지 않으려고 일과를 빽빽하게 채운다. 그러나 진심으로 귀를 기울일 때에야 비로소 우리는 하나님이 우리에게 말씀하시고, 길을 가리키시고, 방향을 제시하고 계신다는 사실을 깨닫는다. 귀를 열어두는 법만 배우면 된다. 분별이란 더 낮은 소리에 귀를 기울이고 다른 박자에 맞추어 걸어가는 것이다. '열심히 귀를 기울이는' 것이다.

성경은 분별에 관해 무어라고 말하는가?

사도 바울은 골로새에 있는 성도들에게 보낸 편지에서 분별이 무엇인지 간결하게 이야기한다. "우리는 여러분이 주님께 합당하게 살아갈 수 있도록 하나님께서 여러분에게 신령한 지혜와 총명으로 하나님의 뜻을 아는 지식을 채워주시기를 빕니다"(골 1:9-10, NRSV). 사도 바울이 말한 '신령한 총명'은 분별하고 직감하고 통찰하여 아는 것을 의미한다. 이는 보통 혼자 있을 때 나타나는 것으로, 일어나는 일들의 '상호연계성'을 간파하는 깊은 통찰로 열매를 맺는다. 이를 통하여 우리는 하나님의 뜻을 알고 이 세상에서 하나님의 일을 하기 위해 시공간에서 자신의 위치를 잡을 수 있다.

분별은 간파하는 것

우리는 영적 통찰 훈련을 함으로써, 일어나는 일들 사이의 신비한 상호연계성을 더 분명하게 보고 더 깊이 듣게 된다. 사막 교부들은 이것을 테오리아 피지케*theoria physike*라고 불렀는데, 이는 이런 저런 일이 어떻게 연결되는지 꿰뚫는 통찰력을 가리킨다. 분별은 겉으로 드러난 현상을 보고서 현상 너머에 있는 더 깊은 의미를 '간파'하는 것이다. 그리하여 하나님의 사랑과 이 세상에서 우리의 독특한 위치가 어떻게 상호작용하는지 깨닫는 것이다. 분별은 피조세계에서 우리의 진정한 정체성이 무엇이고, 이 세상에서 우리가 맡은 소명이 무엇이고, 하나님이 사랑을 표현하는 수단으로서 우리가 역사에서 차지하는 독특한 위치가 무엇인지 아는 것이다.

하나님의 임재를 감지하고 간파하고 이해하고 깨닫는 것이 바로 분별이다. '거기' 계시는 하나님에게 마음을 여는 것이 관상과 영성 훈련의 열매다. 분별에 힘쓰는 사람들은 겉으로 드러난 현상의 내적 의미를 곰곰이 생각하는 데 시간을 쓰지 않는 활동적인 사람들보다 사색적이다. 인생에서 가장 흥미로운 일들은 우리의 평범한 감각으로는 감지되지 않을 때가 많다. 그러나 영적 통찰로 감지할 수 있다. 부주의하고 바쁘고 산만한 사람들은 그것을 보지 못하고 넘어가기 쉽고, 우리 모두 그렇게 되기 쉽다.

관상觀想은 일어난 일들을 그냥 보지 않고 핵심을 꿰뚫어보는 것이다. 더 거칠고 노골적이고 물질적인 문제보다 더 사실적이고 거대하고 조밀하며 활기 있고 강렬한 영적 아름다움을 찾고자 중심을 꿰뚫어본다. 관상에 힘쓴 그리스 교부들이 '디아레틱diaretic 교부'로 알려진 이유도 이 때문이다(디아라오diarao는 '들여다보다' 간파하다'라는 뜻으로, 말 그대로 문제의 핵심을 꿰뚫어본다는 의미다). 교부들이 조언을 구하러 오는 사람들의 마음과 불안한 영혼을 읽어낼 수 있었던 이유는 겉모습에 감춰진 깊은 내면을 간파할 수 있었기 때문이다.

물론, 예수님도 사람을 정확히 꿰뚫어보셨다. 사도 요한에 따르면, "예수께서는 모든 사람을 '알고' 계시므로, 그들에게 몸을 맡기지 않으셨다"(요 2:24). 직관하고 통찰하여 아는 것, 이것이 분별의 본질이다.

분별은 하나님 앞에 드러나는 것

나는 예수님이 나무 아래 있는 나다나엘을 '보았다'고 하는 요한

복음의 구절을 읽을 때마다 큰 감명을 받는다. 나다나엘을 만나기도 전에 예수님은 그를 두고 이렇게 말씀하신다. "보아라, 저 사람이야말로 참으로 이스라엘 사람이다. 그에게는 거짓이 없다." 예수님을 길에서 만난 나다나엘은 놀란 마음에 예수님에게 묻는다. "어떻게 나를 아십니까?" 그러자 예수님은 이렇게 대답하신다. "빌립이 너를 부르기 전에, 네가 무화과나무 아래에 있는 것을 내가 '보았다.'" 무화과나무 아래에 있는 나다나엘을 보신 예수님은 그의 마음에 무엇이 있는지 간파하셨다. 놀란 나다나엘은 이렇게 고백한다. "선생님, 선생님은 하나님의 아들이시요, 이스라엘의 왕이십니다." 그러자 예수님은 이렇게 말씀하신다. "네가 무화과나무 아래 있을 때에 내가 너를 보았다고 해서 믿느냐? 이것보다 더 큰 일을 네가 볼 것이다. … 너희는, 하늘이 열리고 하나님의 천사들이 인자 위에 오르락내리락하는 것을 보게 될 것이다"(요 1:47-51 참고).

마음을 꿰뚫어보는 이 놀라운 이야기를 읽다 보면 마음속에서 심오한 질문이 고개를 든다. "나는 정말 예수님이 나를 속속들이 들여다보시기를 원하는가? 예수님이 나를 속속들이 아시기를 원하는가?" 정말 그렇게 되기 원한다면, 믿음이 자라나 우리의 눈이 하늘을 향해 열리고 예수님이 하나님의 아들이신 것을 알게 될 것이다. 예수님께 나를 보여드릴 때 우리는 위대한 일들을 보게 될 것이다. 하나님이신 그분의 삶의 신비를 볼 수 있는 새로운 눈이 생길 것이다. 그러나 이것은 하나님이 나를 보시도록, 나의 모든 것을 보시도록, 심지어 나조차도 보고 싶지 않은 부분까지 속속들이 들여다보시도록 나를 하나님께 내어드릴 때에만 가능하다.

제네시에 있는 수도원에 머무는 동안 혼자 있는 시간에 분노가 차오르는 것을 느꼈다. 특별해지고 싶고 존경받고 싶은 욕망이 가득 차오르는 것을 느꼈다. 얼마나 다양한 방식으로 하나님의 영광 대신 나의 영광을 위해 살았는지 깨닫기 시작했다.

스스로 눈을 떠서 나의 내면을 들여다보고, 속속들이 꿰뚫어보시도록 하나님께 나를 내어드리면, 감각기관으로 들어오는 모든 것을 통해 하나님의 임재와 인도하심의 표징을 찾을 수 있다. 분별은 새로운 방식으로 보는 것이고 하나님 앞에 속속들이 드러나는 것이다. 이를 통해 우리는 하나님이 계시하시고 가리키시는 방향이 어디인지 알게 된다. 이런 마음의 지식이 생길 때 우리는 비로소 부르심에 합당한 삶을 살아갈 수 있다(엡 4:1).

분별의 목적

우리가 분별에 힘쓰는 이유는 하나님의 뜻을 알기 위해서다. 하나님의 사랑이 우리 삶 속에 드러나는 독특한 방식을 깨닫고 '받아들이고 확인하기' 위해서다. 하나님의 뜻을 알려면, 하나님과 친밀한 관계를 맺고자 적극적으로 노력해야 한다. 이 과정에서 우리는 부르심과 그 부르심을 최대한 따르며 살고픈 갈망을 발견한다. 이는 우리를 압박하는 외부의 신령한 힘에 굴복하는 소극적인 행위가 아니라, 우리를 기다리시는 하나님을 기다리는 적극적인 행위다.[4]

하나님의 뜻과 목적을 분별하려면, 반드시 선행되어야 할 조건이 있다. 그것은 바로 하나님과의 관계에서 우리 자신을 발견하는 일이다. 모든 관계가 그렇듯, 하나님과의 관계에도 끌리는 마음이 있는가 하면 거부하는 마음도 있고, 감사하는 마음이 있는가 하면 분한 마음도 있고, 사랑하는 마음이 있는가 하면 두려워하는 마음도 있다. 우리 자신과 하나님에 관한 새로운 사실을 발견할 때마다 신실함이 커지기도 하고 작아지기도 한다. 그러나 역동적으로 움직이는 하나님과 우리의 관계에서 우리가 자신 있게 믿을 수 있는 것이 하나 있다. "우리는 신실하지 못하더라도, 그분은 언제나 신실하십니다. 그분은 자기를 부인할 수 없으시기 때문입니다"(딤후 2:13).

하나님의 뜻을 받아들인다는 것은 하나님에게 굴복한다는 뜻이 아니다. '될 대로 되라'는 식으로 체념한다는 뜻도 아니다. 우리는 하나님의 뜻을 분별하기 위해 성령께서 우리를 감화시키시기를 적극적으로 기다린다. 그다음에는 우리가 해야 할 일이 무엇인지 알아낸다. 하나님과의 관계에서 우리 자신을 보면, 늘 사랑하는 자의 딜레마가 있다. 부르심을 받고 신뢰하고 순종하려 애쓰는 몸부림이 있다.

성령 안에서 다시 태어난 사람

예수님은 인간이 처한 상황을 사랑의 눈으로 보시고, 먹구름이 우리 시야를 가리는 '아래로부터from below'의 시각이 아니라 '위로부터from above' 우리 자신과 다른 사람을 보는 법을 가르치고자 하셨다. 예수님은 니고데모에게 이렇게 말씀하셨다. "내가 하는 말을 믿어라. 사람이 '위로부터' 태어나지 않으면, 내가 가리키는 하나님

나라를 볼 수 없다"(요 3:3, 메시지). 하나님의 눈으로 보는 것, 이것이 바로 영성 신학이다.

눈에 보이는 것은 너무나 많다. 땅과 하늘, 해와 달과 별, 각양각색의 사람들, 대륙과 나라와 도시와 마을, 과거와 현재와 미래의 사건들. 너무나 많은 신학이 존재하는 이유가 여기에 있다. 성경은 이렇게 다양한 것들을 하나님의 눈으로 보고, 현 시점에서 더 선명한 시각을 가지고 살아가는 법을 알아가도록 우리를 돕는다.

부르심에 합당하게 살아가는 사람들은 '위로부터 태어난' 사람들이다. 그들은 믿음의 눈으로 보고, 신령한 귀로 들을 줄 안다. 분별에 힘쓰는 그들의 삶은 한 가지 목표에 매진하는 것이 특징이다. 하나님의 마음을 알고 매사에 하나님의 뜻을 행하는 것, 그들은 정말로 이 한 가지만을 갈망한다. 예수님은 니고데모에게 이렇게 말씀하셨다. "진리와 실체 안에서 일하고 살아가는 사람은 빛이신 하나님을 맞아들인다. 그것은 자기 행위가 하나님의 일을 위한 것이었음을 드러내려는 것이다"(요 3:21, 메시지). 이들은 하나님의 사랑에 사로잡혀 있다. 모든 일은 그 사랑 안에서만 의미와 목적을 갖는다. "무엇으로 하나님의 성령을 기쁘시게 할까?" 그들이 궁금해하는 질문은 이것뿐이다. 그래서 그들은 마음의 침묵과 고독 속에서 성령의 음성을 듣자마자 성령이 생각나게 하신 것을 따라간다. 설사 그것이 친구들을 화나게 하고, 주변을 혼란에 빠뜨리고, 자기를 지지하는 사람들을 혼란스럽게 하더라도 흔들리지 않는다.

성령 안에서 신령한 지혜와 총명으로 다시 태어난 사람은 독립심이 강해 보인다. 그러나 그것은 심리 훈련이나 개별화의 결과가 아니라 성령의 열매다. "너는 바람이 부는 방향을 예측할 수 없다는 것을 잘 알 것이다. 너는 나무 사이를 스치는 바람의 소리는 듣지만, 그 바람이 어디서 와서 어디로 가는지는 모른다. 하나님의 바람, 곧 하나님의 영을 힘입어 '위로부터 태어난' 사람도 다 그와 같다(요 3:8, 메시지). 거듭남은 예수님이 보내신 성령이 우리 안에서 불고 싶은 대로 불도록 마음이 늘 열려 있는 상태를 가리킨다.

진정으로 '다시 태어난' 사람들은 계속해서 새로워지기를 갈망한다. 성령께서 그들의 내면과 주변에서 아직 빛으로 변화되지 않은 어두운 부분을 계속 드러내시기 때문이다. 살아 있는 동안 우리는 다시 태어나야 하고 빛 가운데서 함께 걸으며 신령한 지혜와 총명이 깊어져야 한다.

혼자 하는 분별 연습

기도하면서 하나님과 단둘이 나누는 교제는, 하나님의 백성들이 함께 모이는 공동체로, 또 이 세상을 위한 사역으로 우리를 인도한다.[5] 그러나 시작만큼은 혼자 하는 것이 좋다. 혼자서 처음 할 일은 하나님의 임재를 깨닫기 위해 가만히 있는 것이다. "너희는 잠깐 손을 멈추고, 내가 하나님인 줄 알아라"(시 46:10). 우리가 홀로 하나님과 교제할 때 성령께서 우리 안에서 기도하신다. 매일 어떤 장소를 비우고 시간을 비우는 습관을 개발하고 훈련하는 일은 결코 쉽지 않다. 수도원에 가기 전에 나는 주일을 특별한 날로 따로 구별해놓

앉지만, 주일을 제외한 엿새는 모두 업무와 수업으로 얼룩져 있었다. 그러다 수도원에서 공동체 기도의 리듬에 적응하면서, 시간을 인식하고 하나님의 임재를 경험하는 새로운 방식에 이끌렸다. 혼란과 낙담을 부추기는 여러 가지 생각이 하나님 앞에 나아가는 것을 방해하긴 했지만, 다시 고독을 받아들일 수 있게 되었다. 처음에는 혼자 있는 대부분의 시간을 도서관에서 보냈다. 그러다 어느 날부터 방에서 혼자 조용히 하나님 앞에 있을 수 있게 되었다.

매일 혼자 기도하고 묵상하면서 하나님과 함께 시간을 보내기 위해 여러분도 이와 비슷한 노력을 하기 바란다. 혼자 하는 기도는 성경적이고 전통적인 묵상법이다. 그날에 읽은 복음서에서 특정 구절을 뽑거나 좋아하는 시편이나 바울서신에서 한 문장을 선택하라. 그러면 마음이 흐트러지는 것을 막고 집중력을 높이는 안전벽을 쌓을 수 있다. 애써 비운 마음속 공간이 어질러지고 신령한 생각이 제한당하지 않을까 걱정할 필요가 없다. 성경 구절을 읽고 낭송하는 일은 생각 주변에 경계선을 치는 역할을 한다. 가끔은 혼자 기도할 때 성경에서 한 단어나 구절을 뽑아 되풀이해서 읽는 것도 도움이 된다. 몸과 마음이 하나님 앞에 나아가도록 움직임과 걸음을 늦춰야 할 때도 있다. 처음에는 특히 더 산만해지기 쉬운데, 그럴 때는 성경에서 눈에 띄는 단어나 구절을 기억하고 반복해서 암송하는 것이 도움이 된다. 성경 구절을 반복해서 낭송하다 보면, 서서히 초점과 의식이 생각에서 마음으로 내려가고 긴 시간 동안 하나님의 마음에 가까워질 수 있다.[6]

렉시오 디비나(Lectio divina, 거룩한 독서)도 홀로 있는 것을 연습하는 데 도움이 된다.[7] 성경 구절을 세 번 읽고 눈길을 끄는 단어나 구, 이미지를 숙고하기 위해 잠시 멈추라. 그러면 하나님의 성령이 우리 안에 적극적으로 임하시는 것을 더 확실히 알 수 있다. 렉시오 디비나는 새로운 정보를 얻거나 중요한 기술을 배우기 위해 하는 독서가 아니다. 우리를 '읽으시도록' 하나님께 우리 자신을 내어드리고, 자신의 내면 깊은 곳에 자리한 갈망에 반응하는 경건한 독서 활동이다. 그러므로 거룩한 독서는 천천히 신중하게 사색하는 독서다. 그 속에서 우리는 말씀이 마음을 관통하고 영혼에 질문을 던지는 것을 받아들인다. 렉시오 디비나는 지금 성령께서 우리에게 말씀하시는 바를 받아들이려는 열린 마음과 경외심으로 성경을 읽는 것을 가리킨다. 성경 외에 다른 책도 거룩한 독서에 활용할 수 있다. 유대교와 기독교의 영성 고전, 영성 생활에 관한 동시대의 에세이, 훌륭한 신학적 성찰, 영적 거인들의 자서전과 성인들의 삶을 다룬 책, 새로운 신앙 공동체에 관한 이야기 등등. 가장 중요한 것은 '어떻게' 읽느냐다. 우리 힘으로 하나님을 이해하거나 통제할 요량으로 접근해서는 안 되고, 하나님이 우리를 이해하고 빚으시게 해야 한다.

다른 이들을 위해 기도하는 것도 좋은 방법이다. 고통 가운데 있는 사람들, 특히 우리와 함께 살거나 함께 일하는 사람들을 위해 기도하는 것이 좋다. 우리가 정기적으로 위해서 기도하는 사람들은 우리 마음과 하나님 마음 가운데 아주 특별한 자리를 얻고 기도를 통해 도움을 얻는다. 가끔은 즉시 도움을 받기도 하고, 가끔은 시간이 걸리기도 한다. 이러한 기도를 통해 우리 안에서 내적 공동체가 생겨난다. 일상에서 우리를 강건하게 하는 사랑의 공동체가 자라난다. 기도를 마무리할 때에는 주기도문을 천천히 암송하는 것이 좋다. 교회와 기독교 전통의 다른 기도문을 사용해도 된다. '공식' 기도문은 우리를 하나님의 백성들과 연결해주고, 기도하는 전체 교회와 우리를 이어준다. 제네시 수도원에서 지낸 기간과 그후 몇 년 동안 신문에서 기도가 필요한 일을 찾곤 했다. 이 세상에 닥친 비극과 이 세상이 이룬 업적, 그 모든 것을 위해 기도했다.

성령께서는 우리 내면 깊은 곳에서 일하신다. 너무 깊어서 성령의 임재를 알아채지 못할 때가 많다. 그러나 하나님의 성령이 우리에게 미치는 영향은 우리가 생각하고 느끼는 것보다 심오하다. 기도하기 위해 시간과 공간을 따로 떼어놓는 것이 중요한 이유가 여기에 있다. 가끔은 기도하는 것처럼 느껴지지도 않고 생각이 산만해질 때가 있다. 기도하려는 열의가 부족하거나 기도에 집중하기 어려울 때는 그 시간이 쓸모없고 괜한 시간 낭비처럼 생각된다. 그럼에도, 생각과 마음과 몸에 기도하고 싶은 의지가 눈곱만큼도 없을 때에도, 기도 시간을 성실히 지키고 하나님과 함께하기로 한 약속을 지키는 것은 아주 중요하다. 신실한 기도는 하나님의 성령에게 우리 안에서 일하실 기회를 드리게 되고, 우리는 하나님의 손 안에서 새로워지고 하나님의 뜻에 순종할 수 있는 기회를 얻는다. 이 성스러운 시간과 공간을 통해 하나님은 우리의 깊고 은밀하고 연약한 곳을 어루만지신다. 그러면 우리는 하나님의 임재를 더 충만하게 느낄 수 있고, 새로운 사랑의 장소로 우리를 이끄시는 하나님께 더 활짝 마음을 열 수 있다.

01 분별 연습

평범한 시간이 거룩한 시간이 될 수 있다. 15분이나 30분, 또는 몇 시간을 정해서 하나님을 위해 따로 구별해두라. 육체적으로, 정서적으로, 영적으로 건강한 삶을 살려면 시간을 계획해야 한다. 언제 기도할지, 언제 거룩한 독서에 시간을 쓸지, 언제 공예배에 참석할지 사전에 알고 있어야 한다. 거룩한 시간과 공간을 따로 구별해둔 삶의 리듬은 영적인 면에서 많은 도움이 되고, 우리는 하나님의 뜻을 분별하기 위해 '새 힘을 얻는' 기도 시간을 고대하게 된다.

공동체와 함께하는 분별 연습

혼자 분별 연습을 시작하더라도 하나님을 찾는 사람은 공동체로 모이기 마련이다. 성령께서 서로를 책임지고 지원하도록 모든 신자를 한 몸 안에 모으시기 때문이다. 정직하게 하나님의 뜻과 하나님이 일하시는 방식을 알고자 하는 사람은 공동체 안에 거하기 마련이다.

제네시 수도원에서 지내면서 공동체 안에서 사는 삶이 절대적으로 필요하다는 사실에 눈을 떴다. 빵 굽는 법과 돌 운반하는 법, 형제들과 함께 기도하는 법도 배웠다. 공동체 안에서 다른 지체들을 사랑하고 그들과 함께 살아가는 일과, 하나님과 나누는 친밀함이 밀접한 관련이 있다는 것도 실감했다. 수도원에서 보낸 몇 달은 내게 영적 삶은 함께 살아가야 하는 삶이라는 것을 가르쳐주었다. 그후 나는 어디서 살게 되든 그곳에서 공동체를 만들고자 애썼다. 지난 몇 년간은 캐나다에 있는 데이브레이크 공동체에서 살기도 했다. 그곳에서 심령이 가난한 이들과 더불어 살면서 영성을 훈련하고, 개인적인 결정에 대한 지지와 책임성 있는 관계를 얻고, 섬김의 삶을 살았다. 라르쉬 공동체인 데이브레이크는 신체적, 정서적, 지적 장애가 있는 사람들과 그들을 돕는 사람들이 함께 살아가는 곳이 되고자 한다. 그리하여 이 세상에 아직 희망이 있다는 것을 보여주려 한다. 지금은 비록 작고 미약하지만, 사랑이 두려움보다 강하고, 기쁨이 슬픔보다 깊고, 일치가 분열보다 진실하고, 삶이 죽음보다 강하다고 선포하는 공동체를 이루고 싶어 한다. 데이브레이크의 식구가 되는 것은 이 세상 통치자들과 권력자들을 근본적으로 부인하는 선택을 하라는 초대와 같다.

기독교 공동체는 구성원들에게 선택을 잘하는 방법을 구체적으로 제시한다. 그것은 하나님이 어떻게 일하시고 하나님의 뜻이 무엇인지에 귀를 기울이는 것이다. 우리의 선택을 기다리는 문제들은 아주 구체적이다. 따라서 올바른 선택을 하려면 개인 및 집단의 동기와 의제를 둘러싼 기본 질문을 놓고 사려 깊은 대화를 나눠야 한다. 우리는 가난한 자들과 '함께' 일하고 있는가, 아니면 그들과 연대하며 '살기로' 선택한 것인가? 지금 우리는 시간을 낭비하고 있는가, 아니면 자신과 이웃, 하나님에 관하여 더 많은 것을 알아갈 지속적인 기회로 시간을 활용하고 있는가? 우리에게 주어진 날들을 즐거움을 위해 쓰려고 하는가, 아니면 내적으로 더 성숙하고 강건해지는 데 쓰려고 하는가? 내면의 두려움과 고통을 무시하고 있는가, 아니면 두려움과 고통을 직시하고 함께 사는 사람들에게 도움을 받아 이겨내고 있는가? 이야기하고 있는가 아니면 기도하고 있는가, 걱정하고 있는가 아니면 감사하고 있는가, 자극적인 그림을 보고 있는가 아니면 기쁨을 주는 그림을 보고 있는가, 분을 품고 살아가는가 아니면 화평케 하는 이와 함께 살고 있는가?

이런 질문들은 우리가 끊임없이 무언가를 선택하고 있다는 사실을 보여준다. 우리가 하는 선택은 우리를 하나님이 일하시는 방식과 하나님이 뜻하시는 길로 안내할 수도 있고 정반대 길로 안내할 수도 있다. 선택이 어려운 이유는 우리가 기도를 시간 낭비로 여기는 세상에서 살고 있기 때문이다. 가진 재능을 더 흥미롭게 사용할 길이 있고, 이상을 버리고 다른 사람들처럼 현실적인 선택을 하면 더 많은 돈과 명성을 손에 넣을 수 있고 더 많은 교육을 받을 수 있고 더 큰 성공을 이룰 수 있고 더 큰 존경과 영예를 얻을 수 있는 세상에서 우리가 살고 있기 때문이다.

공동체를 위한 제안

구체적인 영성 훈련은 신앙 여정에서 중요한 순간에, 교회의 여러 절기 가운데, 그리고 공동체 안에 분별력을 키울 수 있는 구조와 환경을 만든다. 개인이든 신앙 공동체든 유용한 지침 몇 가지는 기본으로 가지고 있겠지만, 데이브레이크 공동체에서 하는 훈련 방식은 다른 신앙 공동체에도 분명 도움이 될 것이다.

거룩한 시간과 공간

신앙 공동체의 첫 번째 과제는 거룩한 시간과 공간을 구별하는 것이다. 다시 말해, 우리 마음과 삶과 공동체를 고치시도록 하나님께 우리를 내어드릴 시간과 장소를 구체화하는 것이다. 공동체는 하나님의 자녀들이 분주한 삶에서 비롯된 급박하고 위급한 상황에서 한 걸음 물러나 하나님과 서로에게 귀를 기울이도록 거룩한 시간(예배, 기도, 금식, 성경 읽기, 친교의 시간)과 거룩한 공간(예배실, 안식처, 피정처, 가정, 자연)을 제공한다. 예를 들어, 데이브레이크 공동체에는 예배실과 피정처가 있다. 이곳은 조용하고 평화롭게 살면서 회복과 쉼을 얻고, 영적인 삶에 관한 글을 읽고, 자신이 걸어온 신앙 여정을 공동체 식구들과 나누고, 개인 및 공동 기도를 통해 하나님을 예배하도록 마련한 장소다. 강의와 워크숍 모임, 영성 훈련을 위한 소그룹 모임, 개인적인 영성 지도, 분별 훈련에도 적합하고 하나님께 마음을 열기 좋은 장소다.

공동체 예배

라르쉬 데이브레이크에서는 공동체 식구들이 예배실에 함께 모여 예배한다. 색과 빛으로 가득하고 누구나 쉽게 들어올 수 있는 단순한 건물이다. 공동체 식구들은 성체 성사와 공동 기도를 위해 매일 예배실에 모인다. 이곳에서 다양한 종교 전통을 지키는 다양한 계층의 사람들이 자신들의 독특한 은사를 나눈다. 자신들만의 예배 형식을 제시하고 새로운 예배 형식과 공통의 방식을 함께 개발한다. 함께 모여 각 사람이 느끼는 기쁨과 고통을 털어놓고 미소를 나

01 분별 연습

누고 눈물을 흘리고 하나님께 마음을 연다. 하나님의 말씀과 격려와 충고, 소망에 관한 말에 귀를 기울인다. 그리하여 우리가 함께 모여 예배하는 예배실은 거룩한 처소가 되고, 훈련과 분별을 위한 특별한 장소가 된다. 함께 모여 기도한 뒤에는 침묵 가운데서 하나님이 말씀하시도록 귀를 기울인다.

말씀과 성체를 나누는 공동 예배 때는 의미 없는 활동과 오락을 피한다. 우리는 하나님의 임재를 드러내는 거룩한 몸을 이루기 위해 모인다. 우리가 드리는 예배를 통해 우리들 가운데서 하나님이 일하실 공간이 열리도록 노래하고 말씀을 읽고 춤추고 침묵하고 기도한다. 힘을 북돋는 소박함과 침묵이 깃들도록 그 무엇도 서두르지 않는다.

영적 가르침

신앙 공동체는 본래 공식적으로든 비공식적으로든 영성 생활에 관해 가르친다. 고전과 동시대 성경 연구와 신학적 성찰을 접하고, 다양한 영성 학파와 역사적인 영성 작가들, 정의와 영성 생활에 관한 동시대의 현안을 접하는 것은 대단히 가치 있는 일이다. 그래서 우리는 공동체 식구들에게 자신의 생각을 밝히고, 성경을 바라보는 시각을 공유하고, 삶을 나누라고 권면한다. 체계적인 독서와 연구에 시간을 쏟을 여유가 없을지라도, 자신의 삶과 일을 더 깊이 이해하고 싶은 사람들은 건전한 가르침과 영성 훈련을 받을 기회를 마련해야 한다. 좀 더 큰 맥락을 보지 못하면, 자신이 속한 신앙 공동체의 영적 뿌리나 신학적 전통에서 끊어질 위험이 있다. 좋은 가르침은 개인의 기도 생활과 공예배, 거룩한 독서에 대한 갈망, 분별 훈련에 좋은 영향을 끼친다. 정기적으로 기도하고 성경을 읽고 하나님의 백성들과 연대하지 않으면서 하나님의 계획과 목적을 알고 싶어 하는 것은 다양한 재료를 조합하지 않고 케이크를 구우려고 애쓰는 것과 같다. 분별은 공동체에 뿌리박은 신앙생활에서 시작된다.

경청, 나눔, 예배, 기도, 음악, 책, 그림, 쉬고 먹고 걷고 말하고 웃고 우는 것, 즉 '여호와의 선하심을 맛보아 알기 위해'(시 34:8, 개역개정) 따로 구별해둔 거룩한 시간과 공간, 이것이 기독교 공동체가 신자들에게 주는 선물이다.

하나님의 눈으로

우리는 기독교 공동체가 분별을 위해 제공하는 거룩한 공간과 시간에 함께함으로써 차츰 하나님이 계신 곳으로 올라가 자신과 이웃과 세상을 새로운 빛 아래서 보게 된다. 이렇게 '보는' 데에는 지적인 앎이나 명쾌한 통찰, 사실에 의거한 의견이 필요치 않다.

분별은 하나님의 우선순위와 방향과 선물을 새롭게 드러낸다. 전에는 인생에서 아주 중요해 보이던 것들이 더는 우리에게 힘을 발휘하지 못하는 것을 알게 된다. 하나님의 마음에 가까워질수록 성공하고 인기를 얻고 영향력을 갖고 싶은 욕망이 줄어든다. 이전의 관심사는 의식 저편으로 밀려나고, 새로운 소명과 새로운 방향을 따라가면서 뜻밖에 내면의 자유를 경험하기도 한다. 예수님이 나사렛에서 사셨던, 눈에 띄지 않는 소박한 삶의 아름다움에 눈을 뜨기 시작한다. 무엇보다 큰 보상은 매일 기도하는 중에 하나님의 뜻을 알게 되는 것이다. 하나님이 우리와 우리가 사는 세상을 어떻게 사랑하시는지 구체적으로 알게 되는 것이다.

하나님이 일하실 기회

분별은 하나님의 성령에게서 나온다. 우리가 할 일은 하나님이 우리에게 말씀하실 거룩한 시간과 공간을 만들고 구조와 경계를 구체화하기 위해 노력하는 것이다.

기독교 공동체는 영성 훈련과 분별을 위한 독특한 기회를 제공한다. 더불어, 우리는 하나님이 우리 삶의 중심이 되시고, 우리에게 말씀하시고, 우리를 인도하시고, 우리를 붙드시고, 우리 내면 깊은 곳을 새롭게 하시도록 우리 자신을 내어놓으라는 부름을 받았다. 우리에게는 하나님의 부르심에 "예"로 답하고 아주 특별한 방식으로 부르심에 합당하게 살기로 선택할 자유가 있다. 우리가 속한 공동체는 우리가 그런 선택을 하고 그 선택을 계속 지켜나가도록 돕는다. 그리하여 하나님에게는 우리를 어둠 속에서 빛으로 부르시고, 많은 사람에게 희망의 원천이 되실 진정한 기회가 생긴다. 결국 이것이 분별의 진정한 목표다.

분별은 영성 훈련에 뿌리를 두고 있다. 그렇다고 한 단계씩 밟아

나가야 할 훈련 과정이 있는 것은 아니다. 일상생활에서 마음을 다하고, 시간을 들여 하나님의 음성에 귀를 기울이고, 하나님의 성품을 알아가는 법을 배우면 된다. 2장에서는 사도 바울이 '영들 분별함'이라고 부른 것에 관하여 살펴보려고 한다. 성령의 음성에 귀 기울이는 법을 배우려면, 삶 속에서 하나님의 영과 하나님의 영이 아닌 것을 분별할 줄 알아야 한다.

1. 분별은 보는 것, 아는 것, 하나님 앞에 드러나는 것에 관한 것이다. 하나님의 눈에 여러분의 내면이 드러나길 원하는가? 모든 것을 보시고 모든 것을 아시는 하나님 앞에 우리 생각과 행동이 모두 알려지길 원하는가? 속속들이 살펴보시도록 하나님께 내어드릴 자신이 없는 삶의 영역을 들여다보면서, 하나님께 솔직하고 정직하게 편지를 쓰자. 물론 하나님은 이미 알고 계신다. 따라서 이 과정은 여러분이 감추고 싶어 하는 삶의 영역이 무엇인지 스스로 알아보기 위한 것이다. 그 영역이 어디인지 확인한 뒤에는 하나님께서 보시듯 내가 나와 나의 연약한 부분을 제대로 볼 수 있도록 도와달라고 기도하자.

2. '위로부터 다시 태어난' 사람들은 하나님의 성령을 기쁘시게 하려고 애쓰는 사람이다. 하나님을 기쁘시게 하는 일이라고 생각되는 행동과 마음속 갈망을 모두 기록해보자. 자신의 삶에 넘쳐흐르는 하나님의 선하심을 찬양하고 감사 시나 찬송을 써보자.

3. 자신이 속한 공동체에 관하여 이야기해보자. 여러분을 잘 알고 책임지고 있는 사람은 누구인가? 여러분을 속속들이 아는 사람을 찾았다면, 잠시 시간을 내어 여러분의 인생에서 그 사람이 맡은 역할에 감사하는 글을 써보자. 여러분 인생에 들어와 힘을 북돋고 격려하는 사람을 아직 찾

지 못했다면, 누구를 어떻게 영적 동반자로 삼을지를 놓고 기도하자. 혼자 하는 분별은 망상이 될 수 있다. 우리에게는 서로가 필요하다.

4. 묵상, 기도, 노래, 성찬, 침묵, 세상을 향한 섬김 등 사람들과 함께하는 활동 중 여러분의 일상생활에서 하나님께 귀를 기울이는 가장 자연스러운 활동은 무엇인가? 하나님의 임재를 알아차렸던 시간을 되돌아보자. 무엇을 하고 있었는가? 어디에 있었는가? 여러분에게 거룩한 시간과 공간이 필요하다는 점과 관련하여 이러한 성찰을 통해 무엇을 깨달았는가?

02

영 분별하기

영을 분별하는 일은 평생토록 해야 할 과업이다.
기도와 묵상을 쉬지 않고 하나님의 성령과 깊은 교제를
나누기 위해 오롯이 헌신하는 것 외에 이 과업을 이룰 수
있는 길은 없다. _헨리 나우웬,《소명을 찾아서Gracias!》13쪽

제네시 수도원에서 피정하는 동안 요한 클리마쿠스John Climacus의
《하나님께 올라가는 사다리The Ladder of Divine Ascent》를 읽었다. 악
덕과 미덕에 관하여, 악의 힘을 누르고 선의 힘을 받아들이는 법에
관하여 다룬 책이다. 기도하는 마음으로 책을 읽다가 곰곰이 생각
에 잠겼던 글귀가 있다.

어떤 이[수도사]가 이전의 나쁜 습관에 여전히 사로잡혀 있으면서 그저
말로만 가르칠 수 있다면, [계속하여] 그렇게 가르치게 두라. 그러나 그
들이 권위까지 가져서는 안 된다. 그들은 자신이 전한 말로 부끄러움을
당하게 되었으니, 결국 자기가 전하는 바대로 실천하려 할 것이다.

엄격한 책 한가운데 담긴 이 우아한 구절은 위안과 경고를 함께
주었지만, 무엇보다 내 이야기와 관심사를 압축한 듯했다. 어떻게
하면 입으로 가르치고 설교하는 대로 살아갈 수 있을까? 말과 행위
가 일치하지 않는 모순을 극복하고, 말뿐 아니라 본이 되는 모습으
로 영적인 삶에 관하여 가르치려면 어떻게 해야 할까? 입으로 가르
치는 바를 삶으로 실천하지 못하고 내 입에서 나온 말로 창피를 당
하게 되었을 때조차도, '육신의 법'에서 벗어나 '성령의 길'을 따라
살려는 나의 몸부림이 비슷한 갈등을 하는 다른 이에게 도움이 될

까? 요한 클리마쿠스는 '진창에 빠져 꼼짝 못하는' 사람들도 다른 사람에게 무언가 가르칠 것이 있다고 말한다.

> 그들은 진창에 빠져 있을 때에도 어쩌다 그런 진창에 빠졌는지 이야기했다. 구원을 얻기 위해 그리고 다른 이들이 똑같이 넘어지지 않도록 하기 위해서였다. 그러나 전능하신 하나님께서는 다른 이들을 구원하시기 위해 그들 역시 진창에서 구출하셨다.[1]

사제 서품을 받은 지 벌써 여러 해가 지났고 제네시 수도원에서 몇 달간 수도자 생활도 했다. 그런데도 요즘 내 삶을 돌아보노라면, 여전히 하나님의 거룩한 백성들 중 가장 하찮은 존재처럼 느껴진다. 지난 몇 년을 되돌아보니, 수년 전에 안고 있었던 똑같은 문제로 여전히 씨름하고 있었다. 많은 기도와 상당 기간의 피정, 친구들의 조언, 상담 전문가와 고해 신부 앞에 섰던 많은 시간에도 불구하고, 변한 것은 별로 없는 것 같다. 영적 여정을 처음 시작했을 때와 마찬가지로 여전히 불안하고 초조하고 감정적이고 산만하고 충동에 쉽게 이끌린다. 내면의 평화를 찾고 여러 가지 내적 갈등을 해결할 방법을 아직도 찾고 있다. '원숙한' 나이에 접어들었는데도 영적으로 성숙하지 못한 내 모습에 가끔은 우울해진다. 사도 바울이 로마서에 너무나 잘 묘사한 싸움을 나 역시 하고 있다. "나는 내가 하는 일을 도무지 알 수가 없습니다. 내가 해야겠다고 생각하는 일은 하지 않고, 도리어 해서는 안 되겠다고 생각하는 일을 하고 있으니 말입니다. … 나는 선을 행하려는 의지는 있으나, 그것을 실행하지는 않으니 말입니다. … 여기에서 나는 법칙 하나를 발견하였습니다. 곧 나는 선을 행하려고 하는데, 그러한 나에게 악이 붙어 있다는 것입니다. 나는 속사람으로는 하나님의 법을 즐거워하나, 내 지체에는 다른 법이 있어서 내 마음의 법과 맞서서 싸우며, 내 지체에 있는 죄의 법에 나를 포로로 만드는 것을 봅니다."

그래서 나는 사도 바울과 함께 이렇게 기도한다. "누가 이 죽음의 몸에서 나를 건져주겠습니까? 우리 주 예수 그리스도를 통하여 나를 건져주신 하나님께 감사를 드립니다"(롬 7:15-25).

영 분별하기

마치 사람들의 마음을 들여다볼 수 있고, 그들이 왜 그런 식으로 행동하는지 확실히 알기라도 하는 것처럼, 사람들을 선한 사람과 악한 사람으로 나누려는 성향이 내게 있다. 그러나 또 한편으로는 우리는 누구나 악과 한계에 흔들리기 쉽고, 그래서 모두에게 은혜와 자비가 필요하다는 사실도 알고 있다. 누구에게나 어떤 상황에나 다양한 동기가 있고 선택해야 할 일이 많이 있다. 그래서 우리는 영들 분별하는 법을 배워야 한다.

분별한다는 것은 다른 사람의 동기를 판단한다는 뜻이 아니다. 해로운 메시지와 좋은 가르침을 구별하고, 악한 영들과 성령을 분간하는 것을 의미한다. '영을 분별하는 것'은 꼭 필요한 일이다. 그러나 이 일은 누군가를 판단하기 위해서가 아니라 우리를 보호하기 위해서 하는 일이다.

그리스어로 디아크리세이스(*diakriseis*, 신령한 판단이나 이해, 평가, 구분)
인 '분별'은 은사이자 훈련이다. 신약성경 가운데 로마서 12장 2절,
고린도전서 1장 19절, 4장 4절, 11장 29절과 31절, 12장 10절, 히브
리서 4장 12절에서 이 개념을 찾아볼 수 있다. '영들 분별함'이라는
구절은 세 군데에서 찾을 수 있다. 고린도전서 12장 10절에는 성령
의 은사 중 하나로, 히브리서 5장 14절에는 "경험으로 선과 악을 분
별하는 세련된 지각을 가지고 있는" 영적으로 성숙한 사람들이 하
는 일로, 로마서 14장 1절에는 "믿음이 약한 이를 받아들이고, 그의
생각을 시빗거리로 삼지 마십시오"라는 조언으로 등장한다. 이를
종합해볼 때, 분별은 적대관계에 있는 세력을 분간하거나 식별하는
능력을 가리킨다. "육체의 욕망은 성령을 거스르고, 성령이 바라시
는 것은 육체를 거스릅니다. 이 둘이 서로 적대관계에 있으므로, 여
러분은 자기가 원하는 일을 할 수 없게 됩니다"(갈 5:17).

분별력이 있는 사람은 특정한 행동이나 메시지가 하나님의 영에
게서 온 것인지 분간할 수 있고, 어떤 사람이 진실을 말하는지 거짓
을 말하는지 판단할 수 있다. 사도 바울은 이것을 개인이 받은 은사
로 이야기하지만, 모든 은사가 그렇듯 분별의 은사도 공동체 안에
서 연습해야 한다.

영을 분별하는 일은 평생토록 해야 할 과업이다. 기도와 묵상을
쉬지 않고 하나님의 성령과 깊은 교제를 나누기 위해 오롯이 헌신
하는 것 외에, 이 과업을 이룰 수 있는 길은 없다. 이런 삶은 우리 안
에 예민함을 서서히 발달시켜 육신의 법과 성령의 법을 분간할 수

있게 한다.

쉰 번째 생일을 얼마 앞두고 스페인어를 배우려고 볼리비아로 떠났다. 그즈음 나는 다시 분명한 소명을 찾고 있었다. 신학교에서 성공이 보장된 똑똑한 학생들을 계속 가르쳐야 할까, 아니면 가난한 사람들과 함께 살도록 부름을 받은 것은 아닐까? 볼리비아에 머무는 동안 일상생활에서 그 위력이 느껴지는 영들을 분별하기 위해 씨름해야 했다. 어느 날, 코차밤바에서 파괴적인 힘이 나를 에워싸는 것 같은 기분이 들었다. 성경에서 '통치자들과 권력자들'이라고 부르는 세력을 감지하는 감각이 다른 날보다 더 예민하게 작동했다. 그만큼 파괴적인 힘이 강하게 느껴졌다. 자전거를 타고 시내를 지나는 길에 다음 영화가 시작되기를 기다리며 길모퉁이에서 서성이는 한 무리의 젊은이들을 보았다. 자전거에서 내려 서점 쪽으로 걸었다. 폭력, 성, 험담, 다른 나라에서 들여온 가지각색의 자극적인 광고와 불필요한 기사로 채워진 잡지들이 잔뜩 쌓여 있었다. 나보다 훨씬 더 강한 힘에 에워싸인 것 같아 암울했다. 나를 매혹시키려는 죄의 유혹이 사방에서 느껴졌다. 극심한 기아, 핵무기, 고문, 착취, 강간, 아동 학대, 다양한 형태의 탄압과 같이 이 세상을 괴롭히는 참혹한 현실 뒤에 도사리고 있는 악을 본 것 같았다. 그것들이 어떻게 인간의 마음에 작게, 가끔은 아무도 눈치채지 못하게 슬며시 싹을 틔우는지 어렴풋이 알 것 같았다. 악령은 끈기 있게 하나님의 일을 망치고 파괴할 방법을 찾는다. 그날 나는 나를 둘러싼 세상의 어둠을 강하게 느꼈다.

한동안 정처 없이 돌아다니다가 자전거를 타고 내 거처에서 가까운 카르멜회 수도원으로 향했다. 아주 친절한 수녀가 내게 말을 걸었고, 기도할 수 있게 예배실로 안내했다. 그녀에게서 기쁨과 평화, 그리고 빛이 뿜어져 나왔다. 빛에 관하여 한마디도 하지 않고도 어둠을 밝히는 빛에 대해 이야기하고 있었다. 주위를 둘러보다 아빌라의 테레사와 리지외의 데레사Thérèse of Lisieux를 그린 그림에 시선이 멈췄다. 두 사람은, 하나님께서 감지하기 어려운 미묘한 방식으로 말씀하시고, 우리가 그분의 음성을 잘 들을 때 평화와 확신이 뒤따른다는 사실을 그 시대에 가르쳤던 성인들이다. 순간, 이 두 성인이 내게 또 다른 세계, 또 다른 삶, 또 다른 사랑에 관해 이야기하는 듯했다. 작고 소박한 예배실에 무릎을 꿇었을 때, 그곳에 하나님의 임재가 충만하다는 사실을 깨달았다. 밤낮 드리는 기도로 인해 예배실은 빛이 거하는 장소였다. 어둠의 영은 그곳에 발을 들이지 못했다.

카르멜회 수도원 방문은, 악이 지배하는 것 같은 곳에서 그리 멀지 않은 곳에 하나님이 계신다는 사실을 깨닫게 해주었다. 또 하나님의 임재가 드러나는 곳에도 악이 그리 오랫동안 자리를 비우지는 않을 것이라는 사실을 깨닫게 해주었다. 사랑과 생명의 창조적인 세력과, 증오와 죽음의 파괴적인 세력 사이에서 우리는 늘 어느 한쪽을 선택해야 한다. 몇 번이고 둘 중 하나를 직접 선택해야 한다. 누구도, 심지어 하나님조차도 대신 선택해주지 않는다.

빛과 어둠의 차이를 아주 잘 알고 있지만, 항상 그 둘을 진짜 이름으로 부를 용기가 있는 건 아니라는 생각이 갈수록 선명해졌다. 마치 빛인 것처럼 어둠을 대하고, 마치 어둠인 것처럼 빛을 대하고

분별력

픈 강렬한 유혹을 느낀다. 예수님을 알아가고 그분의 말씀을 읽고 기도하면, 악과 선, 죄와 은혜, 사탄과 하나님이 점점 확실해진다. 이러한 명쾌함은 우리에게 두려워하지 말고 빛을 향해 똑바로 나아가는 길을 선택하라고 요구한다. 투명한 삶은 마음과 생각과 용기가 합심하여 빛을 선택하는 삶이다.

어둠에 저항하기

가장 큰 유혹은 무엇일까? 돈, 성, 권력? 이것들은 명백한 유혹이고, 우리는 이것들 중 하나 혹은 모두에 쉽게 사로잡힌다. 수도원에서 전통적으로 가난과 독신, 순종에 대한 서약을 받는 이유는 남녀 수도사들이 돈과 성, 권력의 유혹을 뿌리치고 예수님의 길을 따르도록 돕기 위해서다. 그러나 수년간 나는 이 셋 중 어느 것도 가장 크고 파괴적인 유혹은 아니라는 결론에 이르렀다. 가장 큰 유혹은 자기거부가 아닐까 싶다. 탐욕과 정욕, 성공을 둘러싼 모든 유혹의 저변에는 부족함이 없는 사람, 사랑스러운 사람이 될 수 없다는 엄청난 두려움이 깔려 있는 것은 아닐까?

나는 유혹에 빠질 때, 주의 깊게 상황을 살피면서 거절하거나 판단하지 않고 나와 다른 사람의 한계를 이해하려고 애쓰는 대신 나를 비난하는 경향이 있다. 단순히 내 행실만이 아니라 내 존재 자체를 비난하곤 한다. 내 속의 어두운 면은 말한다. "나는 선하지 않아. 나는 밀쳐지고 잊히고 거절당하고 버림받아 마땅해." 자기거부는 영적 삶의 가장 큰 적이다. 우리를 '하나님이 사랑하시는 자녀'라고 부르는 거룩한 음성을 부인하기 때문이다. 우리가 하나님께 사랑받는 하나님의 자녀가 되었다는 것은, 우리 존재의 핵심 진리를 나타내는 말이다.[2]

"겸손해야 해"라고 말하는 목소리와 "넌 아무것도 아니야"라고 말하는 목소리를 어떻게 분간할까? 자기거부와 겸손은 아무 관계가 없다. 자신을 깊이 존중할 때에만 비로소 겸손해질 수 있다. 자기거부는 겸손한 삶의 토대가 되지 못한다. 불평과 시기, 분노, 심지어 폭력으로 이끌 뿐이다. 그러므로 자기거부야말로 가장 위험한 유혹이다. 경험에서 얻은 교훈이다. 스스로 가치 없고 쓸모없는 존재라고 느낄 때마다, '보잘것없는' 존재라고 느낄 때마다, 고립과 어두운 감정으로 한없이 곤두박질치곤 했다.

절망 가운데서 스스로 희망을 찾을 때에만 다른 사람에게 희망을 줄 수 있었다. 가끔은 희망이 사라진 나만의 어둠으로 깊숙이 끌려가곤 한다. 여전히 절망에 빠져 있는 순간에 어떻게 진심으로 희망을 이야기할 수 있을까? 나는 내 느낌과 감정을 거의 통제하지 못한다! 보통은 그런 감정이 내게서 저절로 빠져나가게 놔두는 수밖에 없다. 그런 감정이 너무 오래 내 주변을 어슬렁거리지는 않을 거라고 믿는 수밖에 없다.

분별이 필요할 때 하나님의 선하심에 집중하라는 성녀 테레사의 말이 절망과 자기거부, 두려움의 악령과 싸우는 데 도움이 된다는 것을 깨달았다. 덕분에 하나님의 능력으로 몇 번이고 어둠의 권세를 이겨냈다. 내가 지금 듣고 경험하는 것이 하나님의 영인지 아닌지 분별해야 할 때는 성녀 테레사의 기도문으로 기도하곤 한다. "솔로 디오스 바스타*Solo Dios basta*, 오직 하나님만으로 만족하리라." 천천히 소리 내어 이 구절로 기도하면, 하나님의 임재를 느끼는 데 도움이 된다. 하나님이 임하시는 곳에는 하나님이 늘 나와 함께하시고 나를 사랑하신다는 확신과 평화가 있다.

> 무엇에도 흔들리지 마라.
> 무엇에도 겁먹지 마라.
> 하나님께 붙어 있는 자.
> 부족함이 없으리라.
> 오직 하나님으로 만족하리라.[3]

빛을 찾아서

악과 어둠의 세력에 저항하는 일은, 선과 생명의 세력과 충분히 연결되어 있을 때에만 가능하다. 어둠의 권세에 직접 맞서려고 할 때면, 내 생명의 근원과 연결이 끊어져서 내게 아무 힘이 없는 것을 절감하곤 한다. 그러니 내가 맞서 싸우는 바로 그 세력의 희생자가 되기가 얼마나 쉽겠는가! 죽음에 항의하는 데 온 관심을 쏟으면, 죽음은 결국 분에 넘치는 관심을 받게 된다. 4세기 이집트 사막의 수도사들에게서 얻은 지혜가 있다. "악령과 직접 싸우지 말라." 사막의 현자들은 악의 세력과 정면 대결하려면 영적으로 성숙해야 하고, 그럴 수 있을 만큼 충분히 성숙한 사람은 거의 없다고 생각했다. 그들은 어둠의 왕자에게 너무 많은 관심을 쏟는 대신 빛의 주님에게 집중하고, 그리하여 간접적으로 그러나 필연적으로 어둠의 세력을 좌절시키라고 제자들에게 충고했다.

테레사의 영적 친구였던 십자가의 요한은 우리의 어둠, 그리고 두려움과 절망에 취약한 우리의 특성을 실감하면서, 너무 밝아서 우리 눈으로는 볼 수 없는 빛에 관하여 글을 썼다. 우리는 그 빛의 광휘를 직접 볼 수 없지만, 이 신령한 빛 안에서 우리는 우리 존재의 근원을 발견한다. 설사 이 빛을 이해하지 못하는 때에도 우리는 이 빛 안에서 산다. 하나님의 임재가 우리 안에 찬란하게 드러날 그 날을 항상 고대하며, 모든 악에 저항하고 어둠 속에서 본분을 지키도록, 그 빛은 우리를 해방시킨다.

혼자서는 그 빛을 항상 발견할 수도 없고, 하나님의 빛 가운데서 걸을 수도 없다는 사실을 나는 경험으로 안다. 내게는 신앙 공동체에 속한 형제자매들의 사랑과 지지가 필요하다. 나의 영직 싦은 다른 이들의 중보기도 없이는 상상도 할 수 없었다. 여러 가지 중요한 결정을 해야 했고, 많은 수업을 진행해야 했으며, 많은 약속을 지켜야 했다. 자주 피곤하고 마음이 무거웠고, 그 시간을 어떻게 살아낼 수 있을지 모르겠다는 생각에 우울했다. 기도할 수도 없었다. 빛 가운데로 발걸음을 옮길 겨를이 없었을 뿐 아니라, 시간이 있어도 내면의 안식을 얻지 못했다. 내가 하는 기도는 공허하고 쓸모없게 느껴졌다. 자기거부와 어둠에 굴복하도록 나를 잡아끄는 힘과 내가 행하고 싶은 선을 분별하려고 애쓰던 그 기간에 나는 열두 명의 친구에게 편지를 써서 다음 한 달간 매일 나를 위해 기도해달라고 부탁하기로 했다. 나를 향한 그들의 사랑은 그들의 기도만큼 진실했다. 나는 그들에게 내 영혼의 건조함과 내면의 두려움을 설명했다. 새로운 무언가를 경험하기까지 그리 오래 걸리지 않았다. 고통스럽게도 내 기도는 여전히 메말라 있었으나, 기도로 나를 후원하는 네트워크가 나를 에워싸는 것을 느꼈다. 나를 하나님 앞에 들어올리는 영적인 가족 안에 내가 속해 있으며, 나는 적극적인 기도 공동체의 일원임을 깨달았다. 마치 그들이 내 처소에서 기도하고 있는 것처럼 느껴졌다. 걱정할 필요가 없었다.

완수하는 게 불가능해 보이던 일을 결국 해냈고, 나를 판단할까 두려웠던 사람들은 친구로 밝혀졌으며, 이겨낼 수 없을 것 같았던 강렬한 유혹은 정신을 산란하게 하는 일시적인 것이었음이 드러났다. 그 한 달간 나는 기도 친구들의 실재를 계속 느꼈다. 나를 에워싼 기도가 내게 생명을 준다는 사실을 이제 그 어느 때보다 잘 알고 있다.

성도의 교통

두려움에 휩싸일 때 나를 위해 잊지 않고 기도해주는 친구들도 큰 힘이 되지만, 나는 교회가 기억하는 특정 성인들과 거룩한 성도들에게도 특별한 친밀감을 느낀다. 그들은 때때로 곤경에 처하는 내게 길을 안내해주고 신앙에 관하여 증언하고 나를 격려한다. 힘든 시기에 참과 거짓을 분별하며 영적 삶을 살도록 힘을 북돋는다. 그러하기에 나는 그들에게 나를 위해 기도해달라고 부탁하기를 주저하지 않는다.

성인이라고 하면 우리는 흔히 머리 위에서 빛나는 후광과 황홀경에 빠진 눈빛을 상상하면서 거룩하고 경건한 인물을 생각한다. 하지만 진짜 성인들은 우리가 상상하는 것보다 훨씬 편하고 다가가기 쉬운 인물이다. 지금 우리 곁에 살아 있건, '구름 떼와 같이 수많은 증인'들 사이에 서 있건, 그들은 어려울 때 우리를 도울 준비가 되어 있다. 성인들은 평범한 삶을 살고 평범한 문제로 씨름하는 우리와 같은 사람이다. 그들이 성인이 된 것은 다만 명징하고 흔들림 없이 하나님과 하나님의 백성들에게 집중하는 삶을 살았기 때문이다. 성인들은 자기들처럼 되라고 우리에게 손짓하는 우리의 형제요 자매다.

사도 바울은 그리스도에게 속한 모든 이들을 가리켜 '거룩한 사람' 또는 '성도'라고 부르며, "그리스도 예수 안에서 거룩하여지고 성도로 부르심을 받은" 사람들에게 편지를 쓴다(고전 1:2; 엡 1:1 참고). 성도인 우리들은 우주의 캄캄한 하늘에 반짝이는 수많은 별처럼 하나님의 백성이라는 거대한 네트워크에 속해 있다.

성도의 교통에 속해 있다는 것은 예수의 영으로 변화된 모든 사람과 연결되어 있다는 뜻이다. 이 사귐은 깊고 친밀하다. 이 관계는 하나님께서 어둠 속에 빛을 비추기 위해 따로 구별하신 사람들로 이루어진 가족 관계다. 이 관계는 오래전부터 아주 멀리서도 사람들을 끌어안는다. 예수님이 죽어서도 우리 안에 계속 살아 계시듯,

예수님의 형제자매로 살았던 사람들 역시 죽어서도 우리 가운데 계속 살아 있다.

성인 혹은 거룩한 백성이라 불리던 사람들이 죽어서도 우리 곁을 떠나지 않는다는 사실은 늘 내 마음을 감동시킨다. 죽음은 지상 생활의 제약으로부터 그들을 해방시키고 이 땅에서 알고 지내던 사람들과 더 가까워지게 한다. 하나님은 우리가 가까워지도록 그들의 삶과 죽음, 그리고 그들에 대한 기억을 통해 우리에게 계속해서 말씀하신다.

성인들은 하나님의 영광에 들어갈 때 새로운 방식으로 우리의 이웃이 된 사람들이다. '이웃'에 해당하는 프랑스어 프로생*prochain*은 프로슈*proche*에 있는 사람, 즉 '가까운' 사람을 의미한다. 예수님이 보내신 성령으로 충만한 삶을 살았던 사람들은 살아서도 죽어서도 우리 가까이에 있고 우리를 인도할 수 있다. 그들은 죽음을 통해 새로운 이웃이 된다. 리지외의 데레사의 경우 살아 생전에는 그녀를 아는 이가 많지 않았다. 그러나 지금은 그녀를 거룩한 삶의 모범으로 삼은 많은 이들에게 누구보다 가까운 이웃이다. 성 프란체스코, 성 베네딕트, 로욜라의 성 이그나티우스도 마찬가지다. 오스카 로메로Oscar Romero, 도로시 데이Dorothy Day, 마르트 로뱅Marthe Robin처럼 교회가 성인으로 공표하지 않은 거룩한 사람들, 그리고 비록 이름은 알지 못하나 이웃으로 우리 가운데 살았고 지금은 죽음을 통해 우리 가까이에 있는 많은 성도도 마찬가지다.

마르트 로뱅의 중보기도

선과 악, 빛과 어둠이 싸우는 대격전의 현장에서 기도해본 적이 있는가? 나는 볼리비아에서 기도했던 바로 그 예배실, 나보다 앞서 그곳에서 기도했던 신실한 사람들이 마련한 그 예배실에서 빛과 어둠의 싸움을 경험했다. 그리고 분별을 위해 마련된 한 장소에서 기도하는 동안 그 싸움을 다시금 경험했다. 프랑스 샤토뇌프 드 갈로르라는 작은 마을에서 그리 멀지 않은 언덕에 자리 잡은 소박한 농가에서 태어나 그곳에서 살다 죽은 마르트 로뱅(1902-1981)의 생가를 처음 방문했을 때였다.

나는 1984년에 프랑스 트롤리에 있는 라르쉬 공동체를 방문했다. 그때 설립자 장 바니에의 어머니가 내게 20세기의 성인 마르트 로뱅에 관해 이야기해주셨다. 마르트 로뱅은 예수님이 느끼신 육체적 고통과 고난을 몸으로 체험한 흔치 않은 인물이다. 전 세계 많은 사람이 그녀를 기억하고 있으며, 그녀는 내가 라르쉬 공동체에서 지내던 그해에 가장 중요한 영적 지도자 중 한 명이 되었다. 사물을 분간하려면 조그만 전등 하나에 의지해야 하는 작고 어두운 그녀의 방에 들어가 무릎을 꿇었다. 예수님이 치르신 대격전을 예수님을 따르는 자들 중 하나가 그곳에서 치렀다는 걸 느낄 수 있었다. 나는 평범한 여자 농부가 인생의 매순간 선과 악, 하나님과 사탄, 삶과 죽음 사이에서 선택해야 했던 자리에 앉아 있었다. 불현듯 사도 바울이 한 말이 무슨 의미인지 새삼 이해되었다.

악마의 간계에 맞설 수 있도록, 하나님이 주시는 온몸을 덮는 갑옷을 입으십시오. 우리의 싸움은 인간을 적대자로 상대하는 것이 아니라, 통치자들과 권세자들과 이 어두운 세계의 지배자들과 하늘에 있는 악한 영들을 상대로 하는 것입니다. 그러므로 하나님이 주시는 무기로 완전히 무장하십시오. 그래야만 여러분이 악한 날에 이 적대자들을 대항할 수 있으며 모든 일을 끝낸 뒤에 설 수 있을 것입니다(엡 6:11-13).

그곳에서 기도한 그날 이후로 나는 자주 그곳에 돌아가 더 오래 더 깊이 기도하기로 결심했다. 이제 마르트 로뱅은 내 인생에서 가장 중요한 지도자 중 하나다. 그녀의 삶과 그녀가 그곳에서 드린 기도를 생각하면, 악에 맞서고 신령한 지혜를 구하는 데 도움이 된다.

사람들이 오래전부터 기도했던 장소에서는 기도하기가 훨씬 쉬운 반면, 기도를 입 밖에 낸 적이 거의 없는 장소에서는 기도하기가 훨씬 어렵다는 사실을 깨달았다. 이곳에서 저곳으로 이동을 많이 하는 내게는 아주 중요한 사실이다. 열차의 빈 객실이나 호텔 방에서, 혹은 조용한 서재에서조차도 나를 방해하는 영이 있는 것처럼 느껴지곤 한다. 마르트 로뱅의 방에서는 여러 시간 머물며 기도할 수 있었다. 이제껏 그런 평화를 느껴본 적이 거의 없었다. 범상치 않은 그녀 이야기를 조금 더 나누고 싶다. 그녀는 신실한 사람들의 삶이 어떠한지 보여주는 대표적인 사례다. 그녀는 어떻게 하면 기도하며 유익한 것과 해로운 것을 분별하는 삶을 살 수 있는지를 보여주었다.

1918년 젊은 마르트 로뱅은 예수님의 고난을 짊어지고 그 고난과 깊이 결속한 삶을 사는 것이 자신의 소명임을 깨달았다. 1926년 마르트의 부모는 그녀가 이상한 병으로 죽어가고 있다고 생각했다. 마르트는 리지외의 성녀 데레사의 환영을 세 번이나 보았다. 데레사는 마르트가 죽지 않고 살 것이라고 했다. 뿐만 아니라 이 세상에서 자신이 해왔던 사명을 마르트가 계속 이어나가도록 부름을 받았다고 했다. 그 일이 있고 나서 마르트의 몸에 마비가 찾아왔다. 더이상 팔이나 다리를 움직일 수 없게 되었다. 그러자 마르트의 부모는 그녀를 작은 소파 침대에 눕혔다. 마르트는 죽기 전까지 거기에서 50년도 더 살았다.

1930년에 마르트는 "만사에 나와 같이 되기를 원하느냐?"라고 물으시는 예수님의 음성을 들었노라고 사람들에게 말했다. 그것은 수난 기간에 예수님이 겪으신 육체적 고통과 엄청난 심적 고통을 짊어지라는 초대였다. 마르트는 그 거룩한 초대에 간단히 그러겠노라고 답했다.

이 기간에 매주 목요일 밤부터 월요일까지 미르트는 예수님이 겟세마네와 갈보리에 오르시는 동안 겪으신 고통, 십자가의 죽음, 부활의 기쁨에 참여하는 삶에 집중했다. 화요일과 수요일에는 찾아오는 사람들을 맞아 아주 단순하고 아이같이 천진 난만하게 그들의 삶에 대해 이야기했다. 회심을 촉구하고 예수님이 그들에게 원하시는 삶이 무엇인지 전했다. 어떤 이들에게는 소년소녀를 위하여 기독교 학교를 설립하라고 이야기했다. 또 어떤 이들에게는 피정의 집이나 작은 공동체를 설립하라고 했다. 이는 지금도 현존하고 있다. 마르트에게는 지도와 기도를 요청하는 편지가 많이 왔다.

분별력

1936년 2월 10일, 마르트는 객원 신부인 조르주 피네George Finet 와 다음과 같은 대화를 나눴다. 이 이야기에 따르면, 마르트는 심한 고통을 당하며 환영을 보았고 다른 사람을 향한 하나님의 뜻을 분별할 줄 알았다.

"신부님, 하나님께서 저더러 신부님에게 이렇게 말하라고 하셨습니다. '너는 최초의 푸아예 드 샤리테(피정의 집)를 시작하기 위해 샤토뇌프에 가야 한다.'"

심히 놀란 피네 신부가 대답했다. "하지만 저는 그 교구 담당이 아닙니다."

"그게 무슨 상관인가요, 하나님이 원하시는데요?"

"아, 죄송합니다. 그 생각은 못했네요! 그런데 제가 그곳에서 무얼 해야 하나요?"

"많은 일이 있지요, 특히 피정과 관련해서요."

"하지만 저는 그걸 어떻게 하는지 모릅니다."

"배우실 겁니다."

"사흘간의 피정 동안요?"

"아니요, 한 영혼이 사흘 안에 변화될 수는 없습니다. 그래서 하나님께서는 닷새를 원하십니다."

"그 닷새 동안 무얼 하면 되나요? 상의를 할까요? 나눌까요?"

"아니요. … 완전한 침묵 속에 계십시오."

"완전한 침묵이요? 하지만 성인 여성들과 소녀들에게 제가 어떻게 그런 침묵을 요구할 수 있겠습니까?"

"왜냐하면 하나님이 원하시니까요."

"그런데 이러한 피정을 어떻게 알리죠?"

"아무 말도 하실 필요 없습니다. 하나님이 모든 피정자를 신부님에게 보내실 겁니다."

나는 마르트가 피네 신부와 나눈 이 대화가 사실이라는 걸 확인했다. 여든네 살의 피네 신부와 함께 그가 2차 세계대전 기간에 마르트의 집 근처 샤토뇌프 드 갈로르 세운 첫 번째 피정의 집을 둘러보았다. 오늘날 성인 남녀에게 영혼의 피정처를 제공하는 57개의 피정의 집이 세계 곳곳에 있다. 두 사람의 대화에서 시작된 일이 평신도들의 영성 훈련을 위한 전 세계적인 피정 운동으로 번졌다. 평신도 수백 명이 이 피정의 집에서 전임으로 일한다. 그러면서 사람들이 자신의 은사를 발견하고, 이 세상에 임하신 하나님의 구원의 신비를 깨닫도록 돕는다. 마르트는 그러한 사명을 이루기를 바라시는 하나님의 갈망을 분별했다. 그래서 신실하고 생각이 열려 있는 신부에게 하나님의 뜻을 전했다.

아마도 여러분 중에는 이 단락을 빨리 넘기고픈 사람도 있을 것이다. 과거에 심한 고통을 받고 열렬하게 기도한 사람들을 두고, 하나님을 따른다는 것이 어떤 건지도 모르고, 오늘날 유혹을 느낀다는 것이 어떤 건지도 모르는 사람들로 일축하기 쉽다. 그러나 마르트가 살아온 삶은 하나님이 그녀를 통해 사시고자 했던 삶이었다. 마르트는 하나님이 자기를 통해 말씀하시도록 자기 몸을 하나님이 쓰실 그릇으로 드렸다.[4]

성녀 테레사와 함께 기도하는 것이 하나님의 선하심에 집중하는데 도움이 되었듯, 마르트 로뱅의 기도는 괴롭고 혼란스러운 시기

에도 하나님 앞에 거하는 삶에서 하나님의 인도하심에 나를 맡기는
삶으로 나아가라고 내게 말한다.

> 하나님, 제 기억과 제가 기억하는 모든 것을 취하시고,
> 제 마음과 제가 애착하는 모든 것을 취하시고,
> 제 지능과 거기에서 나오는 모든 지력을 취하사
> 오로지 하나님의 영광을 위해서만 사용하여주소서.
> 하나님의 뜻 안에서 저의 뜻을 완전히 비우도록
> 저의 의지를 온전히 취하시고
> 오, 나의 예수님,
> 이제는 제가 원하는 것이 아니라
> 주님이 원하시는 것을 행하게 하소서!
> 저를 취하시고… 저를 받으시고… 길을 알려주소서.
> 저를 인도하소서! 두 손 들고 주님 앞에 나아갑니다.
> 주님의 사랑을 향유하기 위하여, 성심의 승리를 맛보기 위하여,
> 제 안에서와 제 주위에서 주님의 계획이 온전히 이루어지도록,
> 거룩한 이름이 영광을 받으시도록
> 사랑과 찬양과 감사의 작은 제사로 저를 주님 앞에 바칩니다.[5]

예수님과 그분의 성도들

물론 예수님은 하나님 앞에서 사는 삶이 어떤 것인지 알려주시는

최상의 안내자이시다. 예수님의 죽음과 부활은 예수님과 제자들을 아주 가까워지게 했고, 그리하여 제자들은 예수님과 '함께' 살아갈 뿐 아니라 예수님 '안에서', 예수님을 '통하여' 살아갈 수 있었다. 오 순절에 예수님은 주의 영을 제자들에게 보내셨고, 그리하여 제자들은 예수님이 죽으시기 전보다 예수님과 더 가까워질 수 있었고, 성령의 인도를 받을 수 있었다. 우리 또한 마찬가지다. 우리 마음과 이 세상에서 빛과 어둠의 세력에 예민해지는 법을 배움으로써, 우리는 신실한 사람들이 우리 앞서 기도했던 곳, 우리의 기도를 돕는 장소를 찾을 수 있다. 무슨 말을 해야 할지 모를 때 그들이 우리에게 주는 말로 기도할 수 있다. 그들을 우리 삶을 인도하는 조언자로 삼아 믿음 안에서 우리 이웃, 지금 살아 있는 사람들뿐만 아니라 우리가 책을 통해 아는 이들과도 가까워질 수 있다.

1. 헨리 나우웬은 자신의 삶을 돌아보면서 수년간 계속해서 씨름했던 문제
가 있다는 것을 확인했다. 여전히 불안하고 초조하고 감정적이고 산만하
고 충동에 쉽게 이끌렸다. 피정과 기도도 이러한 몸부림을 진정시키는
데 별 도움이 되지 않았다. 그럼에도 그는 하나님이 자기를 사랑하고 계
시며 자기를 인도하실 것이고, 씨름하는 문제가 해결되지 않고 남아 있
을 때조차도 그가 다른 사람을 인도하는 것을 허락하실 것이라고 믿음
으로써 자유를 찾았다. 여러분 인생에서 분별과 인도가 지속적으로 필요
한 문제가 무엇인지 밝힐 수 있는가? 그 문제들은 어떤 식으로 다른 사
람들을 돕게 하는가?

2. 나우웬은 소명을 분별하고자 집을 떠나 볼리비아에 머물던 시기에, 자
극적인 대중매체와 마음을 흐트러뜨리는 오락거리들이 뿜어내는 파괴
적인 어둠이 자신을 유혹하여 하나님의 음성에 귀를 기울이지 못하게
방해하는 것을 감지했다. 그래서 마음의 평화를 찾고 도움을 얻고자 작
은 예배당으로 몸을 피했다. 여러분은 어둠이나 혼란스러움에 압도당하
는 느낌을 받은 적이 있는가? 그때가 언제인가? 그럴 때는 어디로 피하
는가? 이 예배당과 나중에 방문한 마르트 로뱅의 방은 나우웬이 하나님
의 인도를 받기 위해 기도하러 가는 평화의 안식처가 되었다. 여러분이
기도하러 찾아가는 곳은 어디인가? 만일 없다면, 다른 성도들이 우리 앞

서 드린 기도로 준비가 잘 된 안식처는 어떻게 찾을 수 있을까?

3. 헨리 나우웬은 유혹과 절망의 시기에 성녀 데레사와 마르트 로뱅과 같이 다른 이들이 드렸던 기도에 의지했다. 뭐라고 기도해야 할지 모를 때나 어둠이 칠흑같이 검게 느껴질 때 여러분이 의지하는 기도나 성경 구절은 무엇인가? 이번 장에 나오는 기도 중 하나로 기도해보자. 그 기도를 자신만의 기도로 자유롭게 바꾸어보자.

4. 헨리 나우웬은 경험을 통해 인도를 받았고 거기에는 일반적인 패턴이 있었다. 어둠을 인식하고 영을 분별해야 할 필요성을 느낄 때면, 다른 사람들이 앞서 기도를 드렸던 피난처를 찾았다. 그리고 어둠에 집중하는 대신 하나님의 빛과 선하심에 초점을 맞췄다. 또한 주변 사람들에게 자신을 위해 기도해달라고 부탁했다. 살아 있건 죽었건, 괴롭고 혼란스러운 시기에 자신을 신실한 삶으로 안내할 수 있는 믿음의 '이웃들'을 찾았다. 이 패턴을 들여다보니 떠오르는 경험이 있는가? 없다면, 과거에 하나님의 뜻을 분별했던 경험에서 자신만의 교훈을 찾을 수 있겠는가? 자신의 경험에서 교훈을 찾으면, 어둠 속에서 나아갈 길과 살아갈 길을 분별하려 애쓸 때 하나님이 여러분을 어떻게 인도하셨는지 알 수 있을 것이다.

5. 렉시오 디비나를 위해 요한일서 1장 1-10절을 추천한다.

6. 시편의 기도로 기도하자. "나는 주님의 종이니, 주님의 증거를 알 수 있도록 나를 깨우쳐주십시오."(시 119:125).

분별력

2

책과 자연, 사람과 사건을 통해
분별하기

03

방향 표지판

.

하나님은 늘 우리에게 다양한 방식으로 말씀하신다.
그러나 하나님의 음성을 듣고, 하나님이 보시는 것을 보고,
일상생활에서 그 표징을 읽어내려면,
영적 분별력이 필요하다. _헨리 나우웬

일상생활에서 혼자 하나님의 표징을 분별할 수 있는 사람은 아무도 없다. 우리가 믿는 종교 전통과 다른 이들의 지혜와 영적 여정에서 우리가 터득한 지혜에 의지해야 한다. 하나님이 어떻게 일하시는지 알고 싶을 때, 대부분의 사람들이 책을 비롯하여 이런저런 문헌에 기대는 것도 이 때문이다. 사람들은 흔히 정보를 수집하고 새로운 통찰이나 지식을 습득하고 새로운 분야를 통달하기 위해 책을 읽는다. 학위나 졸업장, 자격증을 따기 위해 독서에 임하기도 한다. 그러나 영적인 독서는 다르다. 영적인 독서는 단순히 영적인 글을 읽는 것을 의미하는 것이 아니다. 영적인 글을 영적인 방식으로 읽는 것이 영적인 독서다. 따라서 영적인 독서를 하려면 읽을 뿐 아니라 읽히고, 간파할 뿐 아니라 간파당하고자 하는 자세가 필요하다. 단순히 지식을 얻을 요량으로 성경이나 경건 서적을 대하면, 영적 삶에 도움을 얻지 못한다.

진정으로 영적인 사람이 되지 않고도 영적인 문제에 관한 지식이 풍부할 수는 있다. 그러나 영적인 글을 영적으로 읽는 법을 배울 때 비로소 하나님의 음성을 향해 우리의 마음이 열린다. 독서를 통해 하나님의 뜻을 분별하려면 마음을 기울여 책을 읽을 뿐 아니라, 하나님이 책을 통해 하시는 말씀에 귀를 기울이기 위해 가끔은 읽던 책을 기꺼이 내려놓을 수 있어야 한다.

03 방향 표지판

책을 통해 하나님의 뜻을 발견하는 일과 관련하여 나는 토머스 머튼에게 큰 교훈을 얻었다. 20세기의 영적 선구자 토머스 머튼에게서 얻은 교훈을 이 자리를 빌려 여러분과 함께 나누었으면 한다. 토머스 머튼이 영적인 독서를 어떻게 이해했고 그의 해석이 내게 어떤 영향을 끼쳤는지 이야기하고 싶다. 나아가 우리보다 앞서 이 길을 걸었던 사람들, 그리고 우리와 함께 지금 이 길을 걸어가는 지혜로운 사람들의 이야기를 통해, 집으로 가는 길을 찾는 데 독서가 어떤 도움이 되는지 살펴보려고 한다.

하나님이 놓아두신 방향 표지판

1967년 겟세마네 수도원에서 잠시 피정을 했다. 그때 토머스 머튼을 처음 만났다. 얼굴을 보는 건 처음인데도 마치 오래전부터 알아온 사람처럼 친밀하게 느껴졌다. 그가 쓴 글을 읽고 오랫동안 존경하는 마음을 품어온 까닭이었다. 그는 내게 큰 감명을 주었고 그가 끼친 영향은 모두 한 방향을 향하고 있었다.[1] 나는 토머스 머튼이 어떤 방식으로 영성 생활에 접근하고 어떻게 일상생활에서 하나님의 표징을 읽어내는지를 정리해, 네덜란드어로 책을 쓰기도 했다. 나는 책을 통해 하나님의 인도하심을 발견하는 법을 그에게서 배웠다. 수도자들과 신비주의자들이 중요하게 생각한 '자연이라는 책'에서 그 표징을 읽어내는 법도 그에게서 배웠다. 인생을 살면서 겪는 중대한 사건들과 시대의 표적, 인생길에서 만나게 하신 사람들을 통해 표징을 읽어내는 법도 그에게서 배웠다. 하나님은 항상 우리에게 말씀하신다. 그러나 우리에게 말씀하시는 하나님의 음성을 듣고, 하나님이 보시는 것을 보고, 일상생활에서 그 표징을 읽어내려면 영적 분별력이 있어야 한다.

토머스 머튼은 과거와 결별하고 세속을 떠나 켄터키에 있는 트라피스트 수도원 담장 안에서 살라는 부르심을 마음에 새겼다. 그리고 사람들과는 다른 길을 선택했다. 토머스 머튼은 수도원에 있는 그에게 다양한 표징이 나타났다고 믿었다. 토머스 머튼이 읽은 수많은 책, 자연 속에서 얻은 경험, 인생길에서 만난 사람들, 그의 인생과 이 세상에 일어난 중요한 사건들은 하나님의 인도하심을 구하던 청년에게 어떤 영적 감화를 주었다. 일상생활에서 하나님의 표징에 주목하는 일은 깊이 있고 체계적인 분별과 성찰의 출발점이 된다. 토머스 머튼이 그랬던 것처럼, "이 책에 혹은 이 경험에 하나님에 관한 무엇이 드러나고 있는가?"라고 물을 때, 우리는 새로운 통찰을 얻고 하나님이 가리키고 계신 방향을 따라 걸음을 옮길 수 있다.

하나님이 책을 통해 말씀하시는 방법

16세기 성인이자 예수회 설립자인 로욜라의 이그나티우스는 성인들의 삶을 기록한 책을 읽고 예수님에게 돌아왔다. 충분히 이해되는 일이다. 나 역시 성인의 삶을 기록한 책을 읽을 때마다 그 성인이 그랬던 것처럼 하나님의 거룩한 백성으로서 사랑과 헌신의 삶을 살라는 강렬한 부르심을 경험하기 때문이다. 그러나 우리에게 회심을 촉구하고 우리의 영적 삶을 건드리는 이들은 비단 성인으로 공표된 사람들이나 '구름 떼와 같이 수많은 증인'들만이 아니다. 지금 우리 곁에 있든, 기억 속에 묻혔든, 그리스도인으로서의 삶을 신실하게 살아가는 모든 이들이 우리의 영적 삶에 깊은 영향을 끼친다. 로욜라의 이그나티우스, 캘커타의 마더 테레사, 아시시의 프란체스코, 리지외의 데레사, 십자가의 요한, 아빌라의 테레사, 로렌스 형제, 테제의 로세 수사 같은 사람들이나 하나님의 신실한 종들의 짧은 전기를 읽다 보면, 이 세상의 길에서 돌이켜 이 특별한 사람들이 가리키는 길로 다시금 돌아가게 된다. 신앙 여정에서 내가 겪는 싸움을 그들도 겪어 알고 있다. 그러나 그들은 나와는 전혀 다른 방식으로 그러한 싸움을 싸우며 살았다.

장 피에르 드 코사드가 죽은 지 벌써 200년이 넘었다. 그러나 그는 지금도 내게 '지금 이 순간의 성례'에 대해 이야기한다. 기도에 관한 짧은 책을 통해 그는, 하나님이 매일 매순간 말씀하시고 당신의 뜻을 드러내고 계신다고 말한다. 매일 드리는 단순한 기도로 하나님의 임재와 인도하심을 분별할 수 있다고 말한다. "기도하면서 하나님께 우리 자신을 내어드리면, 매순간이 기쁨과 감사의 성례가 된다. 그 순간 드러나는 하나님의 뜻을 성실하게 받아들이는 성례가 된다."[2] 17세기 후반에 로렌스 수사가 살았던 삶과 그가 남긴 유산 역시 나로 '쉬지 않고 기도'할 수 있게 돕는다.[3] 평범한 일상에 감사하고 일상 속에 함께 계신 하나님을 알아볼 수 있게 돕는다.

　토머스 머튼의 자서전《칠층산*The Seven Storey Mountain*》의 첫 문장에는 이렇게 쓰여 있다. "한창 큰 전쟁을 치르던 1915년 1월의 마지막 날, 물병자리 별빛 아래 스페인과 국경을 맞대고 있는 프랑스 산맥 어느 기슭에서 나는 세상에 나왔다."⁴ 우리는 누구나 자신이 살고 있는 바로 그 시대에, 자신에게 가장 중요한 정체성이 무엇인지 깨달아야 한다는 사실을 보여주는 문장이다. 수년간 토머스 머튼은 자신이 프랑스와 영국, 미국을 끊임없이 배회하는 고아 같다고 느꼈다. 세상 어디에 가도 마음이 불편했다. 집에 온 것같이 편안한 기분이 들지 않았다. 그러니 그가 수도원에서 안전한 거처를 찾은 것은 그리 놀랄 일이 아니다. 토머스 머튼은 수도원에서 편안함을 느꼈다. 수도원은 쉼 없이 표출되는 대립되는 생각에 질서를 가져오는, 영적 뿌리가 튼튼한 곳이었다. 책과 성화와 예술이 끊임없이 하나님을 이야기하는, 심미적으로 풍요로운 곳이었다. 읽고 보고 경험한 모든 것이 더 큰 질문을 던졌다. 나는 무엇에 기탄없이 "예"라 답할 수 있을까?

　토머스 머튼은 1935년에 컬럼비아 대학에 입학했는데, 그때 이미 고전 문학을 아주 잘 알고 있었다. 전에 런던에서 살 때 할아버지의 소개로 많은 문학 작품을 읽은 까닭이었다. 어니스트 헤밍웨이Ernest Hemingway, 제임스 조이스James Joyce, 데이비드 허버트 로렌스D. H. Lawrence, 에블린 워Evelyn Waugh는 그에게 친숙한 이름이었다. 토머스 머튼이 어린 시절에 쓴 일기에는 윌리엄 블레이크

William Blake, 아우구스티누스Augustinus, 성 토마스Saint Thomas, 단테Dante의 책에 관한 비판적 해설이 가득하다. 토머스 머튼은 지력을 기르는 한편 영적 여정의 동반자를 찾고자 폭넓게 책을 읽었다. 특히 두 권의 철학서, 에티엔 질송Etienne Gilson의 《중세 철학의 정신The Spirit of Medieval Philosophy》과 올더스 헉슬리Aldous Huxley의 《목적과 수단Ends and Means》은 토머스 머튼이 런던 문단에서 얻은 것보다 더 깊이 있는 지식을 그에게 선물했다.

토머스 머튼이 에티엔 질송에게 배운 것들 중에 특별히 그의 삶을 이끌어준 사상이 있다. 아세이타스(aseitas, 자존성)[5]라는 스콜라 철학의 개념이다. 아세이타스는 '하나님은 자신의 존재를 위하여 자신 이외의 다른 어떤 것에도 의존하지 않으시고 독립되어 존재하시는' 순전한 분임을 설명하는 개념이다. 토머스 머튼은 《칠층산》에서 이것을 하나님의 활발하고 강렬한 속성으로 묘사한다.

오직 하나님에게만 사용할 수 있으며, 가장 특징적으로 그분의 속성을 표현하는 이 한 단어에서, 나는 하나님에 관한 완전히 새로운 개념을 발견했다. 이 개념은 가톨릭 신앙이 내가 생각했던 것처럼 결코 모호한 것이 아니고 비과학적인 시대가 낳은 미신적인 유물이 아님을 단번에 보여주었다. 하나님에 관한 이 개념은 도리어 깊으면서 적확하고, 단순하면서 정확했으며, 더욱이 나로서는 눈곱만큼도 그 진가를 알아볼 수 없으며, 철학적 훈련마저 부족한 탓에 희미하게 어림하는 것이 전부인, 언외의 의미를 함축하고 있었다.[6]

하나님은 순전하시고 필연적이시며 절대자이시고 모든 생명의 토대이시며 모든 존재의 근원이시고, 단순히 하늘에 계신 할아버지처럼 의인화된 인물이 아니라는 개념을 접하고 토머스 머튼은 무척 기뻐했다. 그래서 그는 이 개념을 기반으로 기독교 신비주의에 관해 신학적으로 성찰하기 시작했다. 스콜라 학파의 철학적 신학의 견고한 토대를 기반으로 토머스 머튼은 마이스터 에크하르트부터 장자, 선불교도, 힌두교도, 이슬람 수피교도까지 매우 폭넓고 다양한 구도자들의 저작에서 영성의 새 분야를 탐험했다.[7]

토머스 머튼이 높이 평가한 또 다른 저자는 올더스 헉슬리다. 그는 헉슬리가 쓴 《목적과 수단》을 통해 동양의 신비주의를 접했다. 토머스 머튼에 따르면, 헉슬리는 "기독교와 동양의 온갖 신비주의 문헌을 지적으로 깊고 폭넓게 탐독했으며, 이 모든 것이 꿈과 마법과 허풍이 뒤섞인 혼합물이 아니라 정말 진짜이고 매우 진지한 것이라는 믿기 힘든 사실을 보여주었다."[8] 놀랍게도 헉슬리는 토머스 머튼이 금욕주의에 대해 가지고 있던 생각까지 바꾸어놓았다. 헉슬리는 "들짐승과 다른 삶을 살고 싶으면, 기도와 금욕으로 자신의 영혼을 해방시켜야 한다"라고 결론을 내렸다. 토머스 머튼에게 금욕은 인간의 욕망을 부인함으로써 본성을 쥐어뜨는 것을 의미했다. 그러나 헉슬리는 오직 금욕을 통해서만 영혼이 자기 자신을 알고 하나님을 찾을 수 있다는 사실을 보여주었다. 본래 토머스 머튼은 금욕을 꺼렸다. 그러나 여전히 망설이면서도, 성령께서 자기를 금욕의 길로 이끌고 계신 것을 감지하기 시작했다.

03 방향 표지판

토머스 머튼은 결국 금욕의 길을 따랐다. 하나님에 대한 경험적 지식으로 안내하는 자기이해의 길이 금욕임을 깨달았기 때문이다. 그가 이 길을 따르도록 가장 크게 영향을 끼친 책들을 읽으며 내가 얻은 통찰도 이와 다르지 않았다. 나는 토머스 머튼의 안내를 따라 동서양의 신비주의 문헌, 특히 금욕주의에 관한 기독교 신비주의 전통에 관한 책을 찾아 읽었다. 손에 넣을 수 있는 거의 모든 책을 읽었다. 동방의 교부학 저술가들의 저작에 관심을 돌려서 그들의 샘에서 길어올린 물을 깊이 들이켰다.

4세기 사막 교부들에 따르면, 모든 생각과 행동을 뛰어넘으시는 하나님께 "예"로 답하려면, 특정 생각과 행동에 "아니오"라고 말해야 한다. 한 교부가 말한 대로다. "물이 출렁일 때는 물에 비친 자신의 얼굴을 볼 수 없는 것처럼, 용납되지 않는 생각을 없애지 않는 한 우리 영혼은 묵상하며 하나님께 기도할 수 없다."[9]

이집트 사막의 아바abba와 암마amma들은 타협과 순응, 미지근한 영성이 만연한 속세를 떠났다. 속세를 떠난 그들은 십자가에 달려 죽으시고 부활하신 주님의 산 증인이 되는 방법으로 고독과 침묵, 기도를 선택했다. 그들은 권력에 굶주린 사회의 강박적이고 교묘한 작용에서 물러나와 사막에서 악령과 싸우고 사랑의 하나님을 만났다. 그들은 '정상적인' 기독교 사회에 "아니오"라고 말함으로써 자기부인과 고행의 십자가를 졌다. 그리고 하나님이 인도하시는 곳으로 가기 위해 아버지와 어머니와 형제와 자매 곁을 떠나라는 과격한 부르심을 따랐다. 그리하여 그들은 박해의 시기가 끝난 이후에 새로운 순교자가 되었다. 피를 통해 증언하는 순교자가 아니라, 육체노동과 금식과 기도로 채워나가는 겸손한 삶과 헌신을 통해 증언하는 순교자가 되었다. 자기부인과 금욕의 사막, 아바와 암마가 살던 이집트 사막은 황무지이자 낙원이었다. 그런 점에서 그곳은 우리의 영적 사막이기도 하다. 우리에게 그곳이 황무지인 이유는 사막에서 우리를 공격하는 '들짐승'에 맞서 권태, 슬픔, 화, 자만심이라는 악령에 맞서 싸우기 때문이다. 그러나 그곳이 낙원이기도 한 이유는 그곳에서 하나님을 만나고 그분이 주시는 평안과 기쁨을 즉시 맛볼 수 있기 때문이다. 《사막의 지혜Desert Wisdom》라는 책에서 암마 신클레티카Amma Syncletica는 이렇게 말했다. "하나님께 나아가는 자들에게 처음 그곳은 씨름하고 처리해야 할 일이 가득한 곳이다. 그러나 그후에는 말할 수 없는 기쁨이 있다. 마치 모닥불을 피우는 것과 같다. 처음에는 연기와 눈물범벅이지만, 나중에는 원하는 결과를 얻는다. 그러므로 우리는 눈물과 수고로 우리 안에 신령한 모닥불을 지펴야 한다"(xii-xiii).

이들 4세기 사막 교부들과 교모들은 지혜로 유명했다. 평신도, 사제, 주교 할 것 없이, 도시와 마을에 사는 많은 사람들이 그들을 찾아와 조언이나 지침, 혹은 위로의 말을 구했다. 그들은 방문객을 환대하고 궁핍한 사람들을 돕는 일을 자신들의 가장 중요한 의무로 여겼다. 가장 혹독한 형태의 금욕조차도 이웃을 섬기는 것보다 중요하게 여기지 않았다. 사막의 현자들 중 누군가 이렇게 이야기한 이유도 그 때문이다. "엿새를 금식하다 굶어 죽은 형제가 있다 해도, 그가 병자를 섬긴 형제와 같을 수는 없다."

토머스 머튼은 금욕과 관상기도에 관해 더 알고 싶어 십자가의 요한 전집 1권도 샀다. 하지만 어디서부터 읽어야 할지 알지 못했다. "그 의미에 놀라고 감탄하긴 했지만, 내가 밑줄을 그은 그 글귀들은 모두 너무 단순해서 이해할 수 없었다. 너무 적나라했고, 수많은 욕구로 왜곡된 나의 복잡성에 대한 타협과 이중성을 낱낱이 발가벗겼다."[10] 그럼에도 토머스 머튼은 더 깊이 파고들었고, 얼마 지나지 않아 성 보나벤투라 대학에서 아주 금욕적인 삶을 살았다. 수사가 되기 전 토머스 머튼은 그 대학에서 가르쳤다. 그리고 13세기 스페인 신비주의자들이 '발가벗겨진' 상태로 묘사한 '어두운 밤'을 이해하기 시작했다.

토머스 머튼은 19세기 저자인 리지외의 데레사가 쓴 글을 읽으면서 성인됨과 관상觀想이 정상적인 시민 사회에도 필요하다는 사실을 깨달았다. 하나님을 찾기 위해 굳이 사막으로 물러날 필요는 없었다. 특정 엘리트 집단이 영적 깊이를 독점하고 있는 것도 아니었다. 토머스 머튼은 리지외의 데레사를 두고 이렇게 말했다.

하나님의 은혜가 잘난 척하는 부르주아의 두텁고 질긴 껍질을 뚫고 들어가 그 안에 있는 불멸의 영혼을 사로잡고 거기에서 무언가를 만들어내는 것은 거의 불가능한 일이라고 생각했다. 부르주아는 잘되어 봤자 남에게 해를 끼치지 않고 거들먹거리는 자밖에 더 되겠는가 하고 생각했는데, 위대한 성덕이라니? 당치도 않았다! ⋯ 그러나 나는 성녀 데레사의 참된 품성과 영성을 어렴풋이 엿보자마자 강하게 매혹되었다. 수

천 가지 심리적 저항과 반감을 단숨에 뛰어넘었으니, 이는 은총의 작용이었다.

데레사가 걸어간 영성의 '작은 길'은, 하나님의 사랑에 깊이 빠진 영혼은 일상생활에서 신실한 행실로 그 사랑에 부응하게 되고 그리하여 하나님을 기쁘시게 할 수 있다는 사실을 내게 보여주었다.

올더스 헉슬리가 토머스 머튼에게 금욕주의를 소개하고, 리지외의 데레사가 일상 속에서 영성의 길을 보여주었다면, 로욜라의 이그나티우스는 그를 관상기도로 안내했다. 토머스 머튼의 책장에는 이그나티우스가 쓴 《영성 수련Spiritual Exercises》이 오래전부터 꽂혀 있었다. 하지만 토머스 머튼은 그 책을 읽는 것에 살짝 겁을 내고 있었다. "조심하지 않으면 신비주의에 관해 제대로 알기도 전에 신비주의에 빠지게 될지 모른다는 그릇된 생각을 품고 있었기" 때문이다. 그럼에도 머튼은 기도와 관상에 마음이 끌렸고, 그래서 자신만의 규율을 세웠다.

내가 기억하기로 나는 한 달 내내 매일 한 시간씩 영성 수련을 했다. 페리 가에 있는 내 방에서 조용한 오후 시간을 택했다. 내 방은 집 뒤쪽에 있었기 때문에 소음 걱정은 없었다. 정말로 꽤 조용했다. 겨울이어서 집집마다 창문을 닫았기 때문에 이웃집 라디오 소리조차 들리지 않았다.

방이 어두워야 한다고 책에 쓰여 있어서 덧문을 내려 겨우 책의 글씨와 침대 위 벽에 걸려 있는 십자가가 보일 정도의 빛만 들어오게 했다. 또 그 책은 묵상하는 자세도 신경 쓰도록 권유하고 있었다. 책에 따르면,

03 방향 표지판

일단 마음이 안정된 후에는 머리를 긁적이거나 중얼대면서 방 안을 서성거리지 말고 처음 자세를 그대로 유지해야 했다. 그것만 지키면 그 외의 것은 자유롭게 선택할 여지가 많았다.

나는 이 중대한 문제에 관해 잠시 생각하고 기도했다. 그리고 마침내 마룻바닥에 책상다리를 한 채 앉아서 묵상하기로 했다. 만일 예수회 회원들이 방에 들어와 내가 마하트마 간디 같은 자세로 영성 수련을 하고 있는 모양을 보았다면 아마 질색했을 것이다. 그러나 그 자세가 꽤 효과가 있었다. 책을 들여다볼 필요가 없을 때에는 시선을 십자가나 마루에 고정했다. 그렇게 마룻바닥에 앉아 기도하면서 하나님께서 왜 나를 이 세상에 태어나게 하셨는지 고찰했다.[11]

본문에 귀 기울이기

나는 한 사람의 인생에서 영적 삶이 펼쳐지는 방식에 관하여 토머스 머튼에게서 많은 것을 배웠다. 하지만 하나님과 함께하는 내 신앙 여정에 빛이 비친 방식은 머튼의 방식과는 달랐다. 다른 이들의 저술을 읽으면서 분별에 도움을 얻을 수는 있다. 그러나 그 길을 안내하는 유일무이한 안내서 같은 것은 존재하지 않는다. 토머스 머튼과 달리, 나는 회심하고 세례를 받고 그리스도인이 되기 위해 자신을 끝까지 밀어붙일 필요가 없었다. 나는 로마가톨릭교회 안에서 태어나 세례를 받고 하나님과 교제했으며 일찍부터 신부가 되길 소원했다. 그러나 부분적으로 토머스 머튼의 저작을 통해 '하나님의 순전한 속성'에 관하여, 그리고 '하나님의 기억' 속에 영원히 기억되는 존재로서 나의 존재에 관하여 깨달음을 얻었고, 그 깨달음은 영적인 독서를 통해 차츰 깊어졌다. 그렇게 나는 하나님의 임재를 나타내는 표징에 마음을 열었고, 책이나 본문 속에서 눈길을 끄는 방향에 마음을 열었다.

소리 내어 읽는 방식이든 혼자 묵상하는 방식이든 본문에 귀를 기울이는 고대의 영적인 독서법은, 아우구스티누스, 클레르보의 베르나르Bernard of Clairvaux, 장 피에르 드 코사드, 그 밖의 많은 이들의 가르침에서 확인할 수 있다.[12] 영적인 독서는 장기간에 걸쳐 그 효과가 입증된 것으로 삶 속에서 성령의 움직임에 귀를 기울이는 방법 중 하나다. 예를 들어, 5세기에 아우구스티누스는 회중에게 "주님이 직접 이 자리에서 말씀하시는 것처럼 복음에 귀를 기울이십시오"라고 권면했다. "주님의 입에서 나온 귀중한 보물이 우리를 위해 기록되었고 우리를 위해 보존되었으며 우리를 위해 낭독되었고, 세상 끝날까지 우리 자녀들도 이것을 읽을 것입니다."[13]

12세기에 성 베르나르는 수사들에게 목숨을 부지하기 위해 빵을 먹듯 진리를 탐독하고 마음에 새기기 위해 성경과 경건 서적을 '마음을 다해' 읽으라고 가르쳤다.

이것은 살아 있는 빵이요 성령의 음식이기 때문입니다. 이 세상의 빵은 찬장에 있어서 도둑이 훔쳐가거나 쥐가 갉아먹거나 너무 오래되어 상하기도 합니다. 그러나 여러분이 그것을 먹어버리면, 무엇이 두렵겠습니까? 하나님의 말씀도 이렇게 지키십시오. 말씀을 지키는 자에게 복이 있

097

03 방향 표지판

을 것입니다. … 선한 것을 먹으면, 여러분의 영혼이 번영을 누릴 것입니다. 영혼이 말라붙지 않도록 빵 먹는 것을 잊지 마십시오. 이처럼 하나님의 말씀을 지키면, 의심의 여지없이 말씀이 여러분을 지킬 것입니다.[14]

18세기에 장 피에르 드 코사드는 영적 지도자로서 자신이 섬기던 사람들에게 보낸 편지에서 영적으로 책을 읽는 방법에 관하여 특별한 가르침을 제시한다.

거기에서 내가 예상하는 모든 선한 것을 얻으려 한다면, 여러분은 거기에 탐욕스럽게 자신을 던지거나 호기심으로 다음에 나올 내용을 알아내려 해서는 안 됩니다. 뒤에 나올 내용을 생각하지 말고 지금 읽는 내용에만 주의를 기울이십시오. … 이 유쾌한 진리가 여러분의 영혼 속에 점점 더 깊이 스며들도록, 그래서 성령께서 일하실 시간을 갖도록 이따금 잠시 멈추십시오. … 진리가 여러분의 머리 대신 마음에 스며들게 하십시오.[15]

토머스 머튼은 주의 깊은 독서가, 그가 살던 바로 그 시대에 가장 중요한 자신의 정체성이 무엇인지 이해하는 데 어떻게 도움이 되었는지 증언했다. 영적인 독서는 그의 시야를 넓혀서 하나님이 모든 생명의 근원임을 알게 해주었다. 또한, 기도와 금욕이 영혼의 성장에 어떤 역할을 하는지 더 깊이 이해하게 해주었다. 나는 평생 성경과 영적 지도자들의 저서는 물론이고 전기와 시사 문제에 관한 책을 쉬지 않고 읽었다. 영적인 독서를 하고 성령의 움직임에 귀를 기울이는 일은 하나님께서 다양한 목소리를 통해 말씀하신다는 사실을 깨닫는 데 도움이 되었다. 더 중요한 것은 하나님께서 이를 통해 내 마음속에 있는 것을 밝혀내신다는 사실이다. 그래서 나는 속도를 늦추고 더 많은 것을 알아내기 위해서가 아니라 하나님께서 나를 더 속속들이 아시도록 책을 읽는다.

1. 어떤 책이 여러분의 인생을, 하나님과 함께해온 여러분의 역사를 빚어 왔는가? 세 단락 정도로 여러분의 '신앙의 역사'를 형성한 책이나 관념에 관하여 써보라.

2. 토머스 머튼의 전기는 하나님을 바라보는 헨리 나우웬의 시각에 중요한 영향을 끼쳤다. 토머스 머튼은 하나님을 '할아버지 같은 분'으로 여기다가 모든 생명의 근원이자 근간으로 이해하게 되었다. 하나님을 바라보는 여러분의 시각에 영향을 끼친 저자 또는 본문은 무엇인가? 하나님을 묘사하고 설명할 때 여러분이 사용하는 이름과 이미지는 어디에서 얻은 것인가? 여러분이 사용하는 그 이름과 하나님을 바라보는 여러분의 시각은 여러분이 하나님의 인도하심을 이해하는 방식에 어떻게 영향을 끼쳤는가?

자연이라는 책

하나님이 감춰진 존재인 것은 사실이지만,
우리는 자연으로 하여금 어디에나 계시는
하나님에 관하여 이야기하게 해야 한다.

_헨리 나우웬, 《제네시 일기 _The Genesee Diary_》

책과 사람들 못지않게 자연도 하나님을 가리키고, 하나님의 임재와 뜻을 나타내는 표징과 경이로운 현상을 보여준다. 자연이라는 책은 낱말로 축소될 수도 없고, 하나님의 특성과 하나님의 활동을 드러내지 않을 수도 없다.[1] 해와 별, 식물과 동물, 그리고 자연의 리듬은 어떻게 하나님이 일하시는 방법과 하나님의 영광과 하나님의 경이로움을 이야기할까? 사실, 나에게는 자연계와 사건들 속에 나타난 하나님의 계시에 귀를 기울이는 것보다 종이에 쓰인 글을 읽는 것이 더 쉽다. 그러나 나는 세상의 경이로운 현상 가운데서 일하시는 하나님을 향하여 마음이 잘 조율된 사람들을 만났고, 그들을 통해 복음을 다르게 읽어나가기 시작했다. 또한, 내 주변 환경이 어떻게 하나님이 말씀하시는 수단이 되는지 이해하기 시작했다.

예수님과 함께 대지를 걷기

나는 어른이 된 뒤 신부이자 교수이자 작가로 오랜 세월을 보냈다. 그러다 보니 살면서 그렇게 많이 걸을 일이 없었다. 한 장소에서 다른 장소로 이동할 때면 늘 차와 비행기, 기차와 버스를 이용했다. 먼지 나는 길에 발을 디딜 일이 별로 없었다. 나를 둘러싼 피조세계에 관하여 그다지 생각하지 않고, 매번 이곳에서 저곳으로 나를 더 편하게 데려다줄 이동수단을 이용했다. 그런데 복음서를 다시 읽으면서 예수님이 이 세상에서 흙먼지 날리는 길을 걸으시던 모습에 주의를 기울이게 되었다. 예수님이 낮의 열기와 밤의 한기를 느끼셨다는 사실에 마음이 쓰이기 시작했다. 예수님은 시들고 말라버린 풀과 돌이 많은 토양과 가시덤불과 열매 맺지 못하는 나무와 들에 핀 꽃과 풍성한 수확에 관해 알고 계셨다. 아주 많이 걸으셨고 계절의 가혹함과 활력을 직접 몸으로 느끼셨기 때문이다.

예수님은 자신의 두 발로 걸으셨던 이 땅과 긴밀히 연결되어 계시다. 예수님은 자연의 위력을 목격하시고 자연으로부터 배우시고 자연에 관하여 가르치신다. 그리고 가난한 자들에게 복된 소식을 전하고 눈 먼 자를 보게 하고 갇힌 자에게 자유를 주도록 자신을 보내신 하나님과, 이 세상을 창조하신 하나님이 같은 분이라는 사실을 밝히 드러내신다. 때로는 홀로, 때로는 사람들과 함께 이 마을에서 저 마을로 걸어가신다. 걸으면서 가난한 자들과 구걸하는 자들과 눈 먼 자들과 병든 자들과 슬퍼하는 자들과 소망 잃은 자들을 만나신다. 예수님은 함께 걷는 사람들의 이야기를 귀 기울여 들으시고, 함께 걸어가는 진정한 동반자로서 그들에게 설득력 있게 말씀하신다. 예수님은 여전히 이 땅과 매우 가까우시다.

그러니 예수님을 따르려면, 나도 흙과 가까워져야 한다. 나는 이따금 구름을 올려다보며 더 나은 세상을 꿈꾼다. 그러나 거듭 땅의 먼지로 시선을 돌리고 하나님이 내 인생길에서 하시는 말씀에 귀를 기울이지 않는 한, 내 꿈은 절대로 열매를 맺지 못할 것이다. 나는 이 땅과 연결되어 있고, 나와 함께 이 땅을 걷는 모든 사람과 연결되어 있다. 자연은 우리 인생의 배경이 아니다. 우리에게 창조주의 뜻과 길을 가르치는 살아 있는 선물이다. 자연이 가르치는 방식을 잘 아는 친구들이 있다. 그들은 어떻게 하면 속도를 늦추고 하나님의 임재가 자연계에 스며드는 방식을 음미할 수 있는지 내게 보여 주었다.

친구들과 숲 속 걷기

여러 해 전에 친구 주타와 프랑스 콩피에뉴에 있는 숲 속을 오랫동안 산책했다. 비가 오고 안개가 낀 날이었다. 잎이 모두 떨어져 헐벗은 나무들뿐이었고, 어두운 나뭇가지 사이로 비치는 햇살조차 찾아볼 수 없었다. 그러나 숲은 전혀 다른 아름다움으로 우리에게 자신을 드러냈다. 끝없이 이어지는 잿빛과 초록빛 그늘, 키 큰 나무 둥치를 부드럽게 껴안으며 주변에서 조용히 움직이는 옅은 안개. 조금은 신비로운 곳으로 이끌리듯 안개 속으로 사라지는 오솔길과 작은 도랑을 가만히 응시하기 위해 우리는 간간이 걸음을 멈췄다. 어디에서나 위로 곧게 뻗은 나무들이 우리에게 평화와 안정, 조화와 쉼, 삶과 죽음, 오고 감, 머묾과 떠남에 대해 이야기했다. 이 거목들은 우리가 태어나기 훨씬 전부터 그곳에 있었고, 우리가 세상을 떠난 뒤에도 그곳에 있을 것이다. 그러나 그들도 언젠가는 쓰러질 것이고 다시 새로운 가지를 키워내기 위해 그들이 세상에 나온 그곳에서 흙과 어우러질 것이다.

건다 보니 어느새 계곡 끄트머리에 이르렀다. 저 멀리까지 너른 풍경이 눈앞에 펼쳐졌다. 우리는 눈앞에 펼쳐진 거대한 숲을 바라보았다. 안개가 더 가까이 다가와 우리를 에워싸더니 작은 뭉게구름을 만들었다. 짙은 연기 기둥 같기도 했다. 새 소리도 들리지 않고 사슴도 보이지 않았지만, 안개가 나무들 곁에서 다정한 영처럼 춤을 추었다. 나무들은 좋은 이야기를 했고, 영들은 미소를 지었고, 우리는 두렵지도 외롭지도 않았다. 그날의 기억은 놀라울 것은 없어도 깊이가 있었다. 눈과 마음을 열고 숲 속을 걷다 보면, 친구와 함께하는 산책이 혼란스러운 시기에 하나님의 임재와 평안을 떠올리게 하는 방편이 될 수 있음을 깨닫는다. 자연계에 안개가 드물지 않은 것처럼, 혼란스러움과 불명확함도 우리 인생의 일부다.

자연계의 경이로움에 눈을 뜨도록 도와준 사람들 중에 내 좋은 친구 로버트 조너스Robert Jonas가 있다. 로버트는 열성적인 환경운동가다. 유럽을 여행하던 우리 두 사람은 독일 슈바르츠발트에서 하루를 보냈다. 이곳은 프라이부르크에서 30분 거리에 있는 호르벤이라는 작은 마을에 있는 삼림 지대로, 소나무가 울창한 언덕 한가운데 자리 잡은 아름다운 곳이었다. 마치 다른 세상에 와 있는 것 같았다. 눈이 소복이 내려 들판이며 나무며, 계곡, 산, 집, 헛간이 모두 새하얗게 변해 있었다. 새하얀 눈 위에 눈부신 태양이 비치자 온 세상이 찬란히 빛나는 수많은 별로 장식된 티 없이 깨끗한 담요 같았다. 사방이 정말로 고요했다. 자연의 침묵을 방해하고 싶지 않은 마음에 들판을 걸으면서 우리도 모르게 소리를 낮추고 소곤거렸다.

내가 기억하는 그 어떤 시간보다 고요했다. 그 순간 우리는 창조의 영광을 떠올렸다. 가슴 깊이 감사함을 느꼈고 주위 환경과 완벽하게 하나가 된 것 같은 기분에 사로잡혔다. 하나님의 임재가 사방에서 느껴졌다. 침묵을 깨고 가던 길을 계속 가기가 어려울 정도였다.

기도와 묵상을 통해 자연을 보는 눈이 열리는 것, 자연을 통해 하나님의 인도하심에 더욱 주의를 기울이게 되는 것은 놀라운 일이다. 한때는 수도원이나 조용한 방에서 묵상할 때 묵상이 가장 잘 된다고 생각했다. 그러나 이제는 자연이 묵상의 동행이 될 수 있다는 사실을 안다. 생활환경과 주변 세상을 통제하고 조종하려고 애쓰는 대신, 피조세계 안에서 하나님에게 더 예민해져야 한다. 지배나 소유의 대상인 것처럼 자연을 무시하거나 차지하려 하지 말고, 가만히 어루만져야 한다. 조사하는 대신 감탄하며 바라보아야 한다. 그러면 자연은 우리에게 완전히 새로운 모습을 드러낸다. 기도의 장애물이 아니라 분별의 도구가 되고, 난공불락의 방패가 아니라 미지의 시계視界를 미리 엿보게 해주는 베일이 된다.

자연에게 말할 기회를 주면, 우리 눈에 아주 희미하게 보이는 것들 속에서 하나님의 임재를 알아보는 새로운 관점에 눈이 뜨인다. 나무와 별이 무어라 말하는가? 이따금 오랫동안 숲 속을 걸으라. 새로 돋은 풀과 화려한 색으로 치장한 숲이든, 잿빛 그림자를 드리운 숲이든, 숲길을 걸으라. 그리고 하나님이 일하시는 방법과 뜻과 성품을 보여달라고 하나님께 청하라.

하늘과 자연이 주님을 노래하고

자연을 하나의 비유 이상으로, 하나님이 일하시는 방법을 보여주는 살아 있는 계시로 보는 시각에 눈을 뜬 뒤, 그동안 자연 속에서 하나님을 경험하는 것에 관하여 얼마나 많이 배웠는지 되돌아보았다. 물론 그러고 나서도 자연 속에서 하나님을 찾는 법에 익숙해지기까지는 꽤 많은 시간이 걸렸다. 수년 전, 제네시 수도원에서 피정하던 때였다. 성체 성사가 있던 어느 특별한 주일에 존 유드 수도원장이 이런 이야기를 했다. "비는 하나님이 복을 내리시는 표징입니다." 그를 통해 창조주 하나님에 관한 이야기를 듣고, 하나님이 어떤 방식으로 우리와 늘 함께하시는지 이해하게 되었다.

존 유드 원장은 이렇게 설명했다. "'좋은', '축복'에 해당하는 히브리어 단어는 이따금 '비'를 의미합니다. 하나님은 멀리 계신 것이 아닙니다. 하나님을 찾으려고 바다 밑 깊은 곳으로 내려가거나 하늘 높이 올라갈 필요가 없습니다. 하나님은 우리와 가장 가까운 것들과 함께 계십니다. 우리가 만지고 느끼는 것들, 우리가 매일 옮기고 함께 살아가는 것들 속에 계십니다. 하나님이 감춰진 존재인 것은 사실이지만, 우리는 자연으로 하여금 어디에나 계시는 하나님에 관하여 말하게 해야 합니다."

존 유드 원장은 이렇게 말을 이었다. "정원을 거닐 때면 한 송이 꽃에 관해 곰곰이 생각하면서 지금 이 순간을 받아들입니다. 아름답고 생기가 넘칠수록 꽃의 생명력은 약하고 이해하기 어렵습니다. 본디 아름다움은 허약합니다. 너무 거칠게 만지면 죽어버리고, 너무 꽉 쥐면 꽃잎이 떨어지지요. 살짝 쥐고 조심해서 바라보아야 합니다. 그러지 않으면 죽어버립니다. 들판에 핀 꽃을 제대로 경험하고 싶다고, 무엇으로 이루어져 있고 어떻게 그곳에 있는지 알아보기 위해 해부하거나 분해할 수는 없습니다. 우리의 생명도 마찬가지입니다. 실체가 있으나 규정하기 어렵습니다. 인간의 생명을 철저히 분석하거나 완전히 이해할 수 있는 사람이 누가 있겠습니까? 그러나 꽃잎처럼 뜯지 않고도 이 순간 생명을 느끼고 맛볼 수는 있습니다." 존 유드 원장은 노리치의 줄리안Julian of Norwich과 다른 이들이 알고 있는 바, 즉 "모든 것은 하나님의 사랑으로 존재한다"는 이야기를 하고 있었다. 작은 꽃 한 송이나 헤이즐넛 한 알, 그 밖의 다른 피조물 속에서 우리는 하나님의 무엇인가를 발견할 수 있다.

자연은 하나님의 모국어

나의 모국어는 네덜란드어지만, 나는 보통 영어로 글을 쓴다. 하나님은 아주 오래된 불후의 영적 본문을 통해 자신을 계시하시지만, 하나님의 모국어는 자연이라 할 수 있다. 우리는 계절의 반복과 창조의 순환, 즉 삶과 죽음, 파종과 수확, 새 생명과 부활을 향한 기다림과 누림을 통해 하나님이 일하시는 방법과 하나님의 뜻을 읽을 수 있다. "내가 진정으로 진정으로 너희에게 말한다. 밀알 하나가 땅에 떨어져서 죽지 않으면 한 알 그대로 있고, 죽으면 열매를 많이 맺는다"(요 12:24).

　책을 사랑하고 영적 지식을 추구하기 좋아하는 우리들은 자연이
라는 언어를 천천히 배워야 한다. 토머스 머튼은 트라피스트회 수
사가 되기 전, 내면생활과 하나님을 향해 온전히 마음을 여는 영적
여정에 몰두하느라 너무나 분주했다. 도시에서는 자연의 기쁨을 경
험하기 어렵다는 사실을 절감했다. 그런데 친구들과 함께 별장에서
지내는 동안 자연이 그에게 말을 걸기 시작했고, 그는 책에서는 본
적이 없는 그 언어를 이해하기 시작했다. 책장에 박혀 있던 눈을 들
어 나무와 캄캄한 하늘을 바라보았다. 자서전에서 그는 이렇게 말
한다.

　　시원한 여름 저녁이었다. … 나는 책을 무릎에 올려놓고 계곡을 올라오
　　는 자동차 불빛과 나무가 우거진 캄캄한 산등성이의 윤곽과 동쪽 하늘
　　에 하나둘 모습을 드러내는 별을 쳐다보았다. 불가타 성서의 한 구절이
　　마음속에서 메아리쳤다. "*Qui tacit Arcturum et Oriona*…." "북두칠
　　성과 삼성을 만드시고, 묘성과 남방의 밀실을 만드시며"(욥 9:9).[2]

　토머스 머튼은 켄터키 언덕에서 여러 해를 보내면서 자연과 친밀
해졌고, 이는 훗날 수도원에서 기도 생활의 자양분이 되었다. 갈수
록 기도가 수월해졌고, 이는 그의 삶에 깊은 영향을 끼쳤다. 좀 더
규율 잡힌 삶을 살고픈 갈망도 있었지만, 한편으로는 자연의 아름
다움에 마음이 열리면서 주위 환경으로부터 자유로워졌다. 격해지
는 일도, 불안해하는 일도, 애정에 굶주려 하는 일도, 안절부절못하

는 일도 줄어들었다. 발을 딛고 살았으나 이전에는 거의 알아채지 못했던 자연 속에서 토머스 머튼은, 웅장하고 완전히 새로워진 아름다움과 하나님이 지으신 세계를 바라보는 좀 더 다채로운 시각에 눈을 떴다.

주님께서 손수 만드신 저 큰 하늘과
주님께서 친히 달아놓으신 저 달과 별들을 내가 봅니다.
사람이 무엇이기에 주님께서 이렇게까지 생각하여주시며,
사람의 아들이 무엇이기에 주님께서 이렇게까지 돌보아주십니까?
…
주 우리의 하나님,
주님의 이름이 온 땅에서 어찌 그리 위엄이 넘치는지요?(시 8:3, 4, 9)

나무와 강, 산, 들판, 바다를 인간의 이런저런 필요에 따라 이용할 수 있는 대상으로 여길 때, 자연은 불투명해지고 우리에게 자신의 참모습을 보여주지 않는다. 한 그루의 나무를 의자용 목재로 치부할 때, 나무는 우리에게 성장에 관하여 이야기하지 않는다. 강을 산업 폐기물을 버리는 쓰레기장으로 치부할 때, 강은 더 이상 우리에게 흐름에 관하여 이야기하지 않는다. 꽃을 플라스틱 장식품을 위한 모형으로 치부할 때, 꽃은 더 이상 우리에게 생명의 꾸밈없는 아름다움에 관하여 말하지 않는다.

우리에게 주어진 어렵고도 시급한 과제는, 자연이 정복해야 할 소유물이 아니라 감사와 경의를 표하며 받아야 할 선물임을 깨닫는

분별력

것이다. 우리의 고향이 되어주는 강과 바다, 언덕과 산에 깊숙이 허리를 굽힐 때 자연은 비로소 투명해지고 우리에게 자신의 참된 의미를 드러낸다. '하나님의 숨겨진 언어'에 끈기와 관심을 가지고 귀를 기울이지 않으면, 자연은 드러나지 않은 위대한 비밀을 모두 감추어버린다.

자연은 자신이 가리키는 하나님의 놀라운 사랑 이야기를 우리가 알아듣기를 간절히 바란다. 인간과 더불어 살아가는 식물과 동물은 우리에게 탄생과 성장, 성숙과 죽음에 관하여, 상냥한 돌봄의 필요성에 관하여, 무엇보다 인내와 소망의 중요성에 관하여 가르친다. 그리고 물과 기름, 빵과 와인의 속성들은 우리의 재창조에 관한 훨씬 더 놀랍고 심오한 이야기를 온 힘을 다해 들려준다. 먹을 것과 마실 것, 산과 강, 바다와 하늘은 하나님의 성령이 우리에게 말씀하시는 바를 듣는 귀와 보는 눈을 지닌 사람들에게 자신을 드러낼 때 비로소 투명해진다.

피조물을 새롭게 하라는 부르심

시간이 흐르면서 모든 피조물이 창조주에게 속해 있고 그분의 품에서 쉰다는 사실을 이해하게 되었다. 그리고 식탁을 나누며 하나님과 교제하는 사람은 먼저 자연의 소리를 듣고, 다른 사람들을 위하여 그 소리를 통역하여 널리 알려야 한다는 사실을 이해하게 되었다.

바다와 산, 숲과 사막과 나무, 식물과 동물, 해와 달과 별과 모든 은하는 '새로워지기를 간절히 기다리는'(롬 8:20-21) 하나님의 피조물이다. 이 사실을 깨달을 때 우리는 비로소 하나님의 위엄과 만물을 아우르는 하나님의 구원 계획을 경외할 수 있다. 고통 속에서 우리의 구원을 기다리는 존재는 우리 인간만이 아니다. 모든 피조물이 완전한 자유를 고대하며 우리와 함께 신음하며 탄식하고 있다.

그러므로 이 세상에서 우리의 형제와 자매는, 우리와 같은 인간 남자와 여자만이 아니다. 우리를 둘러싼 모든 것이 우리의 형제요 자매다. 따라서 우리는 밀로 뒤덮인 들판, 봉우리가 눈에 덮인 산, 포효하는 바다, 야생 동물과 집짐승, 거대한 삼나무, 작은 데이지 꽃을 사랑하고 소중히 여겨야 한다. 창조된 모든 만물은 우리와 함께 하나님의 대가족이다.

우리는 우리의 마지막 소명과 귀향에 우리 같은 인간만이 아니라 모든 피조물이 함께 참여한다는 사실을 온전히 받아들여야 한다. 그러면 하나님께서 나와 여러분 인생에 행하시는 일을 바라보는 시야가 얼마나 넓어지는지 모른다. 하나님의 자녀들에게 주어지는 완전한 해방을 온 세상이 공유해야 한다. 부활의 날에 하나님은 우리 모두를 완전히 새롭게 하실 것이다. 여기에는 천지만물이 포함된다. 이것은 그리스도를 통한 하나님의 구원 사역에 관한 위대한 비전이자, 이사야가 꿈꾼 평화로운 나라의 비전이기도 하다. "'이리와 어린 양이 함께 풀을 먹으며, 사자가 소처럼 여물을 먹으며, 뱀이 흙을 먹이로 삼을 것이다. 나의 거룩한 산에서는 서로 해치거나 상하게 하는 일이 전혀 없을 것이다.' 주님의 말씀이시다"(사 65:25). 우리는 이 비전이 꺼지지 않도록 애써야 한다. 하나님의 뜻을 분별할 줄 아는 사람들은 하나님의 위대한 부르심에 참여하지 않을 수 없다. 내 인생을 향한 하나님의 뜻을 분별하는 것으로는 충분하지 않다. 내 인생을 통해 하나님이 이루고자 하시는 뜻은 온 세상을 새롭게 하고 구원하는 위대한 소명의 (작지만 중요한) 일부이기 때문이다.

인생의 감춰진 의미를 찾아나선 성인들과 선지자들이 가능하면 자연 가까이에서 살고자 애쓴 이유도 여기에 있다. 6세기에 성 베네딕트는 몬테카시노 꼭대기로 공동체를 옮겼다. 12세기에 성 프란체스코는 비바람을 해 형제와 달 자매로, 동물들을 자신의 확대 가족의 일원으로 여겼다. 11세기에 성 브루노Saint Bruno는 험준한 알프스 산맥으로 피정을 갔다. 토머스 머튼은 켄터키 숲에서 살았고, 지금 이 시대에 베네딕트회 수사들은 뉴멕시코의 외딴 협곡 같은 곳에 계속 수도원을 세우고 있다. 오늘날에도 여전히 많은 젊은이가 자연의 소리에 귀 기울이고 평화를 찾아 도시를 떠나 시골로 간다. 그리고 실제로 자연은 말한다. 새들은 성 프란체스코에게, 나무들은 아메리카 원주민에게, 강은 싯다르타에게, 별들은 토머스 머튼에게 말한다. 자연과 가까워질수록 우리는 생명의 성령과 가까워진다.

강과 나무, 새와 꽃은 인간이 처한 삶의 조건과 인간의 아름다움, 죽음을 면할 수 없는 인간의 운명에 관하여 끊임없이 우리에게 이야기한다. 서구 기독교 안에서 양육을 받은 우리는 아메리카 원주민에게서 강과 나무, 새와 꽃의 소리에 귀 기울이는 법을 배워야 한다. 언젠가 원투족 인디언이 이런 이야기를 했다.

백인들은 땅이나 사슴이나 곰을 전혀 신경 쓰지 않습니다. 우리 인디언들이 고기를 잡을 때는 필요한 양만 잡아먹고 남기지 않습니다. 뿌리를 캘 때는 구멍을 작게 냅니다. … 우리는 도토리와 잣을 텁니다. 우리는 나무를 베지 않습니다. 죽은 나무를 이용할 뿐이지요. 그러나 백인들은 땅을 갈아엎고 나무를 잡아 뽑고 모든 것을 죽입니다. 나무들은 말합니다. "하지 마세요, 아파요. 아프게 하지 마세요." 하지만 백인들은 나무를 베고 조각조각 자릅니다. 땅의 영은 그들을 싫어합니다. … 인디언들은 아무것도 해치지 않는데, 백인들은 모든 것을 파괴합니다.[3]

아메리카 원주민들은 자신들을 자연의 일부라 생각했다. 자신들을 모든 피조물의 형제요 자매라고 생각했다. 그들은 자연에 순응하여 공예품을 만든다. 그들이 만든 가면에는 인간과 동물의 얼굴이 섞여 있다. 그들은 호리병박 같은 채소를 이용해 그릇을 만든다. 그들이 손으로 만드는 형태를 그들에게 가르치는 이는 자연이다. 이 땅은 하나님의 몸이고, 그들은 하나님의 몸이 가르치는 바에 귀 기울이는 법을 알고 있다.

자연의 소리에 민감해지면, 우리는 인류와 자연이 자신의 본모습을 찾은 세계, 그 세계의 소리를 듣게 될 것이다. 우리를 둘러싼 모든 것의 소리를 더 많이 알게 되면, 모든 피조물의 창조주이신 하나님에 대한 경외심이 날로 깊어질 것이다. 그리고 금반지에 박힌 사파이어처럼 자연에 박힌 모든 피조물을 진심으로 돌볼 수 있게 될 것이다.

사랑하는 주님, 주님은 하나님의 말씀이십니다. 주님을 통해 모든 피조물이 창조되었습니다. 강과 나무, 산과 계곡, 새와 말, 밀과 옥수수, 해와 별, 비와 천둥, 바람과 폭풍, 그리고 무엇보다 사람들. 남자와 여자, 젊은 이와 늙은이, 흑인과 백인, 가무스름한 피부와 붉은 피부, 농부와 교사, 수사와 사업가. 오 주님, 주님이 지으신 모든 피조물 안에서 주님을 찾을 수 있습니다. 만물의 아름다움으로 말미암아 주님께 감사를 드립니다.[4]

1. 예수님과 함께 대지를 걷자. 흙길을 달리다 차에서 내려 예수님이 하셨던 것처럼 먼지 나는 길을 걷자. 마가복음 4장에 나오는 비유 중 하나를 선택하자. 밖에서 그 구절을 읽고 하나님께서 성경이라는 책과 자연이라는 책을 통해 말씀하시는 바에 귀를 기울이자. 이 두 책을 함께 '읽을' 때 분별력이 어떻게 달라지는지 곰곰이 묵상하자.

2. 친구들과 함께 숲 속을 걷자. 오솔길을 찾아 아름다움을 찾아가는 여정을 시작하자. 대화를 나누는 대신 말을 참고 침묵을 지키자. 보이는 것과 들리는 것을 관찰하자. 창조의 샘에서 물을 마시자. "너희는 여호와의 선하심을 맛보아 알지어다"(시 34:8, 개역개정).

3. 하늘과 자연의 노랫소리를 듣자. 혼자서 또는 친구들과 함께 자연을 벗 삼자. 이사야서 55장 12절을 소리 내어 읽자. "참으로 너희는 기뻐하면서 바빌론을 떠날 것이며, 평안히 인도받아 나아올 것이다. 산과 언덕이 너희 앞에서 소리 높여 노래하며, 들의 모든 나무가 손뼉을 칠 것이다." 자연의 음악에 귀를 기울여보자. 나무들의 노래를 분별할 수 있겠는가? 나무가 손뼉을 치고 산이 춤을 춘다는 것은 무슨 의미인가? 여러분에게는 이런 식으로 자연과 어울리는 것이 자연스러운가, 억지스러운가? 피

조세계와 자신의 관계를 곰곰이 생각해보자. 해와 별이 여러분의 형제자매로 보이는가? 여러분은 자신을 모든 피조물을 향한 하나님의 구원 사역의 일부로 바라보고 있는가? 하나님의 큰 뜻 안에서 여러분의 위치와 목적에 관하여 하나님이 여러분에게 무엇을 보여주시는가? 하나님께서 여러분 인생에 기대하시는 것을 분별하는 데 이런 넓은 시야각이 균형감을 더해주는가?

05

인생길에서
만난 사람들

하나님의 일에 관하여
우리에게 이야기하는 사람들을 통해
하나님은 우리에게 말씀하신다.
_헨리 나우웬

하나님은 자연이라는 책은 물론이고 우리가 읽는 성경과 책과 글을 통해 지혜와 방향을 보여주시기도 하지만, 일상생활에서 우리가 만나는 사람들을 통해서도 말씀하신다. 장애가 있는 사람들이 중심을 이루는 라르쉬 데이브레이크 공동체에 들어갔을 때, 내가 책을 쓰고 세계 곳곳의 대학과 교회에서 강의한다는 사실에 관심이 있는 사람은 아무도 없었다. 내가 이루어놓은 일들은 그들에게 감명을 주지 못했다. 그들이 관심을 갖는 것은 내가 얼마나 지속적으로 그들과 함께하고, 내가 그들을 얼마나 사랑하는지를 얼마나 일관되게 보여주느냐 하는 것이었다.

나는 그들과 평범한 일과와 삶에 관해 이야기를 나누면서 하나님의 음성을 새로이 듣기 시작했다. 하나님의 성령이 책이나 지적 토론을 거치지 않고 그들에게, 그리고 그들을 통해 직접 말씀하시는 것 같았다. 공동체 구성원 중에는 신체나 정신의 능력과 기량이 부족한 이들이 있었다. 그러나 그들은 가난하고 단순한 삶 속에서 나보다 더 하나님을 향해 활짝 열려 있었다. 존재의 중심이 하나님을 향해 활짝 열려 있어서 내 관심사를 꿰뚫어볼 수 있는 것 같았다. "헨리, 나를 사랑해요? 오늘 밤 집에 있을 거예요? 나도 데려갈 거예요? 나를 돌봐줄 거예요?" 그들 덕분에 나는 하나님에게 사랑받는 존재에 관하여 글을 쓸 수 있게 되었다. 하지만 사랑받고 사랑한다는 것이 예수님이 명하신 대로 하나님과 자신과 이웃을 사랑한다는 뜻임을 깨달은 것은 그들과 나의 관계를 통해서였다.

우리가 만나는 사람들 중에는 세상의 눈에 대단해 보이는 이들도 있고, 더 큰 사회의 눈에 거의 띄지 않는 이들도 있다. 그러나 그들이 어떤 사람들이건 그들은 우리에게 하나님의 지혜를 전하는 전달자다. 로마를 방문했을 때 마더 테레사를 만났다. 그녀를 보았을 때 내면의 관심이 온통 예수님에게만 쏠려 있다는 사실을 바로 알아챌 수 있었다. 그녀는 예수님의 눈으로 최빈곤층을 바라보았고 그들을 돌보는 데 평생을 바쳤다. 그녀는 자신에게 보통의 사회적 문제나 심리적 문제나 의학적 문제가 생기면, 그 문제의 수준에서 대응하지 않았다. 대신에 하나님의 논리로, 영적인 장소에서, 우리 대다수에게는 여전히 생소한 관점으로 문제를 해결했다. 많은 사람이 그녀가 걸어온 길을 지나치게 단순하고 순진하며 이해하기 어렵다고 여기는 이유가 여기에 있다. 마더 테레사는 사람들에게 예수님처럼 하나님의 눈으로 상황을 바라볼 수 있는 곳으로 나아가자고 촉구했다. 겉으로 드러난 현상만 보지 않고 그 너머를 볼 수 있는 곳, 거룩한 만남이나 방문이 이루어지는 곳으로 자기와 함께 나아가자고 촉구했다.

나는 걸핏하면 마음을 흐트러뜨리는 요인들과 영적 유혹을 어떻게 다뤄야 할지 마더 테레사에게 조언을 구했다. 그녀에게 내가 안고 있는 독특한 문제와 인생의 시련에 관해 공들여 설명했다. 그녀는 내가 하는 말에 귀를 기울였다. 그러고는 아주 단순한 말로 내 희망을 깨버렸다. "글쎄요, 하루 한 시간을 주님을 사랑하는 데 쓰고, 잘못이라고 알고 있는 일을 하지 않으면… 괜찮아질 겁니다!"

뜻밖의 대답에 깜짝 놀랐다. 나는 그녀가 내 절박한 문제들을 진단하고 거기에 대해 이야기해주기를 기대했다. 나는 '아래로부터' 물었고, 그녀는 내게 하나님이 계신 방향을 가리키며 '위로부터' 대답했다. 마음을 흐트러뜨리는 요인과 내가 안고 있는 문제들을 지금보다 더 잘 이해하게 되더라도 또 다른 것이 남아 있다는 사실을 그녀는 알고 있었다. 그것은 하나님의 마음에 더욱 가깝게 살아가라는 부르심이었다. 처음에는 내가 한 질문에 맞지 않는 대답인 것 같았지만, 내 불평이 자리한 곳이 아니라 하나님의 치유가 있는 곳에서 답변이 나왔다는 사실을 어느 순간 이해하게 되었다. 영적 삶의 목표는 질문에 답을 얻는 것이 아니다. 하나님 앞에서 사는 것, 그것이 더 큰 소명이다. 분별이라는 은사는 하나님의 관점으로 보고 듣는 능력이자 다른 이들에게 '위로부터' 얻은 지혜를 제시하는 능력이다. 정말로, 하나님께서는 마더 테레사의 입을 통해 내게 말씀하셨다. 마더 테레사는 내게 인도하심을 받는 출발점이자 종착지인 기도 훈련과 하나님 앞에 거하는 삶으로 돌아가라고 촉구했다.

마더 테레사처럼 많은 이들에게 존경을 받는 사람들만이 아니라 우리와 더불어 살며 누구보다 우리와 가까운 사람들의 목소리에 귀를 기울이는 것이 얼마나 중요한지 내게 알려준 사람이 토마스 필리페Thomas Philippe 신부다. 필리페는 1960년대 중반 장 바니에와 함께 프랑스 트롤리 지방에 라르쉬 공동체를 설립한 도미니크회 수사다. 이미 고인이 되었지만, 사람들은 지금도 그를 이 공동체의 정신적인 아버지로 여긴다. 필리페 신부는 하나님이 주로 가족과 친한 친구들을 통해 말씀하신다고 믿었다. 이들은 우리와 1차적인 관계를 맺고 있는 이들이다. 우리 두 사람은 배우자나 부모, 자녀, 친구 사이의 강하고 친밀한 관계가 개인의 이해관계를 초월하는 영적이고 역동적인 대인관계를 만들어내는 방식을 놓고 여러 시간 이야기를 나눴다. 또 이러한 관계가 제한된 방식이긴 하지만 하나님의 임재와 목적을 전달하는 수단이 되는 것을 놓고도 이야기했다. 라르쉬 공동체에 오는 사람들은 장애를 안고 살아야 하는 어려움 때문에 1차적인 관계가 단절되거나 왜곡되는 경우가 많았다. 라르쉬 공동체에서 사람들이 치유를 받는 가장 큰 이유 중 하나는 공동체 식구들이 몸이 건강한 사람과 그렇지 않은 사람, 말할 수 있는 사람과 그렇지 않은 사람을 구분하지 않고 모든 사람을 사랑과 은혜의 중재자로 보기 때문이다.

나는 1985년에 라르쉬에서 토마스 필리페 신부를 만났다. 당시 여든 살이었던 그는 라르쉬 공동체를 섬기면서 활발하게 활동하고 있었다. 분별과 지혜의 은사가 뛰어나서 사람들은 그를 '우리 시대의 십자가의 요한'이라고 불렀다. 그는 하나님이 결점을 통해 말씀하시는 방법을 완벽히 이해하고 있었다. 거의 알아듣지 못하지만, 그럼에도 불구하고 우리 주변 사람들 가운데 함께하시는 하나님의 임재의 신비를 깊이 있고 설득력 있게 전달하는 프랑스인 앞에 앉아 있는 것이 내게는 엄청난 경험이었다.

우리들은 겉으로 드러난 문제에 집중하기 쉽다. 그러나 그는 마더 테레사가 그랬던 것처럼 겉으로 드러난 현상 너머의 일을 묻곤했다. 예를 들어, 우리 부모님들이 어떻게 우리에게 상처를 주었는지, 어떻게 하나님이 우리의 유일하고 진정한 부모가 되셨는지 이야기했을 때 그가 내게 물었다. "왜 우리는 하나님을 우리 부모들의 결점이 보완된 분으로 여길 뿐 우리의 생물학적 부모들이 하나님의 부성과 모성 일부가 굴절된 피조물이라는 생각은 하지 못할까요?" 하나님의 존재와 본성에 관한 이런 심오한 질문은 비단 심리학의 영역에만 속한 것이 아니다. 하나님이 어떻게 진짜 인간의 육체 안에 들어오셔서 인간 가운데 거하시는지 성육신의 본질을 묻는 질문이기 때문이다. 토마스 필리페는 '사람을 신뢰하는 마음'을 신학적으로 이해하고 있었다. 한계가 있고 불완전하긴 하지만 우리가 살면서 만나는 사람들이 우리에게 보여주는 사랑은 모두 하나님의 무한하고 완전하신 사랑을 나타내는 것임을 알고 있었다. 그는 내게 이렇게 말했다. "어린아이일 때에도 우리는 부모나 교사가 줄 수 있는 것보다 더 크고 더 깊고 더 강한 사랑을 접합니다."

신학자로서 그는 모든 인간관계를 '하나님과의 내밀한 관계를 보여 주는 표징'으로 보았다. 1차적 관계는 크게 세 부류를 가리킨다. 우리를 키운 부모, 우리가 또래로 생각하는 친한 친구들, 그리고 우리가 더불어 살아가는 직계가족(배우자나 공동체)이다. 이런 1차적 관계에는 창조하시는 성부, 구원하시는 성자, 지키시는 성령 하나님과 우리의 관계(또는 관계의 결핍)가 반영되어 있다. 좋건 나쁘건 이런 1차적 관계는 삼위일체 하나님과 더 친밀한 교제를 나누도록 우리를 인도한다. 처음에는 이런 이야기가 그저 이상적인 이야기로 들릴 수 있다. 그러나 우리가 만나는 사람들을 살아 있는 표징으로, 인생 만사를 하나님의 끊임없는 사랑의 징표로 바라보고자 하면, 살면서 만나는 관계들이 하나님의 내밀한 사랑을 우리에게 상기시키면서 우리를 빚어가시는 하나님의 선물임을 간파하게 된다.

토마스 필리페를 통해 깨달은 사실이 있다. 우리의 어머니나 아버지, 형제나 자매, 배우자나 친구가 우리가 원하는 방식으로 우리를 사랑해주지 않더라도, 각 사람은 하나님의 사랑을 드러낸다는 사실이다. 또한 그 사랑이 한데 합쳐져서, 각 사람이 우리에게 주지 못하는 것에만 집중할 때는 놓치고 말았던 하나님의 충만한 사랑을 드러낸다는 사실이다.

이 점에서 하나님이 우리에게 바라시는 것이 무엇인지 분별하고 싶으면 인생길에서 만나게 하신 사람들에게 관심을 기울여야 한다고 한 토머스 머튼의 입장과 토마스 필리페의 입장은 본질적으로 일치한다.

이정표가 되는 삶: 토머스 머튼을 도와준 사람들

토머스 머튼의 《세속적 일기Secular Journal》와 《칠층산》에는 젊은 시절 그가 알게 된 사람들의 이름이 가득하다. 토머스 머튼이 하나님을 가리키는 이정표로서의 삶을 살며 겟세마네 수도원에 정착하도록 도와준 것은 책 다음으로 사람이었다. 토머스 머튼에게 큰 영향을 끼친 인물 중 특히 세 명의 이름이 눈에 띈다. 대니얼 월시Daniel Walsh, 브라마카리 박사Dr. Bramachari, 밥 랙스Bob Lax가 그 주인공이다. 나는 토머스 머튼의 자서전을 읽으면서 어떻게 교사와 친구들이 책은 절대 할 수 없는 방식으로 그에게 하나님의 진리를 이야기했는지 이해하게 되었다.

컬럼비아 대학의 객원 교수였던 대니얼 월시는 토머스 머튼에게 중세 후기의 위대한 신학자 겸 철학자 두 사람을 소개했다. 토마스 아퀴나스(Thomas Aquinas, 1225-1274)와 둔스 스코투스(Duns Scotus, 1266-1308)다. 하나님을 '제일의 원동자primary mover'와 '무한자 infinite being'로 보는 두 사람의 신관神觀은 토머스 머튼의 상상력에 불을 지폈고, 그의 무수한 생각과 느낌에 어느 정도 질서를 잡아주었다. 토머스 머튼은 월시 교수를 두고 이렇게 말했다. "보통 교수들처럼 거드름을 피우는 자아도취가 전혀 없었다. 자신의 결점을 감추기 위해 인위적인 무장으로 속임수를 쓰거나 허세를 피우지 않았다. 똑똑한 사람인 척하지도 않았다. 늘 수수하게 미소를 띤 채 성토마스의 확고하고 강력한 정신 속에 자신을 묻어버렸다."[1]

토머스 머튼은 월시의 강의를 수강하기도 전에 그를 찾아가 신부가 되는 것에 관련한 자신의 생각을 털어놓았다. 두 사람은 성격이 다른 모든 수도회를 놓고 이야기를 나누었다. 그리고 프란체스코회가 머튼에게 가장 잘 맞을 것이라는 결론을 내렸다. 그러나 그다음에 월시는 머튼에게 겟세마네 수도원에 관해 열렬히 이야기했고 그곳으로 피정을 가라고 그를 설득했다. 이 대화는 머튼이 트라피스트회 수사가 되라는 소명을 깨닫는 데 도움이 되었다. 수년 뒤, 월시는 철학을 가르치기 위해 겟세마네 수도원에 갔고, 1967년에는 루이빌 교구의 사제로 서품을 받았다. 교사와 학생으로 함께 배우면서 두 사람은 서로를 통해 각자의 소명을 분별해나갔다.

토머스 머튼에게 깊은 영향을 끼친 전혀 다른 인물은 브라마카리 박사로 불리는 인도인 수도승이었다(브라마카리는 힌디어로 수도승을 뜻한다). 그에 대하여 이야기할 때 토머스 머튼은 넘치는 유머와 깊은 존경심을 보였다. 두 사람은 뉴욕 그랜드센트럴 역에서 처음 만났다. 머튼은 그때를 이렇게 묘사했다. "키가 아주 작고 수줍음이 많아 보이는 사람이 매우 즐거운 양 갈색 얼굴에 하얀 이를 다 드러내며 웃고 있었다. 머리에는 붉은 글씨로 힌두 기도문이 빼곡히 적혀 있는 황색 터번을 썼고 발에는 운동화를 신고 있었다." 토머스 머튼과 브라마카리는 곧 친구가 되었다. 머튼은 브라마카리가 서구 세계를 비판하는 방식에 감탄했고, 다른 사람들이 대학 세계에서 중요하게 여기는 모든 것을 상대적인 것으로 보는 모습에 공감하며 감탄했다.

그의 비평에는 빈정거림이나 비꼼이나 불친절함이 없었다. 사실 그는 수다스럽게 이러쿵저러쿵 판단을 내리지 않았고 무엇보다 비방하는 말은 거의 하지 않았다. 다만 사실을 있는 그대로 이야기하고 껄껄 웃었다. 꾸밈없고 솔직한 그 웃음은 사람들이 어떻게 그의 눈에 비친 그 모양으로 살 수 있는지 도저히 이해할 수 없다는 뜻이었다.[2]

브라마카리는 토머스 머튼에게 어떤 신념을 강요하는 것은 고사하고 자신의 신념을 이해시키려고 애쓰지도 않았다. 오히려 그는 머튼에게 이렇게 말했다. "그리스도인이 쓴 아름다운 신비주의 서적이 많습니다. 성 아우구스티누스의 《고백록*Confessions*》과 토마스

분별력

아 켐피스의 《그리스도를 본받아*The Imitation of Christ*》는 꼭 읽어야 합니다." 이 때문에 토머스 머튼은 이 힌두교 수도승이 자신에게 기독교의 신비주의 전통에 관해 이야기할 때 더 깊은 감명을 받았다. 나중에 토머스 머튼은 이렇게 썼다. "지금 와서 그때를 되돌아보니, 하나님께서 브라마카리를 저 멀리 인도에서 이곳까지 오게 하신 이유 중 하나는 아마도 이 말을 나에게 해주기 위함이 아니었나 싶다." 아이러니하게도, 이 힌두교 수도승은 토머스 머튼이 동양 세계에 젊은이 특유의 호기심을 품고, 서구 기독교의 풍부한 신비주의 전통에 예민해지도록 도와주었다. 이처럼 하나님은 너무나 놀라운 방식으로 예기치 못한 이들을 통해 말씀하신다.

토머스 머튼이 겟세마네 수도원으로 떠나는 데 이런저런 역할을 한 사람들 중 밥 랙스는 누구보다 매력적이고 중요한 인물이다. 《칠층산》에는 밥 랙스라는 이름이 자주 나오는데, 이 주목할 만한 인물은 머튼의 인생의 중요한 순간마다 반복해서 등장한다. 랙스는 월시 같은 선생도 아니었고, 브라마카리처럼 흥미로운 외부인도 아니었다. 랙스는 친구들로 이루어진 소규모 문학 모임의 일원이었고 뉴욕에서 토머스 머튼과 함께 학창 시절을 보냈다. 막역한 친구 사이였지만 랙스를 묘사할 때 머튼이 보여준 깊은 존경과 지지를 보면 그가 얼마나 랙스의 매력에 빠져 있었는지 짐작할 수 있다. 토머스 머튼은 학생 잡지인 〈제스터*Jester*〉 편집자 모임에서 랙스를 처음 보았다. 나중에 머튼은 랙스를 이렇게 묘사했다.

그는 햄릿과 엘리야를 합쳐놓은 것 같았다. 예언자 같으면서도 격노가 없었다. 왕 같으면서 유대인이었다. 직관력이 대단하면서도 예리한데, 말수가 적었고 생각을 분명하게 표현하지 않고 가만히 있을 때가 많았다. 당황하거나 초조한 것도 아니면서, 긴 다리로 의자를 이리저리 감고 무슨 말로 입을 뗄지 한참을 망설였다. 그래서 마룻바닥에 앉아 있을 때 이야기를 가장 잘했다.

그의 변함없는 견고함의 비결은 선천적이고 본능적인 영성, 살아 계신 하나님을 향하는 타고난 지향성에 있었다. 랙스는 막다른 골목에 부딪히는 것을 늘 두려워했는데, 결국에는 그것이 막다른 골목이 아니라 하나님, 그분의 무한성일지 모른다는 사실을 어렴풋이 알고 있었던 것 같다.

그는 요람에서부터 태생적으로 욥과 십자가의 요한에게 친밀감을 가지고 있었다. 지금 생각해보니 무척이나 사색적인 사람으로 태어난 것 같다. 자신이 얼마나 사색적인지 아마 그는 절대 알지 못할 것이다.

요컨대, 물질적인 안정을 중시하는 사람들이 물질적인 불안을 겁내지 않는 이들을 자기도 모르게 존경하듯, 랙스를 두고 '지나치게 비현실적'이라고 생각하는 사람들조차도 그를 존경하는 경향이 있었다.[3]

랙스는 여러모로 토머스 머튼의 선지자이자 안내자였다. 둘의 관계에는 놀라운 단순함과 힘이 있었다. 머튼이 젊은 시절 알고 지낸 사람들 중 랙스가 가장 가까운 사람이라는 데는 의심의 여지가 없다. 랙스는 토머스 머튼의 가장 친한 친구였다. 하지만 머튼은 홀로 하나님을 대면하라는 부르심을 외면하는 수단으로 그를 이용한 적이 없다. 오히려 머튼은 랙스를 하나님께 가는 길을 알려주는 이정표로 묘사했다. 그 의미를 모두 다 깨닫지 못한다 해도 우정의 힘은

분별력

실로 위대하다. 서로에게 너무 많은 것을 기대하면, 서로에게 상처를 입힐 수 있다. 실망과 원망이 사랑을 누르고 심지어 사랑을 대신하기도 한다. 그러나 우리는 일상생활에서 분별을 실천하는 가운데 하나님을 가리키는 이정표로서 가장 친한 친구들과 가족, 그리고 가끔은 전혀 모르는 사람의 진가를 알아보는 법을 배운다. 친구들은 우리가 보지 못하는 것을 보는 인생의 안내자가 될 수 있다.

집을 찾게 도와준 살아 있는 이정표들

라르쉬로의 부르심을 따르도록 도와준 중요한 사람들 중에 로버트 조너스, 네이선 볼Nathan Ball, 수 모스텔러Sue Mosteller가 있다. 인생의 여러 다른 시기에 만난 소중한 친구들 가운데 특별히 이 세 사람은 아주 중요한 지점에서 만났고, 이들은 내가 마음에서 들려오는 사랑의 소리를 들을 수 있도록 도와주었다.[4] 그래서 여기에서는 이 세 사람이 나를 하나님께로 인도한 방식에 관해 잠시 이야기하려 한다.

로버트 조너스: 우정이라는 선물

하버드 신학대학원을 떠나기로 한 것은 어려운 결정이었다. 여러 달 눈물로 기도하고 뜬눈으로 밤을 지새우면서 나는 내가 들은 여러 목소리를 분간하려 애썼다. 학교를 떠나는 것은 소명을 따르는 길일까, 아니면 소명을 배신하는 길일까? 외부의 목소리는 늘 한결

같았다. "여기서도 충분히 잘할 수 있습니다. 사람들에게는 당신이 필요해요!" 내면의 목소리도 늘 한결같았다. "네 영혼을 잃어버리면서 다른 사람들에게 복음을 전하는 게 무슨 소용이 있겠어?" 영들을 분별해야 했다. 개인적인 혼란과 탐구가 뒤엉킨 중요한 시기에 친한 친구이자 옛 제자인 로버트 조너스가 이 분별의 여정에 동행이자 길잡이가 되어주었다.

지체장애나 지적장애가 있는 사람들 사이에서 새로운 소명과 집을 찾을 가능성을 알아보기로 마음먹기까지 일 년이 걸렸다. 결국, 조너스와 이야기를 나누면서 계속 커지는 내면의 어두움, 거절감, 지지와 애정을 구하는 과도한 욕망, 집도 없이 떠도는 것 같은 깊은 소외감이야말로 내가 떠나야 함을 알리는 분명한 표징이라는 사실을 깨달았다.

나는 장 바니에와 그가 프랑스에 세운 라르쉬 공동체에 친밀감을 느꼈다. 이 친밀감은 1985년에 일 년간 기도와 분별의 시간을 갖기 위해 하버드를 떠나 트롤리 브뢰이유에 가기로 결정하는 데 중요한 역할을 했다. 라르쉬는 학문의 세계에서 말라가던 내 영혼을 회복하는 면만이 아니라 새로운 소명을 확인하기에도 아주 좋은 곳이었다. 라르쉬에 도착한 나를 맞아준 이는 장 바니에의 어머니였다. 여든일곱 살의 바니에 부인이 자기 집에 들어서는 나를 두 팔 벌려 안아주었을 때 비로소 집에 온 기분이 들었다.

바로 그날, 다시 일기를 쓰라고 설득하는 내면의 소리를 들었다. 4년 전에 라틴아메리카를 여행한 뒤, 일기 쓰는 것을 포기했었다. 그런데 이 해가 기도와 독서, 글쓰기와 회복의 해가 될 것이라면, 내 안에서 일하시는 하나님에게 닿기 위해 성령의 움직임에 귀 기울이는 한편, 날마다 내게 일어나는 일을 기록하는 것보다 더 좋은 방법이 없다는 생각이 들었다. 정말로 이 해가 분별의 해가 되려면, 예전에 그랬던 것처럼 이번에도 정직한 일기가 도움이 될 것이 분명했다.

프랑스에서 짐을 풀고 채 한 달이 되기도 전에 보스턴에 있는 친구들이 그리워졌다. 9월 10일에 나는 이런 일기를 썼다. "고단한 하루였다. 보스턴 공항까지 배웅하면서 프랑스로 찾아오겠다고 다짐하던 사랑스러운 벗, 조너스를 이제나저제나 기다렸다. … 진심으로 날 보고 싶어 한다고, 프랑스에 오는 까닭에 나와 함께 지내는 일도 끼어 있다고 생각했었다. … 전화를 받은 친구는, 예상과 달리 일이 꼬였고, 내 연락처가 감쪽같이 없어진데다, 몹시 지친 상태였었노라고 해명했다. 그럼에도 마음이 찢어지듯 아팠다."

거절감이라는 익숙한 감정에 적응하면서 혼자 이렇게 되뇌었다. '남의 눈에 덜 띄고 덜 알려지길 진심으로 바란다면, 이번 일을 세상에서 더 잊히고 더 무시되는 계기로 삼아야 해. 오히려 고마워해야 할 일이란 뜻이지. 그렇게 숨겨지는 것이, 자신과 세계, 그리고 하나님을 돌아볼 새로운 눈을 주리란 사실을 믿어야 해. 인간은 그런 눈을 줄 수 없어. 무한정 사랑을 베푸시는 분만이 그러실 수 있지.'

나는 일기에 내가 해야 할 일과 하고 싶은 일을 기록했다. 하지만 프랑스에서 처음 한 달간은 굼뜬 행동이 생각을 따라가지 못했다. 나는 예수님에게 도움을 청하면서 조용히 기도했다. 그리고 할 수 있는 한 최선을 다해 내게 주어진 일을 하려고 애썼다. "주님, 오직 당신만이 베푸실 수 있는 평안과 기쁨을 내게 주십시오."

두 주 후 케임브리지에 있는 조너스에게서 다시 전화가 왔다. "시월에 보러 갈게요!" 구체적인 날짜와 장소를 못 박고 나서야 서운한 마음이 풀리고 친구의 배려와 신실한 우정이 느껴졌다.

조너스는 나를 보러 왔고 라르쉬에서 열흘간 나와 함께 머물렀다. 공동체 식구들을 방문하고, 워크숍에 참석하고, 전문가들을 만나고, 나와 함께 주변을 둘러보았다. 마치 외국인에게 내 고향을 안내하고 그 과정에서 나 역시 고향을 새롭게 발견한 것 같은 기분이 들었다. 조너스는 심리학자로서 이것저것 묻고, 갖가지 사건에 눈을 돌리게 하며, 생각지도 못했던 식의 비교를 하는 그런 친구였다. 덕분에 나는 내가 여태 알고 있던 것과 전혀 다른 라르쉬의 모습을 알게 되었다.

함께하는 시간 동안 우리는 우리 우정에 기대하는 것들을 놓고 이야기를 나누었다. 거절당한 혹은 이용당한 것 같은 기분, 나만의 공간뿐 아니라 사람들의 지지를 얻고픈 욕구, 불안과 불신, 두려움과 사랑 따위의 감정을 솔직하게 털어놓는 것이 내게는 몹시 힘들었다. 그러나 이러한 감정을 파고들수록 문제의 본질을 깨달았다. 그것은 오로지 그리스도만이 주실 수 있는 것을 친구에게 기대하고 있다는 사실이었다.

조너스는 내게 이제 그만 중심에서 나오라고, 내 인생만 진정한 우정에 영향을 받는 유일한 인생인 것처럼 굴지 말라고 자극했다. 그에게도 그만의 인생이 있었다. 그만의 고민과 갈등이 있고, 채워지지 않은 욕구와 결점이 있었다. 그의 삶을 이해하려고 노력하면서 그에게 깊은 연민을 느꼈다. 바라는 만큼 내게 신경 써주지 않는 것을 두고 그를 판단하던 마음이 사라졌다. 다른 이들에게도 비슷한 고민과 갈등이 있고 채워지지 않는 욕구가 있다는 사실을 명확히 알면, 자신의 인생에서 한 발 떨어져 있을 수 있고, 춤을 배우는 두 사람처럼 진정한 우정에는 주고받음이 있음을 이해할 수 있다는 것을 알게 되었다.

또한, 우리는 그리스도가 아니기에 우정을 지키려면 끊임없이 서로를 용서해야 한다는 사실을 깨달았다. 그리고 친히 우리 관계의 중심에 계셔달라고 그리스도께 부탁하는 기꺼운 마음이 필요하다는 것도 새로 배웠다. 예수님이 둘 사이를 중재하지 않으시면, 둘의 관계는 불만스럽고, 조작되고, 답답해지기 쉽고, 상대방이 성장할 여지를 주지 못한다. 진정한 우정에는 친근함과 애정, 지지와 상호 간의 격려뿐 아니라 일정한 거리와 성장할 여지, 다를 자유, 그리고 고독이 필요하다. 우정을 나누는 두 사람이 함께 성장하려면, 다른 인간관계가 줄 수 있는 것보다 더 깊고 지속적인 인정과 지지를 경험해야 한다.

유독 친밀한 우정을 갈구하는 나의 갈망을 이해하려고 씨름하면서 예수님이 제자들을 둘씩 짝지어 세상에 보내신 이유를 이해하게 되었다. 함께였기에 그들은 길동무에게서 발견하는 평화와 사랑과 지지의 마음을 지켜나갈 수 있었고, 이런 선물을 그들이 만나는 모든 사람과 나눌 수 있었다.

네이선 볼: 형제가 되라는 초대

그해 라르쉬에서 만난 공동체 식구 중 한 사람이 네이선 볼이다. 함께 시간을 보내면서 우리는 차츰 가까워졌고, 지금까지도 나는 그를 형제보다 더 가깝게 여긴다. 나는 평소 하나님이 내게 주신 가장 큰 선물 중 하나가 우정이라고 생각해왔다. 우정보다 생기를 돋우는 선물은 상상할 수 없다. 라르쉬 트롤리에서 훌륭하고, 사랑스러우며, 따뜻한 심성을 지닌 이들을 수없이 만났다. 내게 그들은 큰 기쁨을 길어올리는 샘물이었다. 지금도 고맙고 애틋한 마음으로 그들을 기억한다. 그러나 그중에서도 네이선과 나눈 우정에는 아주 특별한 무언가가 있었다. 네이선은 하나님이 일하시는 방식을 잘 알고 그 길을 충실히 따르는 사람이었다. 그는 다른 사람의 이야기를 귀 기울여 잘 들어주었다. 나는 그가 내 인생에 새로운 동행이 될 것이고, 어디를 가든 우리의 우정이 끊어지지 않을 것이라고 확신했다.

네이선은 침례교 집안에서 성장한 캐나다 사람인데 나중에 가톨릭교도가 되었다. 그리고 얼마 되지 않아 장애인들과 함께 살면서 일하기 위해 라르쉬에 왔다. 예배당 밖 현관에서 친구들과 함께 있는 그를 처음 보았다. 심하게 상하고 깨진 이들에게 쏟는 애정이 얼마나 각별하고 긍휼히 여기는 마음이 얼마나 깊은지 그의 모습에 깊은 감명을 받았다. 장애를 안고 살다가 세상을 떠난 동생을 보살피면서 몸에 밴 태도였다.

네이선이 캐나다에 있는 가족과 친구들을 보러 한 달 동안 자리를 비우면서 나는 우리의 관계가 얼마나 특별한지 실감했다. 그가 몹시 그리웠다. 장래의 계획을 나누면서 이처럼 둘이 가까워진 데는 하나님의 분명한 뜻이 있음을 알게 되었다. 네이선은 이듬해 9월부터 토론토에서 신학 공부를 시작할 계획이었다. 그동안은 가까운 라르쉬 공동체인 데이브레이크에서 살 작정이었다. 그리고 나는 이 공동체의 담임목회자로 부름을 받아 데이브레이크에 갔다. 그와 나누는 우정 덕분에 주님의 부르심을 한결 수월하게 따를 수 있을 것 같은 기분이 들었다.

1985년 12월에 캐나다 데이브레이크 공동체로부터 장문의 편지를 받았다. 토론토 근처에 있는 자기네 공동체에 와달라고 정식으로 초청하는 편지였다. 그처럼 '명쾌하게' 새로운 사역으로 부름을 받은 것은 난생처음이었다. 서품을 받은 후부터 목회자로서 했던 일들은 모두 내가 결단을 내린 결과였다. 메닝거 병원, 노트르담 대학, 예일 대학, 하버드 대학, 라틴아메리카에서 했던 일도 모두 내가 선택한 일이었다. 네덜란드에 있는 주교들은 늘 내 선택에 동의하고 지지를 보냈다. 그런데 이제 한 신앙 공동체가 내게 말했다. "우리와 함께 삽시다. 주기도 하고 받기도 하십시다." 나는 이 초대가 일자리를 주겠다는 제안이 아니라 와서 가난한 이들과 살라는 진정한 부름임을 잘 알았다. 그들에게는 넉넉한 급여나, 근사한 거처나, 특별한 혜택을 제공할 힘이 없었다. 멋지고 흥미를 돋우는 새로운 일이었다. 그리스도를 따르며 성공과 성취, 명예의 세계를 떠나서 예수님 한 분만을 믿고 의지하라는 구체적인 부름이었다. "주님, 주님의 뜻을 보여주시면 그대로 따르겠습니다"라고 줄곧 기도했었다. 그동안 나를 향한 예수님의 뜻을 보여주는 구체적인 표징을 바라고 있었다면, 이것이야말로 그 표징이었다. 내 안에서 무언가가 결론에 이르고 새로운 무언가가 시작되는 것을 느꼈다. 학기가 끝나가고 있었고, 나는 새로운 방향으로 나아가라는 부름을 받았다.

1986년 8월 말에 프랑스를 떠나 캐나다에 있는 라르쉬 공동체인 데이브레이크에 도착했다. 그리고 로즈, 애덤, 빌, 존, 트레버, 레이먼드, 이렇게 장애를 가진 여섯 식구가 함께 사는 뉴 하우스로 이사했다. 그들과 그들을 돕는 공동체 식구들이 나를 목회자로 따듯하게 맞아 나의 새로운 집으로 안내해주었다. 나는 새로운 소명과 공동체에 정착하느라 모든 게 바뀌고 달라지는 상황에서 네이선과의 우정을 내가 안전히 깃들 수 있는 피난처쯤으로 여겼다. 혼잣말처럼 중얼거렸다. "괜찮아. 무슨 일이 벌어지든 최소한 의지하고, 지지를 구하고, 고비마다 위안을 얻을 친구가 있잖아!" 적어도 어느 정도는 네이선을 마음의 안정을 지키는 구심점으로 삼았다. 주목과 지지를 갈구하는 오래된 욕구와 욕망이 다시 수면으로 올라왔다. 네이선에게 의존하는 마음과 새로 생긴 불안감 때문에 예수님과 공동체를 삶의 중심에 둘 수가 없었다.

시간이 지나면서 차츰 데이브레이크 공동체가 나의 집으로 느껴졌다. 그러나 그러기까지 비싼 값을 치러야 했다. 어떤 시점에 네이선은 더 이상 나와 친구가 될 수 없노라고 했다. 내 소유욕과 의존성 때문이었다. 우리의 우정은 깨졌고, 작은 공동체 안에서 함께 살았기에 이 일로 삶이 혼란스러워지고 복잡해졌다. 나는 우울의 늪에 빠졌고, 이 때문에 몇 달간 공동체를 떠나 있어야 했다. 이때 겪은 절망과 절망에서 회복된 이야기를 다른 곳에서 한 적이 있다.[5]

이 자리에서 하고 싶은 말은 네이선과 나의 관계가 놀랍게 회복되고 치유되었다는 점이다. 공동체 안에 화해의 기적이 일어나기까지 3년이 걸렸다. 더욱 애써 사역에 매진하고 힘과 용기를 내고 성심을 다하고 상담을 받았다. 공동체의 지원이 있었기에 가능했다. 그렇게 회복의 과정을 거쳐 우리는 다른 사람에게 자신의 결핍을 투영하지 않는 건강한 관계에 이르렀다. 상대방이 원하는 존재가 되는 것은 우리 각자의 능력을 벗어나는 일이고, 우리는 하나님이 아니기에 서로를 용서하는 법을 배워야 한다는 사실을 이해하게 되었다. 그리하여 네이선과 나는 홀가분하게 진정한 친구이자 형제가되었다. 회복은 하나님이 내게 사랑을 요구하시고 집으로 돌아오라고 촉구하시는 표징이었다. 영적 여정에서 만나는 사람들이 유용한 이정표와 동행이 될 수는 있다. 그러나 우리 각 사람의 상한 부분을 온전히 치료하시고 우리를 인도하실 수 있는 분은 하나님뿐이다. 이것이 내가 네이선과의 우정을 통해 얻은 교훈이다.

수 모스텔러: 아버지 같은 존재가 될 기회

쓰라린 아픔과 거절감에 오래 시달리던 시기에 또 다른 친구가 내가 절실히 듣고 싶었던 소망의 말을 해주었다. 그리고 그것은 집으로 가는 여정에 새로운 성장의 국면을 열어주었다. 나는 상한 내면을 치유하기 위해 잠시 데이브레이크 공동체를 떠났다. 몇 권의 책과 내가 좋아하는 작품을 작게 복제한 그림 몇 점만 챙겨서 짐을 꾸렸다. 그중에는 탕자의 비유를 화폭에 옮긴 렘브란트의 그림도 있었다. 나는 이 위대한 네덜란드 화가가 살아온 고통스러운 삶에 관한 기록을 읽었다. 그리고 그가 살아낸 힘겨웠던 인생이 결국 그로 하여금 이 훌륭한 작품을 그릴 수 있게 했다는 걸 알고 다소 위로를 얻었다. 그가 온몸으로 살아낸 아프고 아름다운 인생이 작품 속에 깊이 녹아 있다.

수 모스텔러는 성 요셉 공동체에 속한 자매로 70대 초반부터 데이브레이크 공동체와 함께했다. 나를 데이브레이크에 데려오는 데 중요한 역할을 했고, 상황이 악화되던 시기에 내게 꼭 필요한 지지를 보내주었다. 그녀는 내가 완수해야 할 일들과 씨름하면서 진정한 자유를 얻도록 내게 힘을 돋우어주었다. 누구도 탓하지 않게 해주었다. 그리고 사랑받고 있다는 느낌을 다시 회복할 조금은 더 쉬운 길을 생각하지 않게 해주었다.

내 '은둔처'를 찾아온 수 모스텔러는 내가 얼마나 많은 사랑을 받고 있으며 사람들이 나를 얼마나 그리워하는지 깨닫게 해주었다. 뿐만 아니라 내가 정말로 들어야 할 강력한 메시지를 전해주었다. 그녀는 내게 큰 의미가 있는 탕자의 비유와 그림을 두고 이렇게 이야기했다. "신부님이 둘째 아들이든 큰 아들이든, 아버지가 되라는 부름을 받았다는 사실을 아셔야 합니다. 데이브레이크에서 신부님을 필요로 하는 사람들에게 아버지가 되어주세요."

그녀의 말에 벼락을 맞은 것 같은 충격을 받았다. 평생 그 그림과 더불어 살았고 아들을 품에 안는 늙은 아버지를 보고 또 보았다. 그러면서도 다른 이들을 집으로 맞아들이는 아버지가 내 소명을 가장 잘 표현하는 인물이라는 생각은 해본 적이 없었다.

수는 내게 항변할 기회도 주지 않고 하나님의 진리를 계속 이야기했다. "평생 친구를 찾아오셨지요. 신부님을 안 지 오래되었는데, 늘 애정에 목말라하더군요. 무수한 일에 관심이 있고, 늘 주목과 인정과 지지를 구하셨지요. 이제 진정한 소명을 따르셔야 할 때입니다. 자녀들을 집으로 맞아들이는 아버지가 되라는 소명 말입니다."

그녀는 하나님이 내게 하고 싶어 하시는 말씀을 계속 전했다. "데이브레이크에 있는 우리들과 신부님 주위에 있는 대부분의 사람들은 좋은 친구나 형제가 되어줄 신부님이 필요한 게 아닙니다. 우리는 아버지 같은 인물이 되어줄 신부님이 필요합니다. 긍휼히 여기는 마음으로 진정한 권위를 세울 수 있는 아버지가 필요합니다. 그림 속 아버지를 보세요. 그러면 신부님이 누구로 부름을 받았는지 아시게 될 겁니다."[6]

나는 렘브란트의 그림 속 아버지의 손을 다시 들여다보았다. 두 개의 손이 보였다. 하나는 남자의 손이고 또 하나는 여자의 손이다. 렘브란트는 유대인 신부를 그린 자신의 초기 작품에서 그 여성의 손을 따왔다. 여리고 상냥하고 부드러운 손, 보호하고 돌보는 손이다. 남자의 손은 렘브란트 자신의 손이다. 이 손은 아버지요 지지자요 옹호자요 자유를 주는 자로서 렘브란트 자신을 나타낸다. 두 손은 사랑하고, 붙잡고, 놓아주는 손이다. 장 바니에가 손에 대해 했던 이야기가 생각났다. 그는 상처 입은 새를 부드럽게 안아 들되, 마음 껏 움직이고 언제든 날아갈 수 있도록 활짝 열려 있는 손을 이야기했다. 장 바니에는 우리 주변에 두 개의 손이 필요하다고 믿었다. 한 손은 말한다. "내가 널 안전하게 붙들고 있다. 너를 사랑하는 까닭이다. 나는 절대 네 곁을 떠나지 않는다. 그러니 두려워하지 마라."

다른 한 손은 말한다. "가라, 내 아이야. 가서 네 길을 찾아라. 실수하고 배우고 아파하고 성장해라. 그리하여 네가 되어야 할 사람이 되어라. 두려워하지 마라. 너는 자유다. 그리고 나는 늘 네 가까이에 있다." 이 두 손은 조건 없는 사랑의 손이다.

중요한 시기에 나와 가깝게 지낸 조너스와 네이선, 수 외에도 사는 동안 친한 친구와 이웃, 공동체 식구, 멘토를 많이 만났다. 편안할 때나 힘들 때 살아 있는 이정표로서 하나님의 사랑과 나아갈 방향을 알려준 이들이다.[7] 가족과 친구들 외에 교회가 기억하는 특정 '성인들'에게 특별히 더 친근함을 느끼기도 했다. 이들은 힘든 시기에 신실한 신앙과 역경을 이겨낼 힘에 대해 증언하고 가끔은 길잡이가 되어준 이들이다. 이렇듯 하나님의 사람들은 하나님의 애정 어린 품 안에 나를 견고하고 안전하게 붙들어 나를 현실에 내려놓는다. 더불어 그리스도와 그분의 완전한 교회 안에 내려놓는다. 어떤 사람들은 우리에게 하나님을 가리키는 살아 있는 이정표가 되어주었다. 우리 곁에 살아 있든, 우리 기억 속에 있든, 하나님이 인생길에서 만나게 하신 사람들은 우리에게 길을 안내하고 보여준다.

깊이 있는
◇◇◇◇◇◇◇◇◇◇◇◇◇◇◇
분별 연습

1. 지난 한 주나 한 달을 되돌아보고 다른 이들이 여러분에게 해준 말 중 기억에 남는 말을 떠올려보자. 곁에 있는 사람들에게 들은 말이나 평가나 찬사가 있을 것이다. 생각나는 말을 기록하자. 그리고 그들이 한 말이 여러분의 인생에서 지금 이 시기에 대해 무슨 이야기를 하고 있는 것은 아닌지 생각해보자. 헨리 나우웬은 조너스, 네이션, 수 같은 친구들과 이야기를 나누면서, 자기 내면의 어두움과 거절감, 지지와 애정을 갈구하는 과도한 욕구, 집 없이 떠돌고 있는 것 같은 뿌리 깊은 소외감에 변화가 필요함을 보여주는 분명한 표징을 알아챘다. 표징을 분별하기 위해 꼭 나우웬만큼 북받치는 감정을 느껴야 하는 것은 아니다. 북받치는 감정이 없어도 주변 사람들과 나눈 대화는 지금 이 순간 여러분이 무엇을 위해 부름을 받고 있는지 분별하는 데 도움이 된다.

2. 살면서 마음속에 생기는 의문과 질문을 공유하는 사람을 세 명 정도 찾아보자. 각 사람이 여러분에게 무엇을 제시하는지 설명할 수 있겠는가? 조너스는 나우웬에게 심리학적 통찰을 제시하는 한편, 우정의 비결이 '공감'에 있다는 사실을 깨닫게 해주었다. 네이션은 깊은 평안과 신학적 통찰을 주었고, 수는 아픔을 안고 살면서 긍휼의 마음으로 다른 이들에게 아버지가 되어주라는 선지자적 소명을 제시했다. 여러분의 친구들은

여러분에게 무엇을 되돌아보게 하는가? 세 친구와 각각 두 시간씩 대화를 나누면서 우정이라는 따스한 선물을 나누어보자. 친구들이 하는 이야기에 귀를 기울이자. 여러분이 가는 길에 유용한 이정표를 제시해줄지도 모른다.

3. 네이선과의 우정이 깨졌을 때, 헨리 나우웬은 하나님처럼 자신을 사랑해주지도 자신의 필요를 채워주지도 못한 그를 용서하는 법을 배워야 했다. 그리고 나서야 하나님이 아니면 그 누구도 채워줄 수 없는 불가능한 요구를 내려놓고, 네이선이 줄 수 있는 멋진 선물을 받아들일 수 있었다. 서로에게 우정이라는 멋진 선물을 다시 주고받기 위해 여러분이 용서하고 화해해야 할 사람이 있는가?

분별력

시대의 표적

사회적, 역사적, 결정적 사건들과
다양한 삶의 환경은 보는 눈과 듣는 귀를
지닌 사람들에게 하나님의 뜻과
새로운 창조를 가리키는 표징이 된다.

_헨리 나우웬

많은 사람이 뉴스에 나와서 우리가 지금 종말의 시대를 살고 있다고 선언한다. 두려움이나 걱정은 우리가 보고 듣는 사건을 해석하는 데 영향을 끼친다. 나는 우리가 종말의 시대를 살고 있다고 믿는다. 그러나 이 말은 우리가 "모든 것이 새로 창조되고 있다"는 하나님의 약속 아래 살아가고 있다는 뜻이다. 종말의 시대를 산다는 것은 창조가 곧 끝날 것이라는 의미가 아니다. 예수님이 말씀하신 종말의 모든 표적이 이미 우리 곁에 나타나고 있다는 뜻이다. 전쟁과 난리의 소문, 나라 간의 갈등, 지진, 역병, 기근, 박해 등등(눅 21:9-12 참고). 예수님은 이 세상이 우리가 거할 최종 거처가 아니라는 사실과 '인자'가 우리를 완전히 해방시키실 것이라는 사실을 알리시기 위해, 그때가 언제인지 알리시기 위해 이 세상의 사건들을 언급하신다. "이런 일들이 일어나기 시작하거든, 일어서서 너희의 머리를 들어라. 너희의 구원이 가까워지고 있기 때문이다"(눅 21:28). 그렇다면 우리는 이 시대의 사건들이 인간을 비롯한 모든 피조물을 향하신 하나님의 선하신 목적에 관하여 무엇을 드러내고 있는지 어떻게 알 수 있을까?

토머스 머튼은 '시대의 표적'을 카이로스*kairos*, 즉 영원의 견지에서 보는 질적인 시간으로 보았다. 이때의 시간은 하나님의 뜻을 나타내는 사건과 의미로 가득하다. 시간이라는 주제를 깊이 숙고한 글에서 토머스 머튼은 이렇게 썼다. "성경은 때가 차는 것에 관심이 있다. 그때는 사건이 일어나는 시간이요, 감정을 느끼는 시간이요, 추수하며 추수의 기쁨을 누리는 시간이다."[1] 하나님이 하시는 일을 분별하고 하나님의 궁극적인 계획과 최종 목적을 기억하기 위해 사건을 들여다볼 때 성경은 사건을 해석하는 좋은 길잡이가 된다. 하나님의 궁극적인 계획과 최종 목적은 이 땅에 하나님의 통치가 이루어지고 하나님의 사랑이 결국 승리하는 것이다. 하나님이 일하시는 방식이 우리가 일하는 방식과 늘 같은 것은 아니다. 하나님의 시간표가 우리의 시간표와 늘 같은 것은 아니다. 하나님의 뜻을 분별하려면 시간을 재는 하나님의 방식에 시선을 맞추어야 한다.

시계상의 시간*chronos*은 분, 시간, 날, 주로 나뉘어 있다. 이런 시간 구분이 우리의 삶을 지배한다. 흘러가는 시간 동안 우리에게 일어나는 일들은 동떨어진 사건들과 우연의 연속일 뿐이다. 우리는 이런 사건들을 스스로 감당하려고 애쓴다. 그리고 때로는 이런 사건들이 우리 인생을 지배하는 것 같은 기분에서 벗어나려고 한다. 이 시간을 하나님의 시간으로 바꾸지 않는 한, 우리에게 시간은 짐이 되고 만다.

하나님의 시간*kairos*은 기회, 풍부한 의미, 의도한 목적을 이룰 때가 무르익은 순간과 관련이 있다. 하나님이 역사를 주관하고 계심을 믿는 신앙의 눈으로 시간을 보아야 한다. 그러면 한 해에 일어난 일들이 단순히 행복하거나 불행한 사건들의 연속이 아니라, 우리가 사는 세계와 우리의 삶을 빚으시는 하나님의 손길임을 깨닫게 된다. 괴롭고 힘든 순간이 계속되는 것 같을 때에도, 이 모든 일 가운데 무언가 좋은 일이 일어날 것이라고 믿을 수 있다. 우리는 하나님이 우리의 삶을 통해 어떻게 당신의 목적을 이루어가시는지 어렴풋이나마 알고 있다. 신앙의 눈으로 시간을 볼 때, 시간은 그저 소비하거나 조작하거나 관리해야 할 대상이 아니라 하나님이 우리 안에서 선한 일을 이루시는 무대가 된다. 무슨 일이 일어나든, 그것이 좋은 일이든 나쁜 일이든, 유쾌한 일이든 문제가 있는 일이든, 이렇게 물어야 한다. "이 일을 통해 하나님은 무슨 일을 하시려는 걸까?" 그날그날 일어나는 사건들을 우리 마음을 변화시킬 지속적인 기회로 보아야 한다. 그러면 시간은 시간 그 이상을 가리키고 우리에게 하나님을 이야기하기 시작한다.

'하나님의 시간은 시간을 초월한다.' 카이로스에는 현재의 순간에 과거와 미래의 사건이 모두 담겨 있다. 전과 후, 처음과 나중 같은 단어들은 연대표와 유한한 인생에게나 해당되는 것이다. 하나님은 모든 것이요, 시간의 시작이자 끝이요, 역사의 더 깊은 의미다. 이렇게 폭넓은 시각이 생기면, 아무런 관련이 없어 보이는 사건들이 어떻게 우리를 지금 여기로 데려왔는지 이해하고자 먼저 뒤를 돌아보게 된다. 이스라엘 백성들이 반복하여 역사를 돌아보고 고통스러운 사건들을 통해 예루살렘으로 인도하시는 하나님의 손길을 발견했듯이, 우리도 우리를 세우거나 망친 사건들 속에서 하나님의 임재를 분별하기 위해 멈추게 된다. 과거를 되돌아보고 기억하지 않으면, 망각 속에 버려둔 기억이 불쑥 현재에 끼어들고 우리 인생에 큰 타격을 주는 독립적인 세력이 되고 만다. 과거를 잊는 것은 가장 친밀하게 지내던 우리의 선생이 우리에게 등을 돌리는 것과 같다. 반대로 이스라엘 백성이 그랬던 것처럼 과거를 기억하면, 크로노스*chronos*가 카이로스*kairos*로 바뀌는 그날까지 현재를 온전히 살아낼 수 있고 미래에 대한 희망을 얻을 수 있다.

이러한 시간관은 인내하면서 하나님의 뜻을 분별하는 데 도움이 된다. 인내심이 있으면, 우리에게 주신 하나님의 약속을 붙잡고 매일 일어나는 매사건, 예측했거나 예측하지 못했던 모든 사건을 살펴볼 수 있다. 삶은 속성으로 키울 수 있는 것이 아니니 제 때에 맞춰 자라게 해야 한다고 말하는 자세, 그것이 인내다. 인내는 우리가 만나는 사람들, 그날의 사건들, 우리 시대에 전개되는 역사를 '발전과 최종 해방으로 나아가는 더딘 과정'으로 보게 해준다. 볼 눈과 들을 귀가 있는 사람들에게 중대한 사건, 현재의 사건, 역사적 사건, 삶의 환경 등 특정 '사건'은 하나님의 뜻과 새로운 창조를 가리키는 표징이 될 수 있다. 이것이 어떻게 가능한지 카이로스의 성질을 감안하여 살펴보자.

하나님의 뜻을 드러내는 중대한 사건들

　인생은 하나님의 손에 있다. 갑자기, 예기치 못하게 끝나거나 바뀔 수 있다. 우리가 희망을 잃고 운명에 우리 자신을 맡기려 할 때, 하나님은 우리 삶에 개입하시고 완전히 새롭게 시작하게 하신다. 예수님의 부활은 하나님께서 인간의 온갖 숙명론과 절망을 깨뜨리시는 징표다. 모든 중대한 사건은 하나님께서 창의적으로 행하실 기회가 된다. 우리 눈에 얼핏 보이는 것보다 더 깊이 있는 진리를 드러내실 기회가 된다. 하나님은 우리 인생에 일어난 결정적인 사건들과 희망이 없어 보이는 상황들을 역전시키시고 어둠 속에 빛을 비치실 수 있다.

　라르쉬 데이브레이크를 집으로 삼기 일 년 전쯤, 며칠간 머물기 위해 그곳을 방문했다. 그곳에서 일하는 도우미들과 공동체 식구들을 모두 만났고, 그들과 성체 성사를 함께했다. 내가 그곳에 머물던 시기에 공동체 식구인 레이먼드가 번잡한 거리를 건너다 교통사고를 당했다. 갈빗대 여러 대가 부러지고 한쪽 폐에 구멍이 났다. 나는 두 번 병원을 찾아 레이먼드를 문안했다. 그와 함께 기도하고 우리가 그를 얼마나 사랑하는지 확인시켜주었다. 인공호흡기에 의지한 채 말도 하지 못하는 그를 보는 건 너무나 가슴 아픈 일이었다. 레이먼드는 위독한 상태였다. 죽음이 임박한 것 같았다. 나중에 다시 병원을 찾았을 때 레이먼드는 진정제를 잔뜩 투여받고 정신을 차리지 못했다. 그러나 의료진은 아직 희망이 있다고 했다. 데이브레이크 공동체는 레이먼드를 후원하고 그를 위해 기도하는 데 힘을 모왔다. 다음날 아침 10시경, 레이먼드의 아버지가 전화로 기쁜 소식을 전해왔다. 상태가 호전되고 있다고 했다. 위급한 상황은 넘겼다고 했다. 일정에 맞춰 토론토를 떠나기 전, 레이먼드와 그의 부모님에게 작별 인사를 하러 다시 병원을 찾았다. 그리고 레이먼드의 아버지에게 아들의 이마에 성호를 긋는 방법을 알려주었다. 그로서는 전에 한 번도 해본 적이 없는 일이었다. 성부와 성자와 성령의 이름으로 아들에게 성호를 그으며 아버지는 울음을 터트렸다. 아버지의 축복이 그렇게 아들을 치유하기도 한다.

하나님은 목회적 돌봄이 필요한 이 결정적인 사건을 통해 나와 라르쉬 데이브레이크 공동체에 분명하게 말씀하셨다. 데이브레이크에서 지낸 아흐레 동안, 나는 이 돌봄 공동체에 찾아온 강렬한 기쁨과 슬픔의 진수를 경험했다. 나를 따뜻하게 환대해준 공동체 식구들과 도우미들을 향한 사랑이 날로 깊어졌다. 그들은 내게 아무것도 숨기지 않았다. 자기들이 느끼는 두려움과 사랑을 숨김없이 보여주었다. 공동체의 일원이 된 것에 가슴 깊이 감사했다. 그후 여러 달 동안 그때의 소중한 시간을 돌아보았다. 그러면서 하나님께서 내게 새로운 소명이 무엇이고, 나를 향하신 하나님의 뜻을 이룰 장소가 어디인지, 어렴풋이 보게 해주셨다는 사실을 깨달았다. 하나님은 향후 라르쉬 데이브레이크에서 이루어질 나의 목회 사역을 위하여 씨를 뿌리는 기회로 그 시간을 사용하셨다. 데이브레이크 공동체도 우리가 함께 보낸 시간을 돌아보았다. 그러면서 나를 공동체의 담임 목회자로 부르는 것이 어떨지 확인했다. 일 년 뒤, 양쪽 다 분별의 시간을 갖고 나서, 나는 도우미 겸 담임 목회자 겸 신부로 데이브레이크 공동체에 합류했다.

돌이켜 생각해보면, 인생을 살면서 내게 일어났던 좋은 일들과 중요한 사건들은 대부분 전혀 예기치 못한 것이었다. 그리고 내게 일어날 것으로 생각했던 많은 일이 실제로는 일어나지 않았다. 이 사실을 돌이켜보면, 분명히 알 수 있는 사실이 있다. 나는 내 인생에 일어나는 사건들 속에 하나님이 계신데도 마치 내가 주도권을 쥐고 있는 것처럼 말하고 행동했다. 미래가 내 손 안에 있지 않다면, 더욱 현재를 온전히 살아내면서 지금 있는 자리에서 하나님께 존귀와 영광을 돌려야 한다. 하나님이 모든 만물을 새롭게 하시는 생명의 하나님이심을 믿으면서 말이다. 내년 6월 7일에 여러분이나 내가 어디에 있을지 누가 알겠는가? 그러니 그것을 걱정할 이유가 무엇인가? 하나님이 우리를 깜짝 놀라게 하실 것이다.

토머스 머튼 역시 살면서 접하는 중대한 사건들을 하나님의 뜻을 가리키는 표징으로 보았다. 예를 들어, 1941년에 겟세마네 수도원을 처음 찾은 뒤, 머튼은 일기에 이렇게 썼다. "나는 오직 하나만을 갈망한다. 하나님을 사랑하고… 그분의 뜻을 따르는 것…. 혹시 언젠가 이 수도원에서 수사가 될 수도 있다는 뜻일까?" 나중에 머튼은 이렇게 썼다. "트라피스트 수도회에 관한 생각이 머릿속을 떠나지 않는 이유가 뭘까?" 집요한 생각과 느낌을 돌아보다가 머튼은 그것을 주목해야 할 표징으로 해석했다.[2]

토머스 머튼은 일찍이 글쓰기에 심취해 있었다. 그래서 할렘을 떠나 수도원에 가면 글쓰기를 계속할 수 있을지 고민하며 씨름했다. "아마도 나는 글을 쓰지 못하는 것과 거절당하는 것을 두려워하는 것 같다…. 어쩌면 독립된 삶과 쓰고 싶은 글을 쓰고 가고 싶은 세상에 가볼 가능성에 매달리고 있는지도 모른다." 토머스 머튼은 하나님의 뜻을 분별하기 위해 기도하면서 이런 결론을 내렸다. "하나님께서 내가 글을 쓰길 원하신다면, 어디에서든 쓸 수 있을 거야…. 그러나 수도원에 가는 것은 흥미로운 일이야. 경외감과 갈망으로 나를 가득 채우는 일이야. 계속해서 한 가지 생각으로 돌아오게 돼. '모든 걸 포기해!'" 두 주 후 토머스 머튼은 수사로서의 삶을 살겠노라고 겟세마네 수도원에 보고했다.

대수롭지 않아 보이는 작은 사건들, 생각들, 삶의 정황들이 하나님의 뜻을 분별하고 소명을 찾는 기회가 될 수 있다. 그러므로 삶 안팎에서 일어나는 사건들과 상황들을 대할 때, 우리는 하나님의 성령이 우리의 일상 속에서 일하시는 방식을 더 깊이 이해하도록 안내하는 표징으로 그 사건들과 상황들을 이해하고 해석해야 한다.

곰곰이 생각하면 할수록 더 분명해지는 사실은 우리 힘으로는 우리 안에서 일하시는 하나님의 섭리를 온전히 이해할 수 없다는 것이다. 그러나 우리가 가지고 있는 모든 것이 말할 수 없이 놀라운 무언가를 추측하도록 우리를 안내하는 표징이 된다. "그러나 성경에 기록한 바 '눈으로 보지 못하고 귀로 듣지 못한 것들, 사람의 마음에 떠오르지 않은 것들을, 하나님께서는 자기를 사랑하는 사람들에게 마련해주셨다' 한 것과 같습니다"(고전 2:9). 비록 어두운 유리를 통해 보는 것에 불과할지라도 우리는 무언가를 본다. 그러므로 하나님이 우리를 돌보시고 삶 속에서 일하고 계심을 믿으며, 신앙의 눈과 신뢰의 마음으로 자신의 삶을 살펴야 할 자유와 책임이 우리에게 있다.

세상을 향한 하나님의 메시지가 담긴 현재의 사건들

토머스 머튼은 또한 세상에서 일어나는 현재의 중대한 사건들을 자신뿐만 아니라 세상을 위해 하나님이 주시는 표징으로 해석했다. 예를 들어, 1939년 2차 세계대전이 발발하고 일 년 뒤, 토머스 머튼은 트라피스트 수도회에 들어갔다. 그가 쓴 여러 권의 책과 일기에 명확히 나와 있듯이, 당시 그는 전쟁에 대한 예감과 불길한 전조에 온통 마음을 빼앗기고 있었다. 하나님의 뜻을 분별하는 과정에서 머튼은 자신을 둘러싸고 눈을 뗄 수 없게 만드는 파괴의 위력에 주목했다. 그리고 그것을 이 세상에서 무엇이 되려 하지 말고 자발적으로 속세를 떠나라는 초대로 이해했다. 더 많은 땅을 차지하고 더 많은 물자를 손에 넣으려는 국가의 열망이 그에게는 남은 생애 동안 소유를 버리고 벌거숭이가 되라는 부르심이 되었다. 세상을 분열시키는 무분별한 폭력이 그에게는 비폭력의 길을 따르고 결과를 받아들이라는 호소가 되었다. 1940년 6월 16일, 토머스 머튼은 일기에 이렇게 썼다.

다른 사람들처럼 전쟁을 이해하는 척하지 않아도, 이만큼은 안다. 바깥 소식에 대한 지식은 스스로 가난해지려는 자와 지금 당장 모든 소유를 버리려는 자를 아주 중요해 보이게 만든다. 이따금, 무언가를 소유하는

분별력

것이 무섭다. 동전은커녕 이름조차 갖는 것이 무섭다. 기름과 군수품과 비행기 공장에 내 몫의 지분이 있다고 생각하면 겁이 난다. 무언가에 소유주 지분을 갖는 것이 무섭다. 소유물에 대한 나의 애착이 어딘가에서 누군가를 죽일지도 모른다는 두려움에 겁이 난다.[3]

토머스 머튼은 자발적 가난이 폭력을 예방할 뿐 아니라 위험 속에서 평화를 위해 일하게 한다고 보았다. 초탈과 퇴거 역시 폭력적인 세상을 두려움 없이 견딜 유일무이한 기회를 준다고 생각했다.《게슈타포와의 논쟁*My Argument with the Gestapo*》에 그는 이렇게 썼다.

지금 내가 위험에 처한 것을 안다. 허나, 어떻게 위험을 두려워할 수 있겠는가? 내가 아무것도 아니라는 사실을 기억한다면, 그 위험이 내게서 빼앗을 수 있는 건 아무것도 없다는 것을 알 터이니 말이다…. 그렇다, 내가 두려운 이유는 내가 아무것도 아니라는 사실을 잊었기 때문이다. 내게는 내 것이라고 부를 것이 아무것도 없고 그래서 잃어버릴 것도 없으며, 결국 살아남을 것은 내 뜻이 아니라 오로지 하나님의 뜻임을 기억한다면, 제아무리 많은 거짓 두려움이 몰려와도 두려워하지 않을 것이다.[4]

토머스 머튼이 평화와 비폭력에 관한 가장 중요한 작가이자 초연함과 케노시스*kenosis*, 자기 비움이 현대인에게 무엇을 의미하는지 끊임없이 질문하는 인물로 평가받는 것은 전혀 놀랄 일이 아니다. 그에게는 거대한 사건의 소용돌이 속에서 그 사건이 '시대의 표적'

으로 세상에 던지는 불길한 메시지는 물론이고, 하나님의 뜻과 자신의 소명을 분별하는 능력이 있었기 때문이다.

토머스 머튼에게 초연함은 자신에게 주어진 책임을 회피하는 것을 의미하지 않는다. 오히려 이 세상에서 악의 한복판으로 두려움 없이 나아가되, 악에 의해 파괴되지 않는 급진적인 태도를 의미한다. 우리가 악과의 어떠한 타협도 거부함으로써 자신의 생명을 포함하여 그 무엇도 나의 것이 아니라고 주장하면, 전쟁과 폭력의 근거로 내세우는 거짓 논리와 인간의 통제력 착각을 밝히 드러낼 수 있다. 그러므로 자기를 비운 사람이야말로 이 세상을 바꾸는 진정한 혁명가다. 우리는 지금 소비지상주의와 군국주의가 만연한 시대를 살고 있다. 이러한 시대에 어떻게 우리의 모든 필요와 욕구로부터 초연해질 수 있을까? 이 세상과 우리 가까이에 있는 공동체 안에서, 그리고 그 공동체를 위해서 어떻게 평화를 찾을 수 있을까?

토머스 머튼은 수백만 명이 이 세상에서 같은 사건이나 일련의 중대한 사건을 경험할 때, 그것은 시대의 표적을 분별할 '기회'가 된다고 말했다. 이들 사건에 담긴 메시지는 비단 개개인만을 위한 메시지가 아니라 신앙 공동체와 이 세상을 위한 메시지다. 토머스 머튼이 살던 시대에 일어난 중대한 사건들은 무엇에 대한 표징이었을까? 여러 해 트라피스트회 수도원에서 지내면서 토머스 머튼은 35권이 넘는 책과 수많은 편지와 일기를 썼다. 저술의 양이 엄청난 것을 감안할 때, 그 시대에 일어난 구체적인 일과 사건에 대한 논평에 나타난 놀라운 능력과 통찰은 분명 침묵과 분별의 소산이리라. 그렇다면 그는 어떻게 시대의 표적을 읽고 하나님이 이 세상에 말

씀하시려는 바와 행하시려는 바를 분별했을까?⁵

《토머스 머튼의 단상: 통회하는 한 방관자의 생각*Conjectures of a Guilty Bystander*》에서 토머스 머튼은 1960년대와 그 시대에 일어난 충격적이고 떠들썩했던 사건들을 꿰뚫는 자신만의 시각을 보여준다. 맹렬한 기세로 인종 분쟁이 발발했을 때, 미국인들이 베트남 전쟁에 양심의 가책을 느꼈을 때, 빈곤이 국가적인 악몽이 되었을 때, 토머스 머튼은 어둠 속에서 빛을 찾고 시대의 혼란 속에서 명쾌한 통찰을 찾던 사람들이 기꺼이 귀를 기울이는 목소리였다.

1960년부터 1968년까지, 토머스 머튼은 버밍엄에서 일어난 아동 살해와 미시시피 주에서 시민권 투쟁을 벌이는 노동자들에 관한 뉴스를 유심히 지켜보았다. 또 앨라배마 주 셀마에서 목회자들이 피살되고, 남부 지역에서 여러 교회가 불에 타고, 와츠와 뉴어크, 시카고, 클리블랜드에서 폭동이 일어나는 모습을 지켜보았다. 셀마에서 몽고메리까지 이어진 대행진과 워싱턴 행진, 그리고 그곳에서 마틴 루터 킹Martin Luther King Jr.이 자신의 꿈을 선포하는 일련의 일들에 귀를 기울였다. 서로 맞물리며 연달아 일어난 일련의 일들은 거대한 땅 미국의 결속을 끊는 중대한 '사건'이었다. 토머스 머튼은 이러한 소식을 외면하거나 일련의 뉴스가 전하는 공포를 누그러뜨리려고 애쓰지 않았다. 가장 심한 격동의 시기에 개인의 삶과 사회 문화 속에서 일하시는 하나님의 능력을 어렴풋이나마 보기 위해 날것의 실상 너머를 보려고 애썼다.

1963년에는 미국 대통령이 암살당했다. 1964-1965년에는 흑인 지도자들이 저격수들에게 살해당했다. 마틴 루터 킹이라는 인물이 희망의 표징으로 떠올랐고, 수천 명이 그와 함께 비폭력 시위행진에 동참했다. 그러나 마틴 루터 킹은 1968년에 암살당해 애틀랜타에 묻혔고, 적극적인 비폭력 시위라는 대안 역시 그와 함께 땅에 묻히는 것 같았다.[6] 뜨거웠던 1968년 여름은 디트로이트와 시카고에서 화염과 함께 시작되었다. 혼란의 공포는 갈수록 커졌다. 1968년 6월에는 희망의 끈을 붙잡고 있게 해주던 백인 지도자 로버트 케네디Robert Kennedy마저 암살당했다. 살인, 증오, 무법 상태, 혼란, 자포자기, 절망, 두려움, 불안, 이 모든 것이 그 시대의 표적이었다. 미국은 절름발이가 되어 더러는 끝을, 더러는 회복의 때를 기다리고 있었다.

토머스 머튼은 인권 운동에 앞장서고, 평화 운동에 동참하고, 거리 시위에 적극 참여하기 위해 겟세마네 동산을 떠나라는 부르심은 받지 못했다. 경멸스럽다는 듯 세상에 등을 돌리지도 않았다. 수사로서 그가 할 일은 기도하고 분별하는 것, '착각의 가면을 벗기는' 것이었다. 우선은 자신의 착각을 깨뜨리고, 다음에는 사회 체제의 착각을 깨뜨려야 했다.[7]

토머스 머튼에게 1960년대의 화재와 죽음, 폭동은 카이로스를 가리켰다. 나라를 바로 세우기 위해 다수 집단의 문화가 자신들의 죄를 자백하고 그 시대의 경제 및 권력 구조에 깊이 박혀 있는 압제를 몰아낼 역사적 기회였다. 《명상의 씨*Seeds of Contemplation*》에서 토머스 머튼은 이렇게 썼다. "흑인이… 백인에게 '구원의 메시지'를 주는 것도 아이러니하지만, 자만심과 자부심으로 눈이 먼 백인은 그 메시지를 무시함으로써 스스로 자초한 위험을 인식하지도 못한다."[8]

카이로스는 그 기회가 옳다는 것을 의미한다. 카이로스는 알맞은 때, 현실의 순간, 중대한 사건, 삶의 기회다. 우리의 시간이 카이로스가 될 때, 시간은 끝이 없는 새로운 가능성을 열어주고 마음을 변화시킬 끊임없는 기회를 제공한다. 삶에 일어나는 사건들은 되돌릴 수 없는 숙명이 아니다. 그 사건들 안에는 변화의 순간이 될 가능성이 내포되어 있다. 심지어 전쟁과 기근과 홍수, 폭력과 살인처럼 음울한 사건들도 예외가 아니다. 그날 혹은 그 주 혹은 그해에 일어난 많은 사건을 충만한 삶을 방해하는 '방해거리'가 아니라 충만한 삶으로 '나아가는 길'로 보는 것이야말로 진정한 회심이다.

하나님께서 우리 인생과 이 세상에서 벌어지는 사건들을 통해 어떻게 말씀하시는지 아직 못다 한 이야기가 많이 있다. 아마 여러분에게도 분별해야 할 하나님의 메시지가 있을 것이다. 나는 이번 부部에서 나의 경험과 토머스 머튼의 삶을 예로 들어 책과 자연, 사람들과 중대한 사건들이 어떻게 인생길을 안내하는 이정표가 될 수 있는지 보여주려고 노력했다. 책과 자연, 사람들과 중대한 사건들이 우리에게 주어진 소명을 자세히 설명해주지는 않지만, 소명을 드러내는 역할을 한다. 하나님의 뜻을 완벽하고 분명하게 보여주지는 않지만, 분별에 필요한 맥락을 마련해준다. 표징이자 이정표로서 책과 자연, 사람들과 중대한 사건들은 일상생활에 지침을 제공하고, 개인의 의사결정을 유도하고, 행동을 지지하고, 희미하게 보이는 새로운 방향을 확인해준다.

살면서 부딪히는 급박한 문제들을 해결해줄 명확한 대답을 찾는 경우, 처음에는 조금 실망스러울 수도 있다. 하지만 우리는 이제 겨우 책의 제목을 접했을 뿐이다. 이제 겨우 자연에 대한 경험, 사람들의 이름, 무작위로 보이는 일련의 사건을 접했을 뿐이다. 분별의 교리를 구성하기에 그것들은 너무나 빈약하고 하찮아 보인다. 하나님은 단번에 완전히 파악되지도 않거니와 결코 제목과 이름, 자연, 사건 체계에 포함되지도 않으신다. 그러나 하나님은 우리가 어렴풋이 알아챌 수 있도록 자신을 드러내신다! 그러므로 우리는 하나님께 기도하고 침묵 속에서 하나님을 찾을 때 도중에 드는 소소한 생각과 만남, 사건, 징후, 경이로운 일들 속에 함께 계신 하나님을 알아보는 법을 배워야 한다.

깊이 있는
◇◇◇◇◇◇◇◇◇◇◇◇◇◇◇◇◇◇◇◇◇◇◇◇
분별 연습

1. 종이 한 장을 준비하고 페이지 맨 아래 부분에 자신의 출생을 나타낼 주춧돌을 그려보자. 돌에 자신의 생년월일과 상황을 적으라. 그런 다음 인생의 중요한 사건들을 나타낼 다른 돌들을 추가하면서 주춧돌 위에 돌을 쌓으라. 슬픔에 빠지게 했던 사건들이나 실패했던 일들은 물론이고 기쁨을 주었던 사건들을 자유롭게 추가하라. 이 부분을 끝마치면, 우리 시대에 일어났던 일들 중 사회적으로나 문화적으로 중요한 사건들에 대해서도 똑같이 해보자. 정치적 변화, 전쟁, 중요한 자연 현상 등등. 작업이 끝나면, 전체 그림을 살펴보고 다음 질문을 곰곰이 생각해보자. "하나님께서는 내 인생과 이 세상에 무엇을 행하고 계신 걸까?"

2. 일기를 쓰고, 중대한 사건들을 통해 하나님이 여러분에게 어떻게 말씀하셨는지 소그룹과 함께 나눠보자. 위에서 돌을 그리고 적었던 사건들 중에서 여러분에게 어떤 메시지를 드러낸 사건을 나누어도 좋다. 다른 사람들의 이야기를 귀 기울여 들은 뒤에는 하나님께서 우리의 삶 속에서 일하시는 방식에 관하여 배우거나 깨달은 것을 돌아보고 함께 나눠보자.

3

소명과 임재,
정체성과 때 분별하기

07

부르심을 확인하라:
소명 분별하기

살면서 무얼 하고 싶은지 내 삶에 이야기하기 전에,
내가 누구인지 삶이 내게 하는 이야기를 먼저 들어야 한다.
_파커 파머

하나님은 무얼 하라고 나를 부르고 계신 걸까? 하나님은 어디로 가라고 나를 부르고 계신 걸까? 나는 어디에 속한 걸까? 살아오는 동안 끊임없이 반복된 이런 질문이 여러 번 기도 제목으로 되돌아오곤 했다.

처음부터 두 개의 목소리가 내게 말을 걸어왔다. 하나는 이렇게 말한다. "헨리, 혼자 힘으로 해내야 한다는 사실을 명심해. 독립적인 사람이 되어야 해. 자랑스러운 사람이 되어야 한다는 걸 명심해." 또 하나는 이렇게 말한다. "헨리, 네가 무얼 하려고 하든, 세상 사람들 눈에 흥미로워 보이는 일은 아무것도 하지 않는데도, 예수님의 마음 가까이 있어야 한다는 사실을 명심해. 하나님의 사랑 가까이 있어야 한다는 사실을 잊지 마."

정도의 차이는 있겠지만, 누구나 이런 음성을 듣는다. 한 목소리는 말한다. "삶에서 뭔가를 이뤄내자. 좋은 직업을 찾아." 또 한 목소리는 말한다. "소명에서 멀어지면 안 된다는 걸 명심해." 두 목소리가 싸우며 긴장감이 조성된다.

처음에는 신부 겸 심리학자처럼 겸兼 자가 붙은 신부가 되어 이 문제를 해결하려고 애썼다. 사람들이 "주변에 신부님이 있다니, 진짜 싫어요"라고 말하면, "아 네, 저는 심리학자입니다. 이 세상에 속한 것을 다루죠. 그러니 비웃지 마세요"라고 대답하면 되었다. 나는

163

이 두 목소리를 모두 충족시키려고 아주 열심히 노력했다. 하나는 교계와 학계에서 성공하기 위해 위로 올라가라고 부르는 목소리였고, 또 하나는 가난하고 상처 입기 쉬운 사람들과 연대하기 위해 아래로 내려가라는 목소리였다.

젊은 시절에는 공부로, 다음에는 가르치는 일로, 그다음에는 유명해지는 것으로 아버지와 어머니를 기쁘게 했다. 노트르담 대학과 예일 대학, 하버드 대학에서 학생들을 가르치며 두 분을 기쁘게 해 드렸다. 그렇게 하자 많은 사람이 기뻐했고 나 역시 기뻤다. 그러나 위로 올라가다 어디쯤에선가 내가 여전히 소명을 붙들고 있는지 궁금해졌다. 수천 명 앞에서 겸손에 관해 이야기하는 나를 보고 그 부분이 신경 쓰이기 시작했다. 동시에 사람들이 나를 어떻게 생각하는지 궁금해졌다.

마음이 편하지 않았다. 사실은 외로웠다. 내가 어디에 속해 있는지 알지 못했다. 강단에서는 꽤 괜찮은 교수였다. 하지만 내 마음 상태까지 항상 괜찮지는 않았다. 내 직업이 내 소명을 따라가는 길에서 얻은 것이 아닐지도 모른다는 의심이 들었다. 그래서 기도하기 시작했다. "주 예수님, 제가 어디로 가기를 원하시는지 알려주십시오. 주님을 따르겠습니다. 그러니, 부디 명확히 알려주십시오." 이 기도를 여러 번 되풀이했다. 인생의 계절이 바뀔 때마다, 하나님이 나를 새로운 사역지로 부르고 계신다고 느낄 때마다, 여러 번 이 기도로 다시 돌아왔다.

"하나님은 내게 무엇을 원하실까?"라는 질문은 마지막으로 딱 한 번 던진 질문이 아니다. 사는 내내 묻고 또 물었던 질문이다. 직장을 잡아야 할까, 아니면 학교로 돌아가야 할까? 서품을 받아야 할까, 아니면 평신도 사역을 해야 할까? 가르쳐야 할까, 아니면 설교해야 할까? 다른 나라에서 일해야 할까, 아니면 집에서 더 가까운 곳에서 일해야 할까? 결혼해야 할까, 아니면 독신으로 살아야 할까? 가정을 가져야 할까, 아니면 공동체에 들어가야 할까? 하나님의 뜻과 하나님이 가리키시는 방향에 헌신하는 삶은 다양한 양상으로 펼쳐진다.

　다른 사람들이 내게 이런 질문을 할 때는 이렇게 대답했다. "하나님께서는 형제님(자매님)에게 맡기실 아주 특별한 역할을 생각하고 계십니다. 하나님은 형제님이 하나님의 마음 가까이 있기를 원하십니다. 그래서 하나님께서 형제님을 인도하실 수 있기를 바라십니다. 이 사실을 기억할 때 형제님은 본인이 무엇을 하도록 부름을 받았는지 알게 될 겁니다." 이 이야기는 내가 확신 가운데 나에게 하는 말이기도 했다. 새로운 소명은 약속으로 충만하다. 매우 중요한 무언가가 우리에게 다가오고 있다. 찾아내야 할 숨은 보물이 있다.

모든 사람은 성직으로 부름을 받았다

　우리 각 사람에게는 살면서 이루어야 할 사명이 있다. 예수님은 제자들을 위해 하나님 아버지께 이렇게 기도하셨다. "아버지께서 나를 세상에 보내신 것과 같이, 나도 그들을 세상으로 보냈습니다"(요 17:18). 우리는 하나님이 주신 과업을 이루도록 보냄을 받았다는 사실을 좀처럼 제대로 깨닫지 못한다. 마치 어디에서, 어떻게, 누구와 함께 살지, 우리가 선택해야 하는 것처럼 행동한다. 피조세계와 동떨어진 존재인 것처럼, 마치 죽을 때까지 어떻게 하면 내가 즐거울지 그것만 정하면 되는 것처럼 행동한다. 그러나 하나님은 예수님을 세상에 보내신 것처럼 우리를 세상에 보내셨다. 이런 확신을 마음에 품으면, 우리가 무엇을 하도록 보냄을 받았는지 곧 알게 된다. 그 과업은 아주 특별할 수도 있고, 일상에서 서로를 사랑하며 사는 것처럼 지극히 일반적일 수도 있다.

복음서는 예수님을 따랐던 요한의 또 다른 제자와 안드레에 관한 이야기를 들려준다. 예수님은 말씀하셨다. "너희는 무엇을 찾고 있느냐?" 그러자 그들이 대답했다. "랍비님, 어디에 묵고 계십니까?" 예수님은 그들에게 "와서 보아라"라고 말씀하셨다. 그러자 그들은 예수님을 따라가서 그분과 함께 지냈다. 나중에 안드레는 자기가 보고 들은 것을 자기 형 시몬과 나누었다. 그리하여 시몬도 예수님께 나아왔다(요 1:38-42). 이 이야기에는 하나님이 우리를 어떻게 부르시는지를 분별할 때 깊이 생각해야 할 중요한 동사 세 개가 나온다. 바로 '찾다', '지내다', '나누다'이다. 하나님을 찾고 그분과 함께 지내고 우리가 본 것을 다른 이들과 나눌 때, 우리는 예수님이 우리를 부르시는 독특한 방식을 알게 된다.

1974년, 제네시 수도원에서 가장 오래 머물렀던 시기에 알래스카에 건설 중인 새로운 송유관에 관한 기사를 읽었다. 알래스카 주는 오일러시oil rush의 땅이 되었고, 그 영향은 19세기 골드러시 때 경험했던 것과 같았다. 알래스카는 온갖 모험의 복합체가 되었다.

일확천금을 노리고 외지 사람들이 찾아들었다. 새로운 술집이 들어서고 신종 범죄가 기승을 부렸다. 알래스카에서 꽤 오래 산 포주들 사이에서 총격전도 벌어졌다. 그들은 거칠었으나 외로웠고, 아마도 영적으로 상당히 결핍되어 있었을 것이다. 나는 알래스카를 돌아다니면서 에큐메니컬 캠프 미션Ecumenical Camp Mission 같은 사역을 하는 내 모습을 상상했다. 막사 안에서 설교하고 예배를 집전하는 모습을 머릿속에 그려보았다. 모닥불 주변과 선술집에서 노동자들과 장시간 이야기를 나누는 모습도 떠올려보았다. 피레네에 댐을 건설하던 사람들과 동독 출신의 가톨릭 망명자들에게 피난처를 제공하기 위해 서독으로 향하는 '채플 트럭' 운전수들을 상대로 설교하던 젊은 시절이 생각났다. 아주 오래된 지난날의 기억이었지만, 그리 오래지 않은, 얼마 전의 일 같았다.

광야에서 목회하는 것에 마음이 끌리긴 했지만, 하나님이 페어뱅크스에서 신부가 되라고 나를 부르고 계신지 어떻게 알겠는가? 토머스 머튼은 은둔자로 살기 위해 알래스카에 가는 것을 고민했다. 그것은 1968년에 순례자로서 인도를 여행하는 동안 공상했던 일 중 하나였다. 가끔은 하나님의 부르심이 우리의 상상 속에 씨를 뿌리기도 한다. 상상이 집요하게 계속되면, 그것이 계속 추구해야 할 소명인지, 아니면 단순히 머리를 식히려는 뇌 활동에 불과한지 분별하기 위해 다른 사람의 도움을 받아야 한다. 알래스카에 가고 싶어 하는 나의 갈망은 후자로 드러났다. 내 소명이 다른 곳에 있다는 사실을 이해하는 데는 친구들과 나눈 대화가 도움이 되었다. 나는 학생들을 가르치러 학교로 돌아갔고, 수년간 많은 결실을 맺었다.

라틴아메리카에서 가난한 사람들과
함께 살며 일하라는 부르심

예일 대학교 신학대학원에서 영성신학을 가르친 지 10년이 지났을 무렵이었다. 아주 오랫동안 나를 괴롭혔던 질문에 직접 부딪혀 볼 마음이 생겼다. 라틴아메리카에 사는 가난한 사람들에게 이토록 마음이 끌리는 이유가 뭘까? 알래스카 사역에 대한 생각은 오래지 않아 머릿속에서 사라졌지만, 라틴아메리카에서 살고 싶은 마음은 그렇지 않았다. 어떻게든 스페인어를 배워야 한다는 강한 확신과 충동이 한 번도 마음속에서 떠난 적이 없다고 감히 말할 수 있다. 왜 이런 확신이 드는지는 나에게도 다른 누구에게도 제대로 설명하지 못했다. '도대체 왜? 몰라. 죽기 전에 그 이유를 알게 되면 좋겠어. 이런 기이한 열정에는 필시 어떤 의미가 있을 거야!'

페루 메리놀회 공동체에 관한 기사를 읽었다. 어디선가 본 것 같은 기시감이 강하게 드는 글이었다. 폴 블루스테인Paul Blustein 기자는 피터 루게레Peter Ruggere 신부와 영양실조에 걸린 여자아이의 만남을 이렇게 묘사했다. "그 아이가 다섯 살을 넘기지 못할 것이라는 사실은 거의 확실했다. 신부가 아이를 팔에 안고 스페인어로 까르륵 소리를 내며 애정을 표현할 때, 아이는 웃지도 울지도 않고 흐릿한 갈색 눈동자로 멍하니 바라보기만 했다." 기사를 읽으면서 또다시 페루에 마음이 끌렸다. 기자가 전하는 이야기가 리마에 사는 나의 미래의 이웃들 이야기라는 생각이 들었다. 하나님이 페루에서 무슨 일을 하고 계신지 직접 가서 봐야 한다는 생각이 들었다. 하나님이 그곳에 내가 섬길 장소를 마련해두고 계신지 가서 찾아봐야 한다는 생각이 들었다.

소명을 둘러싼 질문들과 오랜 시간 씨름한 끝에 결국 예일 대학교를 떠났다. 새로운 부르심을 확인하기 위해, 오랫동안 많은 칭찬과 지지를 받은 곳을 떠나기로 했다. 뉴욕 북부 제네시 수도원에서 생활하는 트라피스트회 신부들을 방문했다. 그리고 라틴아메리카에 가서 사는 것이 정말 나의 소명이 맞는지 조금 더 체계적으로 분별할 채비를 했다. 완전히 새로운 사역과 소명을 고대하기 전에 먼저 손에 쥐고 있는 것을 놓고 과거에 작별을 고해야 했다. 역설적인 것 같지만, 예일 대학교에서 만난 예전 학생들과 동료들이 내게 보여준 우정, 그리고 그들과 사적으로 나눈 깊이 있는 대화를 통해 사명감이 강해졌다. 페루에 가는 것은 단지 그것이 괜찮은 생각이어서가 아니라 나를 사랑하는 사람들, 애정과 기도로 내가 가는 길을 후원해주는 사람들 때문이라는 생각이 들었다. 내가 정말 사랑받고 있다는 사실을 깨달으면 깨달을수록, 페루로 떠나기로 한 결정에 마음이 편해졌고 동기를 둘러싼 내면의 갈등이 잠잠해졌다.

1972년에 볼리비아에서 만난 친구 존 베시가 브루클린에서 뉴헤이븐으로 와서 짐 싸는 일을 도왔다. 베시는 볼리비아에 다시 가서 언어 연수를 받고 페루 메리놀회에 들어갈 생각이라는 내 이야기에 열렬하게 반응했다. 이 모든 길을 하나님이 인도하고 계신다는 느낌이 강하게 든다고 했다. 우리 두 사람의 우정과 베시에 대한 신뢰를 바탕으로 나는 페루에 가는 것이 좋은 생각이라고 더더욱 확신했다. 가끔은 가야 할 것 같은 곳에 직접 가서 그곳에서 살아보는

07 부르심을 확인하라: 소명 분별하기

것도 여러분이 부름을 받은 곳이 어디인지 확인하는 길이다. 그러면 하나님이 여러분에게 원하시는 곳이 그곳인지 곧 알게 된다.

1981년 10월, 나는 메리놀회를 알아보러 페루 리마로 향했다. 그리고 석 달간의 언어 연수를 통해 스페인어 실력을 키우기 위해 페루 리마에서 볼리비아 코차밤바로 이동했다. 6개월에 걸친 분별의 여정에 내 마음에 생기는 느낌과 감동, 생각과 만남을 기록하고 질서를 잡기 위해 이 기간에 꾸준히 일기를 썼다.[1] 그러나 무엇보다도 다음 질문에 대한 답을 찾으려고 애썼다. "앞으로 라틴아메리카에서 살면서 일하라고 하나님이 나를 부르고 계신가?"

페루에 들어선 순간부터 그 나라에 깊은 애정이 생겼다. 분주한 거리를 걸으며 남자와 여자, 아이들을 보면서 집에 온 것 같은 이상한 기분이 들었다. "여기가 내가 속한 곳이야. 이곳이 내가 있어야 할 곳이야. 여기가 내 집이야." 내게는 그날이 위로와 위안을 받은 날이었고, 페루에 가기로 한 결심을 다시금 확인한 날이었다. 다른 라틴아메리카 국가들과 마찬가지로, 페루는 당당한 부와 치욕스러운 빈곤, 화려한 꽃과 먼지 나는 길, 정다운 사람들과 잔인한 고문, 웃는 아이들과 목숨을 빼앗는 군인들을 한꺼번에 보여준다. 우리는 바로 이곳에서, 역설과 슬픔 한가운데서 몸부림치며 하나님의 보물을 찾는다.

예일 대학에 있는 동안 나는 4세기 이집트 사막 교부들의 지혜에 관해 가르쳤는데, 페루의 상황에서 사막 교부들의 격언은 비범한 힘을 발휘했다. 그중에 이런 이야기가 있다. 어느 날 아바 아르세니우스Abba Arsenius가 나이 든 이집트 남자에게 무슨 생각을 하느냐고 물었다. 누군가 그 말을 듣고 말했다. "수도사 아르세니우스, 그리스어와 라틴어에 해박한 지식이 있는 당신 같은 사람이 왜 이 사람 같은 농부에게 생각을 묻는 겁니까?" 아르세니우스가 대답했다. "라틴어와 그리스어에 관해서는 배웠지만, 이 농부에 관해서는 알파벳도 배우지 못했거든요."

가난한 사람들의 목사로 부름 받은 목회 사역자의 첫 번째 과업은 농부의 알파벳을 배우는 것이다. 페루 농부들에게는 다른 이들과 나눌 엄청난 보물이 있다. 그들은 자기들에게 귀 기울이고 배우고자 하는 자들과 그 보물을 나눈다.

다른 나라에 가서 가난한 사람들을 섬기도록 부름을 받은 사람들은 복된 소식을 알고 싶어 하는 사람들의 가슴에 숨겨진 신성한 보물을 찾아내려고 애쓰는 사람들이다. 이것이 내가 라틴아메리카에서 얻은 교훈이다. 그들은 언제나 함께 살고 일하는 사람들 틈에서 반짝이는 하나님의 아름다움과 진리를 보기를 고대한다. 우리 안에 계신 하나님의 성령은 이 세상에 계신 하나님을 알아본다. 사실, 다른 사람들 안에 계신 하나님을 알아보려면, 이웃을 하나님의 전령으로 받아들일 줄 아는 영적 감수성이 필요하다. 그러므로 가난한 사람들에게 가는 것은 주님께 가는 것이다. 나는 수년간 페루에서 하나님을 보고 하나님을 섬길 수 있을지 확인해야 했다.

내가 정말로 가난한 사람들과 함께 살 수 있을까? 이것이 내게는 중요한 질문이었다. 일 년이 조금 안 되는 기간 동안 나는 라틴아메리카에서 가난한 사람들과 함께 살았고 얼마간 그들과 고락을 함께했다. 그러나 나는 가난과 거리가 멀었다. 좋은 음식을 먹고 싶어 하고, 책을 읽고 산책하는 시간을 갖고 싶어 했다. 따뜻한 물에 샤워하고 싶었다. 가끔은 늦잠을 자고 싶고, 하루쯤 일을 제치고 쉬고 싶고, 여행도 하고 싶었다. 그래서 가난한 사람들과 함께 살아도 가난해지기가 어려웠다. 어떤 이들은 가난한 사람들 속에서 목회하려면 그 사람들과 다른 게 없어야 한다고 생각한다. 그런가 하면 또 어떤 이들은 그런 연대는 현실적이지도 않거니와 진짜도 아니라고 말한다. 라틴아메리카에서의 목회 경험으로 깨달은 것이 있다. 이따금 이 모든 것에서 벗어날 기회가 있지 않으면, 나는 육체적으로도 정신적으로도 영적으로도 살아남을 수 없다는 사실이다. 빨래며 요리며 글쓰기며 청소며, 전에 미국에 있는 아파트에서 살 때는 거의 신경 쓸 필요도 없었던 삶의 기능들이 페루에 있는 공동체의 집에서는 시간이 많이 걸리고 복잡한 일이었다. 바람은 모든 것을 두터운 먼지로 덮었다. 물은 끓여야만 마실 수 있었다. 항상 들락거리는 아이들 때문에 나만의 시간이 거의 없었다. 수천 가지의 시끄러운 소음에 침묵은 손에 잡히지 않는 꿈이 되었다. 그곳에서 사는 것이 좋았고 찢어지게 가난한 사람들과 사랑에 빠졌지만, 나와 더 비슷한 사람들과 함께할 기회가 생길 때면 잠시나마 거기서 벗어날 수 있어서 기쁘기도 했다.

가난한 사람들 틈에서 일하며 그들과 어울려 살라는 부르심을 완수하려면 약간의 현실주의가 필요하다. 자신이 살아온 역사와 한계를 받아들여야 한다. 예수님은 가난한 자들을 도우려고 애쓰는 사람들이 복이 있다고 하지 않으시고 "가난한 사람은 복이 있다"라고 말씀하셨다는 사실을 상기해야 한다. 그와 동시에 그리스도의 길은 자기 비움의 길이라는 것을 받아들이고, 복음의 부름을 사회적 지위가 낮아지는 쪽으로 이동하라는 부름으로 받아들여야 한다. 여러분의 구체적인 상황에서 이것이 무엇을 의미하는지는 아마 평생 묻고 또 물어야 할 것이다.

라틴아메리카에 도착했다고 소명에 관한 질문에 답하기가 더 쉬워진 것은 아니었다. 가난한 사람들 틈에서 일하고 그들과 어울려 사는 것에 마음이 깊이 끌린 날도 있었다. 그러나 언어와 문화, 매일의 몸부림, 목회 사역의 성격상 편안함은 거의 상상할 수 없을 정도로 끝없이 이어지는 일거리에 짓눌려서 어쩔 줄 몰라 하는 날도 있었다. 불과 몇 시간 사이에 내 감정은 한없는 열의와 깊은 자기회의 사이를 오갔다. 있어야 할지 떠나야 할지, 내가 계획한 것과 계획하지 않은 것에 관하여 최대한 많은 사람과 이야기를 나누는 것으로 이 어려움을 해결했다.

의사 결정을 하기 전에 내 안에서 자연스럽게 결정이 이루어질 수 있도록 시간을 더 가졌다. 그것은 점진적인 분별의 과정이었다. 마음이 편해지고 하나님과 그곳 사람들에게 소명을 느낄 때, 내가 무엇을 해야 할지 알게 될 것이라고 믿었다. 좀 더 의도적으로 하나님의 임재를 찾아다니고 빛을 비춰달라고 좀 더 직접적으로 기도해야 했다.

1982년 3월 26일은 내게 무척 중요한 날이었다. 리마 주의 한 지역인 카하 데 아구아에서 목회자로 섬기고 있는 룩셈부르크 출신의 마티아스 지베날러Matias Siebenaller 신부를 다시 만났다. 우리는 아침에 꼬박 세 시간 동안 이야기를 나눴다! 마음속에서 여러 개의 퍼즐 조각이 맞춰지는 것 같았다. 그는 나를 지지하는 태도로 따뜻한 마음을 담아 구체적인 제안을 했고, 부름을 받는다는 것이 이런 것이구나 하고 진정으로 알게 해주었다. 나는 완전한 환대, 공동 사역, 묵상, 지역 활동을 실천하는 작은 공동체를 만들고 싶었다. 그런 내게 그는 자신의 교구에 와서 그런 구상을 한번 시험해보라고 제안했다.

그만큼 오래 있었으면 페루에 남아야 할지 떠나야 할지 마음을 굳히기에 충분할 텐데 그러지 못하는 것을 마티아스도 이상하게 생각했다. 열렬히 기도하며 탐색하는 시간을 또다시 가질 필요가 없었다. 절대적 확신을 얻는 것은 가능하지도 않거니와 결정에는 늘 위험이 따르게 마련이다. 그럼에도 나는 마음을 정할 수 있을 만큼 충분한 정보를 얻을 때까지 그곳에 있어야 했다. 마티아스는 미국에 있는 학계 사람들과 연락을 끊지 말라고 충고했다. 페루 교회에 온전히 헌신하고 기꺼운 마음으로 그 교회를 섬겨야 한다는 점을 강조하면서도, 집필과 강의를 통해 내가 몸담았던 학계와 계속 소통하는 것이 좋다고 생각했다.

아침에 나눈 마티아스와의 대화를 통해 무언가 마무리되는 느낌

분별력

을 받았다. 페루 생활이 끝나가는 느낌이 들었다. 향후 어떤 유형의 사역에 헌신해야 할지 드러나는 듯했다. 나는 온전히 환대하는 신앙 공동체의 일원이 되라는 부르심을 느꼈다. 그러나 그곳이 남아메리카일 것 같지는 않았다. 그곳에서 영구히 살 수 있을 것 같지도 않았고, 그래야 할 것 같지도 않았다. 나는 그날 화해가 이루어지는 느낌을 받았다. 잘 맞는 느낌, 소속되는 느낌을 받았다. 소명이 명확해지는 것을 느꼈다. 소명을 찾기 위해 나는 페루에 가야 했다. 페루가 나의 새로운 집이 되지는 못했지만, 소명을 분별하기 위해 필요한 과정이었다.

6개월 넘게 묵상하며 받은 느낌과 대화, 일련의 상황을 통해 나는 라틴아메리카에서 가난한 사람들과 함께 살며 일하고 싶어 하는 갈망이 구체적인 부르심과 맞지 않았다는 사실을 정확히 알게 되었다. 이제 대학은 내 소명을 실행할 곳이 아니라는 것도 알았다. 하지만 하나님도 그렇고 하나님의 사람들도 그렇고, 볼리비아나 페루, 과테말라나 니카라과에서 영원히 살라고 내게 요구하지 않는다는 사실도 깨달았다. 페루에서의 경험은 분명 흥미롭고 보람도 있었다. 하지만 나는 그 경험에서 진정한 부르심의 핵심이 되는, 내면 깊은 곳의 거부할 수 없는 힘을 느끼지 못했다.

라틴아메리카에서 살며 일하라고 하나님께서 나를 부르고 계신가? 나는 이 질문에 대한 답을 분별하려고 애썼다. 그러다 사람들의 입에서 나오는 '그라시아스'(gracias, 감사합니다)라는 단어에 답이 들어 있다는 사실을 차츰 깨달았다. 빛과 물, 거처와 음식, 일과 자유시간, 아이들과 부모들과 조부모들, 탄생과 죽음, 이 모든 것이 우리에게 주어졌다. 우리의 첫 번째 소명은 이러한 선물을 받고 '감사하다'고 말하는 것이다. 라틴아메리카에 내게 어떤 소명이 있었다면, 그것은 사람들이 우리에게 주는 선물을 받고 그 선물을 자신의 회심과 치유를 위해 상기하는 것이었다.

라틴아메리카에서 가난한 사람들과 함께 살도록 부름 받은 것이 아니라는 사실을 확인했다. 그러고 나자 북아메리카로 돌아가서 페루에 사는 친구들이 얼마나 아름다운지, 그들에게 필요한 것이 무엇인지 다른 이들에게 이야기해야겠다는 생각이 들었다. 그것이 내가 할 일이란 생각이 분명해졌다. 친구 장 바니에가 나중에 내게 했던 이야기처럼, 내가 할 일은 가난한 사람들을 대변하는 것이지 그 사람들을 직접 섬기는 것이 아니었다. 내게 주어진 일차적인 은사와 부르심은 글을 쓰고, 강연하고, 라틴아메리카에 있는 친구들과 연대하는 것이었다. 그곳에서 오래 살게 해주는 은혜는 내게 없었다. 그 일이 하나님이 우리를 부르신 소명이 되려면, 그 일을 완수할 수 있는 은사와 은혜가 우리에게 있어야 한다.

나는 라틴아메리카에서 오래 살도록 부름을 받지 못했지만, 그런 부름을 받은 사람을 만났다. 소명을 발견한 그녀의 이야기는 세상을 살면서 새로운 인생길을 탐험하고픈 충동을 느낄 때 그 충동이 하나님에게서 온 것이면 떠오르는 질문들 속에서 충동이 점점 커진다는 사실을 보여준다. 필라르는 라틴아메리카에서 가난한 사람들과 함께 살며 일하라는 부르심을 느끼기 전에 프랑스 트롤리에 있는 라르쉬 공동체에서 정신장애인들과 2년간 함께 살았다. 필라르는 깊은 영성과 강인한 리더십을 갖춘 멕시코인이다. 온화하면서 단호하고, 늘 기도하면서 활동적이고, 하나님 중심으로 살면서 가난한 사람들의 권리를 위해 싸우는 일에도 깊이 헌신했다. 필라르는 내게 이렇게 말했다. "가난한 사람들과 함께 일하라고 하나님이 저를 부르시는 느낌이 항상 있었어요. 이제는 장애를 지닌 사람들이 내가 함께하도록 부름 받은 가난한 사람들이라는 걸 확실히 알아요."

필라르가 궁금했던 것은 '누구를?' 혹은 '무엇을?'이 아니라 '어디에서?'였다. 장 바니에는 그녀에게 중앙아메리카에서 새로운 라르쉬 공동체를 시작할 장소로 브라질과 과테말라를 생각해보라고 했다. 필라르는 귀를 기울였고, 마침내 이렇게 말했다. "단순히 제 프로젝트를 갖기 위해 어딘가로 가고 싶지는 않아요. 하나님께서 저를 그곳에 부르시는 것이 확실해야 해요. 그렇지 않으면 열매를 맺을 수 없어요."

필라르는 소명이 더 확실해지도록 작은 예배실에서 함께 시간을 갖자고 제안했다. 침묵 가운데 기도하면서 나는 정말 섬세하고 정말 새롭고 정말 희망에 찬 무언가의 일원이 되는 것에 커다란 기쁨을 느꼈다.

하나님께서 나를 라틴아메리카로 부르시는 것이 맞는지 확인하면서 나는 그저 하나님의 임재를 즐거워하고 하나님의 뜻을 행하며 어디에 있든지 내가 있는 그곳에서 하나님께 감사하는 것이 나의 더 큰 소명이라는 사실을 배웠다. '어디에서 살며 무엇을 할까' 하는 질문은 '어떻게 마음의 눈을 주님께 맞출까' 하는 질문에 비하면 정말로 사소한 것이다. 예일 대학교에서 가르치고, 제네시 수도원에서 빵을 굽고, 페루에 사는 가난한 아이들과 함께 걷고, 책을 쓰면서도 여전히 내가 아무 쓸모없다고 느낄 수 있다. 그러나 동일한 일을 하면서 내가 지금 소명을 이루어가고 있다고 느낄 수도 있다. 옳은 장소나 옳은 일자리 같은 것은 없다. 어떤 상황에서든 비참할 수도 있고 기쁠 수도 있으며, 불안할 수도 있고 평안할 수도 있다. 이것이 미래에 관한 결정을 내려야 했을 때 내가 깨달은 단순한 진리다. 리마에서 살아야 할지 말아야 할지, 5년을 살지, 10년을 살지, 20년을 살지 결정하는 것은 그리 큰일이 아니었다. 중요한 것은 아무 조건도 두려움도 없이 온전히 주님을 바라보는 것이다. 이 세상에는 내가 영원히 거할 거처가 없다는 사실을 주님은 내게 상기시키셨다. 또 나는 하나님께서 그분의 손으로 나를 붙잡으실 거룩한 곳을 향해 걸어가는 여행자라는 사실을 기억하게 하셨다. 이 깊은 깨달음은 나를 해방시켜 쉬지 않고 기도하고 감사하는 순례자가 되게 했다.

데이브레이크로 가는 길: 집에 오라는 부르심

특별히 나는 라틴아메리카에 사는 가난한 사람들과 억압받는 사람들을 염려하시는 하나님의 마음을 증언하도록 부름을 받았다는 사실을 알고 하버드 대학에서 학생들을 가르치기 위해 페루에서 돌아왔다. 가난한 사람들을 섬기는 온전한 환대 공동체의 일원이 되라는 부르심도 느꼈지만, 그 공동체가 어디인지는 아직 깨닫지 못했다. 그러나 과거에 그랬던 것처럼, 하나님은 사람들을 통해 아직 드러나지 않은 미래를 위해 씨를 뿌리고 길을 준비하라고 내게 말씀하셨다.

케임브리지로 이사하고 얼마 되지 않은 어느 날 아침, 모르는 사람이 문을 두드렸다. 힘든 시기였다. 당시 나는 기도와 목회의 삶을 살 수 있는 공동체를 갈망하고 있었다. 하버드 대학에서는 그런 삶이 불가능해 보였다. 문을 열자 문간에 젊은 여성이 서 있었다.

"헨리 나우웬 맞으시죠?"

"네, 맞습니다."

"장 바니에 씨가 안부를 전하라고 하셔서요." 그녀가 말을 이었다.

장 바니에가 프랑스에 라르쉬 공동체를 설립하고 정신장애가 있는 사람들과 함께 일한다는 사실은 알고 있었다. 그가 쓴 책을 한 권 읽었고 대학에서 영성 생활에 관해 가르칠 때 학생들에게 필독서로 추천하기도 했다. 그러나 아직 그를 만난 적은 없었다.

"저런, 감사합니다. 음… 그런데 제가 뭘 도와드려야 하죠?" 내가 물었다.

"아, 아니, 아닙니다. 장 바니에 씨가 안부를 전하라고 하셔서요." 그 여성이 대답했다.

"감사합니다. 어디에서 설교를 해달라거나 글이나 강의를 부탁하러 오신 건가요?" 내가 다시 물었다.

"아뇨, 아니에요. 전 정말 인사를 전해드리러 왔어요."

이 여성의 이름은 얀 리세였다. 그녀가 가고 나서 나는 의자에 앉아 생각했다.

"이건 무언가 특별한 일이야. 하나님이 내 기도에 응답하고 계신 거야. 내게 하나님의 메시지를 전달하고 계신 거야. 무언가 새로운 일로 나를 부르고 계신 거야." 새로운 일자리나 또 다른 프로젝트를 제안받은 것이 아니었다. 누군가에게 도움이 되어달라는 요청을 받은 것도 아니었다. 나에 관하여 들은 또 다른 사람을 알아가라는 초대를 받았을 뿐이었다. 이 만남에는 전혀 예기치 못한 놀라운 무언가가 있었다.

처음 얀 리세가 다녀가고 거의 3년이 흐르고서야 나는 마침내 장 바니에를 만났다.

장과 나는 침묵 피정 기간에 한마디도 하지 않고 조용한 만남을 가졌다. 피정이 끝날 무렵, 장 바니에가 힘 들이지 않고 아주 단순하게 말했다. "헨리, 장애를 지닌 사람들이 모인 우리 공동체가 당신에게 집이 되어줄 수도 있을 거예요. 정말 안전하다고 느껴지는 집, 완전히 새로운 방식으로 하나님을 만날 수 있는 집이 되어줄 겁니다."

그는 내게 도움이 되어달라고 하지 않았다. 장애를 지닌 사람들을 위해서 일해 달라고 하지 않았다. 목회자가 한 사람 더 필요하다고 말하지 않았다. "어쩌면 우리가 당신에게 집이 되어줄 수도 있을 거예요"라고 말했을 뿐이다. 그때 나는 그가 하나님의 이름으로 말하고 있다고 생각했다.

그 부름을 진지하게 받아들이고, 정신장애가 있는 사람들과 더불어 사는 것이 내게 주어진 새로운 소명은 아닌지 알아보아야 한다는 생각이 들었다. 그래서 다시 대학을 떠나 프랑스 트롤리 브뢰이유에 있는 라르쉬 공동체로 향했다. 그리고 정신장애가 있는 사람들과 팔복의 정신을 따라 살고자 애쓰는 도우미들이 함께 어울려 사는 이 공동체에서 일 년을 함께 산 뒤에 데이브레이크 공동체의 목회자가 되라는 부름에 응했다. 데이브레이크는 토론토 근처에 있는 라르쉬 공동체로 50명의 장애인과 50명의 도우미가 함께 사는 곳이다. 남아메리카에 있는 공동체가 아니라 캐나다에 있는 공동체에서 인생을 마무리하게 될 거라고는 상상도 해보지 못했다. 페루에서 보낸 분별의 시간은 내가 누구이고 내 한계가 무엇인지 더 잘 알게 해주었다. 그리고 나중에 장 바니에를 만나서 라르쉬 공동체에 합류하는 방안을 생각해보라는 부름을 들을 수 있도록 나를 준비시켰다. 페루에서 보낸 몇 달과 그후 또 몇 년의 시간이 나를 예기치 못했던 곳으로 인도하고 있었다.

소명: 이루어야 할 목적

돌이켜보면, 나는 라틴아메리카가 아니라 북아메리카 토론토에서 살도록 부름을 받았다. 내가 계속 머무를 집은 예일이나 하버드 대학의 교수가 아니라 데이브레이크 공동체의 목회자가 되어서 찾았다. 처음에는 리마와 토론토가 아주 대조적인 것 같았다. 팜플로나 알타에 사는 가난한 사람들과 데이브레이크에 사는 정신장애인들만큼 뚜렷한 대조를 이루는 것도 없는 것 같았다. 생존을 위해 치열하게 몸부림치는 남아메리카 사람들의 삶과 라르쉬 공동체의 보호를 받으며 사는 우리의 안전한 삶이 너무 대조적으로 보였다. 해방신학에 관한 격렬한 신학 토론과 공동생활에 관해 상냥하게 이야기하는 우리의 토의가 너무나 대조되는 것처럼 보였다. 그러나 라틴아메리카에서 보낸 여섯 달과 그곳에서 내 마음을 끄는 소명을 찾으려 애썼던 시간을 돌아보면서 한 치의 의심 없이 말할 수 있는 것이 있다. 내가 일기에 기록한 그때의 경험이 없었다면, 지금 나는 여기 있지 못했을 것이다.

페루 리마에서 나는 하나님께서 누구보다 가난한 사람들에게 관심을 쏟으신다는 사실을 깨달았다. 그리고 나 역시 그 선택지를 골라야 한다는 확신이 강해졌다. 나의 앞날을 목자의 삶에 헌신하라는 분명한 부르심을 들은 것도 그곳에서였다. 우리 사회가 무시하고 소외시킨 사람들이 엄청난 보물을 가지고 있다는 사실을 처음 알게 된 곳도 그곳이었다. 기도와 공동체가 없으면 내 모든 목회 활동이 아무 결실 없이 소진되고 말 것이라는 사실을 배운 곳도 리마였다.

이제는 대학을 떠나 가난한 사람들과 공동체 안에서 함께 살고 싶었던 갈망이 하나님이 주신 갈망임을 안다. 그러나 그 갈망이 구체적으로 실현되기까지는 실제적인 정화가 필요했다. 사실 나의 소명은 내 마음 가장 깊은 곳의 갈망에 하나님이 응답하신 것이라는 사실을 아주 서서히 깨달았다. 하나님의 가난한 백성들 사이에서 집을 찾고 싶은 갈망에 하나님이 응답하신 것이라는 사실을 깨달은 것이다.

내가 데이브레이크 공동체에 속해 있다는 사실을 이해하기까지는 오랜 시간이 걸렸다. 나는 단순히 가난한 사람들을 섬기는 것이 내 소명이라고 생각했다. 그러나 내게 주신 더 심오한 소명은 모든 사람에게 하나님의 사랑을 알리는 것이었다. 내 최종 목적지는 다른 장소가 아니라 영원히 변치 않는 하나님의 품이었다. 이 사실을 확실히 깨달으면, 누구와 어디든 함께할 수 있다. 또 예수님의 이름으로 말하고 행동하도록 나를 세상에 보내신 하나님과, 집에 있는 동안 내가 목격한 하나님의 선하심과 아름다움과 사랑을 즐거워할 수 있다. 소명을 분별하기 위해 세계를 돌아다니고 많은 사람과 대화하고 기도도 많이 해야 했다. 그러나 그 모든 발걸음은 하나님 안에서 내가 누구인지 확인하는 과정이었다. 다른 사람이 아니라 특별히 내가 이루어야 할 목적이 있다는 사실을 다시 확인하는 과정이었다.

1. 이제껏 삶의 한 부분을 차지해온 '내면의 목소리'는 어떤 것인가? 헨리 나우웬은 성공해야 한다는 목소리를 들었고, 그것은 예수님의 마음과 가난한 사람들 곁에 머물라는 목소리와 팽팽한 긴장을 이루었다. 다른 사람들이 여러분에게 거는 기대와 여러분을 향한 하나님의 뜻을 온전히 따르고픈 갈망 사이에서 느끼는 갈등에 대해 이야기해보자. 서로 다른 목소리를 확인하고, 이렇게 서로 다른 기대가 여러분의 생명력에 어떤 영향을 끼치는지 정확히 알기 위해 각각의 목소리와 대화를 나누어보자.

2. 헨리 나우웬은 자신이 가난한 사람들과 오래 함께 살 수 없다는 사실을 페루에서 깨달았다. 리마에서 이웃들과 연대하며 살 때는 휴식이나 여가 시간을 갖는 것이 거의 불가능했다. 여러분이 이제껏 열심을 내었던 것은 무엇이고, 한계를 느낀 것은 무엇인가? 그 요인들은 하나님이 여러분에게 맡기신 소명에 어떤 작용을 하는가? 그것들을 분별 과정의 일부로 받아들일 수 있겠는가? 하나님께 부름과 은사를 받은 사람으로서 여러분이 누구인지, 강점은 무엇이고 약점은 무엇인지 확인하는 데 필요한 것은 무엇일까?

3. 결국 헨리 나우웬은 어디(데이브레이크 공동체)에서 누구(장애가 있는 사람들)

와 함께 무엇(가난한 사람들의 선물과 하나님의 사랑을 알리는 것)을 하는 것이 자신의 마지막 소명인지 분별해냈다. 여러분은 어떤가? 이 세 부분 중 확실해진 부분은 무엇이고, 확인 중인 부분은 무엇인가? 당신이 섬겨야 할 사람이 누구이고, 해야 할 일이 무엇이고, 진정한 집이 어디인지 찾으면, 소명의 다양한 측면이 마치 퍼즐처럼 잘 들어맞는다. 확실히 알고 있는 것은 무엇이고, 아직 확실치 않은 것은 무엇인가? 소명을 구성하는 각 부분에 관하여 일지를 쓰자. 그리고 그것을 소그룹이나 영적 지도자와 나누자.

08

마음을 열라:
하나님의 임재 알아보기

우리는 하나님 안에서 살고, 움직이고, 존재하고 있습니다.
_사도행전 17장 28절

모든 사람 안에는 하나님의 빛이 있으며,
모든 것 안에도 하나님의 빛이 있다.
_내면의 빛에 관한 퀘이커교의 전승

나는 매일 아침 혼자서나 다른 이들과 함께 한 시간 이상 조용히 기도하고 묵상한다. 매일 아침이라고 말은 하지만 예외도 있다. 가끔은 피로와 분주함, 뇌리를 사로잡은 생각들이 기도하지 못하는 이유로 작용하곤 한다. 그러나 매일 하나님과 함께하는 이 시간이 없이는 삶의 일관성을 유지하기가 어렵다. 그러면 하루하루가 하나님의 약속과 하나님과의 만남의 장場이 아니라 무작위로 일어나는 사건들의 연속인 것처럼 느껴진다.

그렇다고 매일 아침 하나님과 함께하는 이 시간이 항상 거룩한 신비를 묵상하고 하나님과 친밀함을 나누는 깊은 기도로 채워지는 것은 아니다. 산만함과 불안함, 혼란스러움과 지루함으로 가득할 때가 많다. 온 감각으로 이 시간을 기뻐하는 경우는 극히 드물다. 그러나 사람이 사람을 포옹할 때처럼 하나님의 사랑을 느끼지 못할지라도, 사람에게 위로의 말을 듣는 것처럼 그분의 음성을 듣지 못할지라도, 사람의 얼굴을 보는 것처럼 그분의 미소를 보지 못할지라도, 주님은 늘 그 자리에서 내게 말씀하시고 나를 바라보시고 나를 품에 안으신다. 조용한 기도처로 돌아가고픈 뚜렷한 갈망 속에서, 진정한 만족이 없어도 그곳에 있고 싶은 갈망 속에서 나는 비로소 하나님의 임재에 눈을 뜬다. 규칙적이고 '쓸모없어' 보이는 시간이 모일 때 나의 하루, 나의 한 주가 달라진다는 사실도 뒤를 돌아보고 나서야 깨닫는다. 하나님은 내 감각을 능가하시고 내 생각보다 크시며 내 마음보다 크시다. 하나님은 나 자신에게조차 감춰진 곳에서 나를 어루만지신다. 그리고 나는 기도할 때 내 마음에 비추인 하나님의 거룩한 임재를 느낀다.

하나님의 임재는 대개 미묘하고 소소하고 조용하고 감추어져 있다. "이새의 줄기에서 한 싹이 나며 그 뿌리에서 한 가지가 자라서 열매를 맺는다"(사 11:1). 우리의 구원은 작고 약하고 연약해서 거의 알아채기도 어려운 것에서 나온다. 우주의 창조주이신 주님은 작고 약하고 감춰진 모습으로 우리에게 오신다. 갓난아이의 미소, 아무 근심 없는 아이들의 놀이, 친구들이 전하는 격려의 말과 사랑의 몸짓을 통해 우리에게 임하신다. 하나님이 거기 계심을 드러내는 이런 작은 표징들을 알아보지 못하면, 나는 여전히 영적으로 눈먼 자일 뿐이다. 하나님의 거룩한 임재에 대한 약속은 연약한 줄기에서 나온 싹 안에 감추어져 있다.

기도하며 느끼는 하나님의 임재

스타레츠 실루안Staretz Silouan은 평범한 러시아인 시골뜨기로 1938년에 아토스 산에서 죽었다. 안토니 블룸Anthony Bloom은《기도의 시작Beginning to Pray》이라는 훌륭한 소책자에서 실루안이 수도원 작업장에서 함께 일하던 니콜라스라는 이웃을 위해 어떻게 기도했는지 묘사한다.

분별력

처음에는 니콜라스와 그의 젊은 아내와 어린 자녀를 불쌍히 여기는 마음에 눈물로 기도했다. 그런데 기도하다 보니 내 안에 하나님의 거룩한 임재를 알아채는 감각이 자라났다. 니콜라스와 그의 아내와 자녀, 그에게 필요한 것들과 마을 사람들은 의식 저편으로 사라지고 오로지 하나님만 의식하게 되었으며 하나님의 임재를 느끼는 데 더욱더 깊이 빠져들었다. 그러다 그 임재 안에서 불현듯 니콜라스와 그의 아내와 자녀를 붙들고 계신 하나님의 사랑을 만났고, 그리하여 하나님의 사랑으로 다시 그들을 위해 기도하기 시작했다. 그러나 나는 다시 하나님의 거룩한 임재의 심연, 그 깊은 바다 속에 빠져들었고 거기에서 하나님의 사랑을 다시금 발견했다.[1]

대주교 안토니 블룸이 들려준 이야기에 나와 있듯이, 실루안 수사는 수도원에 품을 팔러 온 많은 농부와 함께 작업장에서 일했다. 그들은 가정을 꾸리거나 집을 짓거나 농작물을 심을 땅을 살 수 있는 돈을 벌고자 수도원 작업장에 와서 일 년 혹은 이 년간 일했다. 안토니 블룸은 책에 이렇게 썼다.

어느 날, 다른 작업장을 감독하는 수사들이 말했다. "실루안 수사, 자네는 일꾼들을 감독하지도 않는데 자네 작업장에서 일하는 사람들은 그처럼 일을 잘하고, 우리는 시간을 들여 일꾼들을 감독하는데도 사람들이 끊임없이 우리를 속이려 드니, 대체 왜 그런 것입니까?" 실루안 수사가 말했다. "모르겠습니다. 제가 드릴 수 있는 말씀은 이것뿐입니다. 아침에 작업장에 들어갈 때마다 저는 그들을 위해 기도합니다. 그들을 긍휼히 여기고 사랑하는 마음을 가득 안고 작업장에 갑니다. 작업장에 들어설 때마다 그들을 향한 사랑으로 영혼에 눈물이 고입니다. 그렇게 작업장에 들어간 다음에는 그들에게 그날 해야 할 일감을 맡기지요. 그리고 그들이 일하는 내내 그들을 위해 기도합니다. 제 수도실에 들어가서도 그들 개개인을 위해 기도합니다. 하나님 앞에 서서 말합니다. '오 주님, 니콜라스[와 다른 일꾼들]를 기억하소서.'"[2]

우리가 다른 이를 긍휼히 여기는 마음으로 그를 위해 기도할 때 가끔씩 생기는 하나님의 거룩한 임재에 대한 경험은 과연 무엇일까? 어떻게 하면 일상생활에서 이러한 경험을 쌓을 수 있을까? 예수님의 두 제자가 엠마오라는 마을로 가던 중에 경험한 일을 기록한 성경 본문에서 답을 찾을 수 있을 것 같다.

우리의 마음이 우리 속에서 뜨거워지지 않았는가?

우리와 나란히 길을 걷는 분을 알아보기 위해 이 구절에 귀를 기울여보자. 눈이 보지 못하고 놓친 것을 귀로 듣기 위해 다음 구절을 크게 읽어보자.

마침 그날에 그들 가운데 두 사람이 예루살렘에서 한 삼십 리 떨어져 있는 엠마오라는 마을로 가고 있었다. 그들은 일어난 이 모든 일을 서로 이야기하고 있었다. 그들이 이야기하며 토론하고 있는데, 예수께서 가까이

가서, 그들과 함께 걸으셨다. 그러나 그들은 눈이 가려져서 예수를 알아보지 못하였다.

예수께서 그들에게 물으셨다. "당신들이 걸으면서 서로 주고받는 이 말들은 무슨 이야기입니까?"

그들은 침통한 표정을 지으며 걸음을 멈추었다. 그때에 그들 가운데 하나인 글로바라는 사람이 예수께 말하였다. "예루살렘에 머물러 있었으면서, 이 며칠 동안에 거기에서 일어난 일을 당신 혼자만 모른단 말입니까?"

예수께서 그들에게 물으셨다. "무슨 일입니까?"

그들이 그에게 말하였다. "나사렛 예수에 관한 일입니다. 그는 하나님과 모든 백성 앞에서, 행동과 말씀에 힘이 있는 예언자였습니다. 그런데 우리의 대제사장들과 지도자들이 그를 넘겨주어서, 사형선고를 받게 하고, 십자가에 못 박아 죽였습니다. 우리는 그분이야말로 이스라엘을 구원하실 분이라는 것을 알고서, 그분에게 소망을 걸고 있었던 것입니다. …"

예수께서는 그들에게 말씀하셨다. "어리석은 사람들입니다. 예언자들이 말한 모든 것을 믿는 마음이 그렇게도 무디니 말입니다. 그리스도가 마땅히 이런 고난을 겪고서, 자기 영광에 들어가야 하지 않겠습니까?" 그리고 예수께서는 모세와 모든 예언자에서부터 시작하여 성경 전체에서 자기에 관하여 써놓은 일을 그들에게 설명하여주셨다.

그 두 길손은 자기들이 가려고 하는 마을에 가까이 이르렀다. 그런데 예수께서는 더 멀리 가는 척하셨다. 그러자 그들은 예수를 만류하여 말하였다. "저녁때가 되고, 날이 이미 저물었으니, 우리 집에 묵으십시오."

예수께서 그들의 집에 묵으려고 들어가셨다.

그리고 그들과 함께 음식을 잡수시려고 앉으셨을 때에, 예수께서 빵을 들어서 축복하시고, 떼어서 그들에게 주셨다. 그제야 그들의 눈이 열려서, 예수를 알아보았다. 그러나 한순간에 예수께서는 그들에게서 사라지셨다. 그들은 서로 말하였다. "길에서 그분이 우리에게 말씀하시고, 성경을 풀이하여 주실 때에, 우리의 마음이 [우리 속에서] 뜨거워지지 않았습니까?"

그들이 곧바로 일어나서, 예루살렘에 돌아와서 보니, 열한 제자와 또 그들과 함께 있던 사람들이 모여 있었고, 모두들 "주님께서 확실히 살아나시고, 시몬에게 나타나셨다" 하고 말하고 있었다. 그래서 그 두 사람도 길에서 겪은 일과 빵을 떼실 때에 비로소 그를 알아보게 된 일을 이야기하였다(눅 24:13-35).

함께 길을 가던 두 사람이 길을 잃었다. 슬프고 침통한 표정이었다. 어둠이 그들을 둘러싸고 있었다. 이야기를 나눌수록 두 사람은 더 깊은 절망에 빠졌다. 그들은 예수님에게 희망을 걸었었다. 예수님이 이스라엘을 구원하실 분이라고 생각했다. 그러나 돌아가는 모양새를 보니 자기들이 실수한 것 같아 두려웠다. 유대 당국이 예수님에게 유죄를 선고하고 십자가에 처형했으며, 그리하여 이제 그들 곁에 그분이 없기 때문이다.

캄캄한 어둠 속에서 엠마오 마을로 가는 장면을 상상하면, 함께 가는 다른 제자와 우울한 대화를 나누는 내 모습이 보인다. 때때로 우리는 자신의 관심사와 자신에게 일어난 극적인 일들에 마음을 온통 빼앗기곤 한다. 그리하여 사랑할 능력과 변화될 능력이 있는 서로에게 해를 끼치고 만다. 내적으로나 외적으로나 세상을 변화시킬 활력과 자신감을 더는 경험하지 못한 채 영적으로 고사될 위험에 처한다. 우리 안에서나 다른 이들 안에서나 하나님의 선물을 알아보지 못하면, 우리는 길을 잃고 만다. 절망이 우리를 무덤 속에 가둔다.

비록 우리가 알아보지 못해도, 예수님은 우리와 함께 걸으신다. 우리가 느끼는 슬픔과 절망을 함께 느끼신다. 사흘간 무덤 안에 계셨기에 무덤에 갇히는 것이 어떤 의미인지 아신다. 혼란스럽고 정신이 혼미하여 어디로 가야 할지도 모르는 우리들의 이야기에 귀를 기울이신다. 깊은 슬픔과 방향 상실, 인간적 실패와 내면의 어둠에 관한 우리들의 이야기를 들으신다. 그렇다. 예수님은 길을 잃고 헤매는 우리와 함께 걸으신다.

그리고 마침내 말씀하신다. 무덤 속에서 말씀하시며 자신이 직접 체험한 지식을 드러내신다. 하나님의 사랑은 우리의 절망보다 강하고, 하나님의 신실하심은 하나님의 부재에 대한 우리의 경험을 훨씬 능가하며, 그분이 사랑하시는 자들을 무덤의 어둠에서 부활의 빛으로 이끄신다는 사실을 드러내신다. 차가워졌던 우리의 마음이 다시 기쁨으로 뜨거워지는 것은 그 때문이다.

그러나 엠마오 이야기는 이것이 전부가 아니다. 그리고 우리의 이야기도 마찬가지다. 엠마오 마을로 가던 제자들의 이야기는 그저 어려운 시기에 슬픔과 절망을 극복하는 이야기가 아니다. 이 이야기는 우리의 인생길에서 그리스도의 현존을 발견하는 과정을 보여주는 복음 이야기다. 감추어진 하나님의 임재를 분별하는 과정에는 적어도 다음 네 가지가 담겨 있다. 첫째, '성경 해석' 혹은 신학적 성찰. 둘째, '머물기' 혹은 기도 가운데 거하기. 셋째, '빵을 떼기', 다시 말하면 성체에 임하신 그리스도 알아보기. 넷째, '예수님 기억하기' 혹은 '마음이 뜨거워지는' 경험. 이 네 요소는 성경에 근거한 것이며, 예로부터 일상생활에서 하나님의 거룩한 임재를 분별하는 데 도움이 된다고 여겨온 것들이다.

성경 해석하기

예수님은 엠마오 마을로 가는 제자들에게 물으셨다. "그리스도가 마땅히 이런 고난을 겪고서, 자기 영광에 들어가야 하지 않겠습니까?"(눅 24:26) 복음서에서 가장 유명한 구절 중 하나로 고난을 바라보는 시각을 완전히 바꾸어놓은 구절이다. 이제 고통과 고난은 영광(영원한 생명)에 들어가는 데 방해가 되는 걸림돌이 아니다. 이제 고난은 영광에 들어가기 위해 거치지 않으면 안 되는 길이다.

예수님은 제자들에게 아브라함과 모세와 선지자들이 겪은 고난에 관하여 가르치시면서 제자들이 무엇보다 크게 낙심한 이유가 새로운 생명의 근원이 되었다는 사실을 서서히 보여주신다. 그들이 메시아로 여겼던 이가 겪은 고난이 새로운 생명의 근원이 되었다는 사실을 알려주신다. 예수님이 성경을 풀어주시자 제자들의 마음이 불타올랐다. 그들로 하여금 희망을 포기하고 옛 삶의 방식으로 되돌아가게 했던 이유가 완전히 뒤집어졌다. 그들로 하여금 함께 걷는 메시아를 알아보지 못하게 했던 이유가 정반대로 바뀌었다. 이제 제자들은 하나님이 세상에 행하고 계신 새로운 일을 받아들일 준비가 되었다. 실망하거나 낙심하는 순간이 없는 삶을 기대해서는 안 된다는 사실을 이해하게 되었다. 바로 그런 순간에 새로운 시각과 새로운 신앙에 관한 희망을 안고 예수님이 우리를 만나러 오신다는 사실을 이해하게 되었다.

교회에서 성체 성사를 집전할 때 하는 강론은 이렇게 신비로운 하나님의 임재를 우리가 느낄 수 있게 하는 데 그 목적이 있다. 구약과 신약의 구절을 읽고 전하는 강론은, 우리가 느끼는 슬픔과 기쁨을 함께 느끼며 우리와 함께 걸으시는 그리스도가 우리와 그곳에 함께 계신 것을 분별하게 하는 데 그 목적이 있다. 성체에 임하시는 주님은 다른 무엇보다 말씀을 통해 우리에게 임하신다. 설교가 그 목적을 이루지 못하면, 우리는 빵을 떼면서도 하나님의 거룩한 임재를 알아보지 못한다. 우리는 다른 이들과 함께 성경을 해석할 때 그 뜻을 가장 잘 헤아릴 수 있다. 이 사실을 기억해야 한다. 혼자서 성경 한두 구절을 읽는 것으로는 그리스도의 약속이 이루어지는 신비를 온전히 경험할 수 없다. 예수님은 말씀하셨다. "두세 사람이 내 이름으로 모여 있는 자리, 거기에 내가 그들 가운데 있다"(마 18:20).

머물기

낯선 사람이 '그들'의 말에 귀를 기울였다. 그래서 그들도 그가 성경을 해석할 때 '그'에게 귀를 기울였다. 그리고 이 과정에서 그들의 마음이 회복되었다. 그들은 자신의 내면 가장 깊은 곳에 있는 사랑의 선물을 재발견했다. 그 선물은 완전히 새로운 세상의 도래를 알리는 새 생명과 새 희망, 새 힘을 불어넣어 주었다.

낯선 사람이 친구가 되었고, 제자들은 그가 자기들 곁에 오래 머물기를 원했다. 그가 초대해달라고 요청한 것이 아니다. 그가 머물 곳을 구걸한 것이 아니다. 사실, 그는 계속 길을 가려는 것처럼 행동했다. 그런데 그들이 그에게 들어오라고 간청하고 자기들과 함께 머물다 가라고 졸랐다. 그리하여 그는 '머물라'는 초대를 받아들였다.

'머물다stay'라는 단어는 '거하다abide'라는 동사와 관련이 있고 복음서에서 이 단어는 영적인 의미로 쓰인다. 이 머묾은 해방시키고 생명을 주는 '내적인 머묾'이다. 예수님이 전에 제자들에게 남긴 작별 인사를 기억하는가. "가지가 포도나무에 붙어 있지 아니하면 스스로 열매를 맺을 수 없는 것과 같이, 너희도 내 안에 머물러 있지 아니하면 열매를 맺을 수 없다"(요 15:4). 예수님은 마지막에 이런 약속도 하셨다. "내가 세상 끝날까지 항상 너희와 함께 있을 것이다"(마 28:20). 우리가 예수님 곁에 머물고 예수님이 우리와 함께하시려면, 마음속에서 예기치 못한 방식으로 예수님을 보게 될 것을 기대하면서 가던 길을 되돌아오지 않고 그 길을 함께 걸어야 한다.

빵을 떼기

예수님은 제자들과 함께 집에 들어가 그들과 함께 '머무셨다.' 그런데 예수님이 식탁에 앉아 축복하시자 제자들이 갑자기 예수님을 알아보았다. 예수님은 특정한 방식으로 빵을 들어 축복하시고 떼어서 그들에게 주셨다. 아주 단순하고, 아주 평범하고, 아주 분명하면서 고요하고, 아주아주 다른 방식으로! 예수님이 식탁에 앉아 축복하시고 빵을 떼시고 제자들과 함께 먹고 마시자 길에서 예수님을 알아보지 못하게 그들의 눈을 가렸던 베일이 갑자기 걷혔다. 이제 제자들은 그분이 누구인지 알고, 그분이 그들과 여전히 함께 계시는 것을 안다.

통상적인 의미에서도 신성한 의미에서도, 성체 성사는 곧 그분을 알아보는 것을 의미한다. 빵을 들어 축복하시고 떼어서 주시는 분이 태초부터 우리와의 사귐을 갈망하셨던 분이심을 온전히 깨닫는 것을 의미한다. 그리고 그것을 깨닫는다는 것은 하나님의 임재라는 선물을 받고 하나님을 알아보는 것을 의미한다. 그런데 여기에서 주목해야 할 것이 있다. 엠마오 마을로 가다가 함께 나눈 이 감사의 식사는 교회에서 거행한 예식이 아니라 여행으로 지친 사람들과 함께 나누는 식사였다는 사실이다. 제자들은 깊은 긍휼과 동료애로 함께 길을 걸어온 이를 극진히 대접하던 중 비로소 그분이 누구신지 알아보았다.

"그제야 그들의 눈이 열려서, 예수를 알아보았다." 그러나 제자들이 알아보자마자 예수님은 그들 앞에서 사라지셨다. 두 친구가 빵을 떼시는 예수님을 알아본 그 순간, 예수님은 그곳에 계시지 않았다. 예수님이 그들에게 가장 영적으로 임하시는 바로 그 순간, 예수님은 육체적으로 그곳에 계시지 않았다. 여기에서 우리는 성체신학의 가장 신성한 측면을 접한다. "예수님과의 가장 깊은 사귐은 그가 부재하실 때 이루어진다." 이것이 신앙의 신비다. 그리스도는 우리와 함께 계신다. 하지만 우리는 예수님의 완전한 귀환을 기다린다.

예수님이 눈앞에서 사라지시자 제자들은 서로 물었다. "길에서 그분이 우리에게 말씀하시고, 성경을 풀이하여 주실 때에, 우리의 마음이 [우리 속에서] 뜨거워지지 않았습니까?" 눈과 마음이 열린 이 만남 이후, 신비롭게도 두 제자는 예수님이 자기들과 함께 계신다는 사실을 알고자 더 이상 그분의 육체적인 현존을 눈으로 볼 필요가 없었다. 이제는 자기들 안에 거하시는 예수님을 '기억'하게 되었기 때문이다.

이 두 제자에게 일어난 기적은 지금 우리에게도 일어날 수 있다. 나는 얼마 전에 그런 만남을 가졌다. 살면서 겪게 된 어떤 사건들이 나를 짓누르고 우울의 늪으로 나를 끌고 갔다. 그런데 하나님께서 내게 누군가를 보내셨다. 내가 누구보다 신뢰하는 친구가 예기치 못한 순간에 나를 찾아왔다. 나는 그에게 내 마음을 한없이 어둡게 만든 일을 자세히 털어놓았고, 그는 오랜 시간 내 말에 귀를 기울였다. 그리고 내가 자기와 같은 길을 걷고 있다는 사실을 알려주었다. 큰 고통을 통해 새로운 곳으로 인도를 받고 있다는 사실을 조심스럽게 알려주었다. 실제로 그가 말한 새로운 곳은 엠마오로 가던 두 제자와 낯선 이가 만났던 바로 그곳이었다. 이 사실 앞에 마음을 열자 나는 더 이상 젊은 시절에 살던 예전 그곳으로 되돌아가는 외로이 고립된 개인이 아니었다. 더 이상 혼자가 아니었다. 친구와 동료를 찾았다. 사랑의 목소리를 찾았다. 내 상태를 고백하자 무거운 짐이 떨어져 나갔다. 하나님이 내게 위로와 위안을 주시고 절망을 소

분별력

망으로 바꾸시기 위해 내게 그분의 천사를 보내셨다는 사실을 나중에 그 친구와 밥을 먹을 때 깨달았다.

엠마오 마을로 가는 길에 놀라운 일이 일어났다. 그것은 바로 새로운 사귐이었다. 누군가 귀를 기울였고 이해했고 친구가 되었다. 길을 잃었던 두 제자는 슬픔의 이유였던 일들이 기쁨의 원천으로 바뀌는 새로운 곳을 찾았다. 그리고 자신들이 더 이상 혼자가 아니라는 사실을 깨달았다. 제자들과 함께 빵을 떼신 뒤 예수님은 그들 앞에서 사라지셨다. 더 이상 그곳에 있을 필요가 없었기 때문이다. 이제 그들은 예수님을 '마음으로' 알아보았고, 홀가분하게 예루살렘으로 돌아가 다른 이들에게 복된 소식을 전했다. 하나님의 임재를 경험하는 곳에서는 상호작용이 이루어진다. 우리가 위로받고 회복되는 이유는 힘겹게 길을 가는 다른 이들에게 위로와 회복을 주기 위해서다.

예수님을 기억한 제자들, 부활하신 그리스도를 만나 소망과 의미를 다시 엮어낸 제자들은 다른 이들에게 소망을 주기 위해 자기네 공동체로 돌아갔다. "그들이 곧바로 일어나서, 예루살렘에 돌아와서 보니, 열한 제자와 또 그들과 함께 있던 사람들이 모여 있었고, 모두들 '주님께서 확실히 살아나시고, 시몬에게 나타나셨다' 하고 말하고 있었다. 그래서 그 두 사람도 길에서 겪은 일과 빵을 떼실 때에 비로소 그를 알아보게 된 일을 이야기하였다."

성경을 읽고(렉시오 디비나), 그리스도와 함께 머물고(기도하며 그리스도의 임재를 느끼기), 빵을 떼고(성체 성사), 예수님을 기억함으로써(아남네시스, anamnesis) 하나님의 거룩한 임재를 분별하면, 자연스럽게 마음이 뜨거워진다(메모리아 크리스티, *memoria Christi*). 엠마오 마을로 가는 길에 벌어진 이 네 가지 일은 빵을 떼면서 그 가운데 임하시는 하나님을 알아보는 성체 성사의 뼈대가 된다. 그러므로 경배하며 빵을 뗄 때마다 엠마오로 가는 제자들에게 일어난 기적이 오늘의 현실이 되고 또 기억되기를 소망해야 한다.

성체를 나누며 그리스도를 생각하다

앞에서 렉시오 디비나, 즉 거룩한 독서에 관해 이미 이야기했다.[3] 그러나 빵을 떼며 그리스도를 기억하는 것과 분별의 관계를 되짚으며 이 자리에서 조금 더 이야기할 것이 있다. 우리는 주의 만찬을 기념하면서 부활하신 그리스도가 우리들 가운데 계신 것을 알아본다. 빵과 포도주뿐 아니라 우리의 삶 한가운데, 우리 존재의 중심에, 우리가 속한 공동체 한가운데, 그리고 피조 세계 한가운데 계시는 부활하신 그리스도를 알아본다. 언젠가 존 유드 원장이 제네시 수도원에서 강론하면서 이런 이야기를 했다.

주님은 정말로 여기 계십니다. 그러나 고요하고 지나치게 야단스럽지 않으며 파악하기 어려운 방식으로 역사하십니다. 그리스도께서는 우리 안에서 사십니다. 신체적으로도 우리와 더불어 사시지만, 인간의 몸에 있는 다른 요소들과 같은 방식으로 존재하시는 것은 아닙니다. 이처럼 초월성을 지닌 신체적 임재야말로 성체를 성체답게 하는 특성입니다.

우리가 그리스도를 기억하면, 이 세상에 이미 다른 세계가 실재합니다.

대개 철학자들과 기독교 신학자들은 우리가 과거에 존재했던 역사적 인물로가 아니라 온전히 현 순간에 존재하는 인물로 그리스도를 생각하고 기억할 때 일어나는 일의 실체를 탐구하기 위해 아남네시스*anamnesis*라는 용어를 사용한다. 존 유드 원장은 계속해서 말했다.

우리가 사는 시간과 공간에는 일종의 위요지(圍繞地, 국제법에서 영토의 일부 또는 전부가 완전히 다른 나라의 영토 안에 있는 경우를 가리키는 용어-옮긴이) 같은 것이 있습니다. 그리스도는 실제로 이곳에 계십니다. 그러나 주님의 육신적인 임재는 우리가 아는 시간과 공간의 제약을 받지 않습니다.

철학자 하이데거는 현상 뒤에 있는 실체를 가리켜 '다자인'(Dasein, 현존재)이라는 용어를 사용한다. "현상 뒤에는 순수한 물리적 존재와 구별할 수 있고 지각할 수 있게 따로 떨어져 있는 존재의 실체가 있다."[4] 여기에서 추상적 관념으로 도망치고 싶은 생각은 없다. 다만, 시간을 초월하시는 예수님의 영과 그분의 임재라는 실재에 그리스도인의 소망이 있다는 사실을 강조하고 싶다. 부활하신 그리스도, 다시 말해 그리스도의 영을 어느 때 어느 곳에서나 만날 수 있다고 우리는 믿는다.[5]

08 마음을 열라: 하나님의 임재 알아보기

분별과 거룩한 기억

아우구스티누스는 하나님이 거룩한 기억을 통해 인류 안에 영원히 존재하신다는 사상을 표현하기 위해 하나님에 대한 기억을 뜻하는 '메모리아 데이memoria Dei'라는 용어를 사용했다. 성 바실리우스Basilius에 따르면, 하나님에 대한 기억은 영지gnosis, 즉 마음속에서 찾은 하나님에 관한 참된 지식이다. 하나님을 '기억'할 때, 우리는 우리 영혼 안에 있는 신성에 접촉한다. 하나님은 영원부터 영원까지 우리를 아시고, 조건 없는 사랑으로 우리를 사랑하셨고, 우리를 자신의 손바닥에 새기셨기 때문이다. 알아가고 기대하는 법을 배우는 영성 훈련을 통해 우리는 하나님을 사랑으로, 우리 자신을 하나님이 사랑하시는 자로 '기억'한다.

초대 교부들은 모든 인간 안에 하나님이 계신다는 점을 강조하기 위해 '하나님에 대한 기억'을 주제로 글을 썼다. 인간이 하나님을 발견하는 것은 우리가 가장 은밀하고 친밀한 자아 안에서 하나님의 형상을 인식하기 때문이다. 그래서 우리는 그 형상의 근원과 온전히 재회하기를 열망하고 그분을 기억한다. 신실한 신자들 안에는 생명과 힘의 근원이신 하나님과 재회하기를 바라는 깊은 갈망이 있다.[6]

거룩한 역사와 신앙생활에 투영된 '메모리아 크리스티memoria Christi'라는 기독교 특유의 개념도 있다. 하나님이 인간이 되시어 역사 속에 들어오셨다. 그리스도의 탄생과 죽음과 부활과 승천은 시간 속에서 이루어졌다. 우리는 예수님에 관해 과거 시제로 이야기할 수 있다. 그분은 오셨고 사셨고 죽으셨다. 그러나 우리는 또한 그리스도의 출현에 관한 기억을 현재 시재로 이야기할 수도 있다. 그리스도의 삶을 기억하고 '다시 오실 때까지' 우리 가운데 계시는 그분을 알아볼 때, 우리는 성체를 나누며 그리스도에 관한 기억을 기념한다. 기독교적인 의미에서 볼 때, 하나님에 관한 지식과 기억은 그리스도의 몸된 교회가 모일 때마다 모든 사람에게 주어지고, 세례 시에 주어지고, 빵을 떼며 기념된다.[7]

철학을 연구하는 신플라톤주의자에게도 역사상의 그리스도인에게도 '기억'이라는 개념은 기도와 분별을 더 깊이 이해하기 위해 깊이 탐구할 가치가 있다. 아우구스티누스의 저작들, 특히 《고백록》과 삼위일체에 관한 저서부터 시작하면 좋을 것이다.

기억의 고통과 힘과 신비

과거의 그리스도인들과 함께 읽고 생각하는 것은 신앙관을 넓히는 데 유익하다. 또한, 하나님이 종종 신비로운 방식으로 일하신다는 믿음을 확고히 하는 데도 도움이 된다. 그러나 위기가 닥칠 때 우리 중 많은 이들이 하나님의 일하심에 관하여 많이 생각하지 못한다. 현재의 경험 속에서 과거의 고통을 떠올리고 기억해내는 데 열중하기 때문이다. 우리는 가슴 아팠던 시기를 다시 곱씹고 다시 느끼느라 몇 번이고 그때로 돌아간다. 살면서 겪은 불행한 사건들에 관한 기억은 우리에게 고통을 안겨주고 감정을 상하게 한다. 예

08 마음을 열라: 하나님의 임재 알아보기

전에 했던 행동에 대한 기억은 회한remorse으로 남는데, 이 단어의 어원인 라틴어 *mordere*는 문자적으로 '물다to bite'를 의미한다! 회한에 사로잡히면 물어뜯기는 느낌을 받으며 이런 말을 내뱉기 일쑤다. "어떻게 그런 일을 저지를 수가 있어? 대체 왜 그런 일을 저지르게 놔둔 거야? 어쩜 그렇게 어리석어! 어떻게 그런 일이 일어나게 놔둘 수가 있어?" 회한은 우리를 밤에도 잠들지 못하게 하고 낮에도 쉬지 못하게 하고 마음의 평안을 빼앗는다.

기억이 주는 고통

고통스러운 기억은 우리에게 '수치심'을 안겨주기도 한다. 수치심은 주변을 의식하게 하고 다른 이들의 부정적인 평가에 예민해지게 한다. 수치심에 몸을 웅크리며 우리는 이렇게 말한다. "사람들이 나에 대해 뭐라고 말할까? 나를 어떻게 생각할까? 내가 나를 웃음거리로 만든 거야? 사람들은 내가 저지른 일과 나란 사람을 보고 비웃겠지?"

그다음에는 '죄책감'이 찾아온다. 죄책감은 내가 누군가에게 상처를 주었다는 사실을 깨닫게 한다. 죄책감에 사로잡혀 우리는 이렇게 말한다. "내가 친구들에게 해를 끼쳤어. 내가 소중한 걸 망가뜨렸어. 내가 다른 사람에게 상처를 줬어."

회한과 수치심과 죄책감에 휩싸여 지난 일을 이야기하는 것이 위험한 이유는 마음이 딱딱하게 굳어져서 안팎으로 하나님의 임재를 분별하지 못하게 되기 때문이다. 마음이 굳어지면, 마음 문이 닫힌다. 반응하지 못하고 냉담해진다. 굳어진 마음속에서 회한은 병적인 자기반성으로, 수치심은 낮은 자존감으로, 죄책감은 방어적인 태도로 변한다. 나 자신과 내가 그런 일을 하게 된 동기를 계속 생각하고, 끊임없이 다른 사람과 나를 비교하고, 내가 한 행동을 변호하려고 애쓰면서, 나는 점점 더 자기중심적이 되고 내 안에 있는 하나님의 사랑은 줄어든다. 엠마오 마을로 가던 두 사람은 자기들 옆에 계신 그리스도를 알아보지 못했다. 자신들이 잃어버린 것에 지나치게 몰두한 탓이었다. 그 두 사람과 우리들은 비슷한 점이 많다. 방어적인 태도와 절망이 마음 밭에 뿌려지면, 우리는 우리가 혼자가 아니라는 사실을 놓치기 쉽다.

　고통스러운 기억에 대한 이 세 가지 반응은 우리를 불행하게 하고 우리의 영적 삶을 방해하고 억압한다. 그러나 그리스도의 임재에 대한 깨달음은 기억으로 인한 상처를 치유한다. 현 순간에 함께 계신 하나님에게 마음을 여는 것, 그리하여 정서를 바꾸고 기억을 치유하는 것은 영적 삶에 주어진 커다란 과제다. 영혼 안에 있는 하나님의 형상에 대한 기억은 돌같이 굳은 우리 마음을 살갗처럼 부드러운 마음으로 바꿀 수 있다. 유연하고 감수성이 풍부하고 열려 있고 자유로운 마음으로 바꿀 수 있다.

　그리스도에 대한 기억은 회한을 회개로 바꾼다. "주님은 찢겨지고 짓밟힌 마음을 멸시하지 않으"시기 때문이다(시 51:17). 그리스도에 대한 기억은 수치심을 긍휼로 바꾸어 우리처럼 힘들어하는 이들에게 손을 뻗을 수 있게 해준다. 그리스도에 대한 기억은 우리가 죄책감에 억눌리는 것을 막아주고 용서를 받아들일 수 있게 해준다. 그러므로 그리스도에 대한 기억은 영적으로 치료하고 치유하는 기억이다. 그리스도의 임재의 빛 안에서 나의 삶과 힘겨움을 기억함으로써 나의 과거는 구원받고 감사와 찬양의 이유가 된다.

기억이 가진 힘

때로는 기억이 고통스러웠던 과거를 현재에 더 생생히 끌어들이기도 하지만, 내가 기억하는 이들과 재회하고 지난 일들과 화해하고픈 깊은 갈망을 불러일으키기도 한다. 기억은 우리로 하여금 과거를 회상하게 하는 힘이 있을 뿐 아니라 현재와 미래에 과거를 변화시키는 힘이 있다.

예를 들어, 나는 먼저 세상을 떠난 친구들과 가까이 이어진 것 같은 느낌을 받곤 한다. 다시 만날 것이라는 믿음과 기대를 안고 나는 그 친구들을 기억한다. 사랑하는 사람들에 관한 기억은 나로 하여금 재회를 갈망하게 한다. 완전히 새롭게 얼굴과 얼굴을 마주볼 그날을 고대하게 한다. 과거에 사랑했던 사람의 부재 속에서 조금은 신비로운 방식으로 나는 현재에 영적 친밀감을 느낀다. 그리고 그 친밀감은 나로 하여금 과거에 그들이 내 곁에 있었을 때나 지금보다 미래에 더 깊고 더 온전하게 이루어질 재회를 준비하게 한다.

나는 미래에 그들과 완전하게 재회하기 위해 과거의 그들을 기억해야 한다. 어떤 의미에서 그들을 기억하는 것은 그들을 다시 보기 위한 준비다. 세상을 떠난 조부모와 부모와 형제자매와 친구들을 기억하는 것은 한낱 감상이 아니라 이 세상에 남아 있는 자들의 경건한 풍습이다. 여전히 존재하나 아직 충족되지 않은 관계가 계속 이어지는 것이다. 사실, 과거나 현재의 관계보다 더 뜻 깊은 재회가 다가오고 있다는 사실을 우리에게 말해주는 이는 그리스도의 영이다.

　죽은 친구나 가족을 기억함으로써 그들이 우리 곁에 살아 있을 때 제대로 깨닫지 못한 영적 교통을 발전시킨다고 말할 수 있을까? 기억이 육체적인 연합보다 더 깊은 관계로 우리를 영적으로 연합시킨다고 말할 수 있을까? 그렇다면 몸의 존재는 우리에게 실재 인물을 드러낼 뿐 아니라 감추기도 한다고 고백해야 할 것이다. 한 인간의 육체적 존재는 우리가 만나고 싶어 하는 더 깊고 더 진정한 자아를 드러내기도 하고 감추기도 한다. 육체로 존재하지 않으면, 영적 현존은 더 이상 방해를 받지 않는다. 이 신비는 삶과 죽음에 새로운 빛을 비춰준다. 온전히 살아 있다는 것은 최선을 다해 하나님과 다른 사람들에게 진정으로 존재하는 것을 의미한다. 죽는 것은 떠나는 것을 의미할 뿐 아니라 육체를 지니고 사는 동안 가능했던 것보다 더 친밀한 관계와 더 깊은 영적 현존으로 들어가는 것을 의미한다.

기억의 신비
세상을 떠난, 사랑하는 사람을 기억함으로써 그의 존재의 정수와 영적 실재에 더 가까워지듯이, 그리스도에 대한 기억 역시 나와 그리스도의 관계를 더 가까워지게 한다. 그리스도께서 이 땅에 육체로 계셨더라면 나누었을 관계보다 더 가깝고 친밀한 관계를 누리게 한다. 그리스도께서 죽으심으로써, 그리스도께서 나를 두고 떠나심으로써, 나는 그리스도의 영을 받을 수 있게 되었다. 항상 그리스도 안에서, 그리스도와 함께 살 수 있게 되었다. 그리스도에 대한 기억은 나로 하여금 그리스도와 교통하게 하고 그리스도의 몸인 교회와 영적으로 교통하게 한다. 사도 바울은 사도들 중에 예수께서 죽으시고 부활하시기 전에 그분과 함께 지낸 적이 없는 유일한 인물이다. 그런 그가 확고한 신념으로 이렇게 말했다. "나에게는, 사는 것이 그리스도이시니, 죽는 것도 유익합니다"(빌 1:21).

이는 예수님이 하신 말씀에 힘과 의미를 더하는 통찰이다. "내가 떠나가는 것이 너희에게 유익하다. 내가 떠나가지 않으면, 보혜사가 너희에게 오시지 않을 것이다"(요 16:7). 예수님을 기억하면서 우리는 성령을 받고 예수님과의 신비로운 교통 가운데로 들어간다. 이 교통은 예수님이 육체로써 역사적으로 우리와 함께 계셨더라면 우리가 그분과 누렸을 교제보다 더 깊고 더 친밀한 것이다.

성체를 나눌 때마다 하나님의 백성들은 신앙의 신비를 선포한다. "그리스도는 죽으셨고, 부활하사 우리와 함께 계시며, 다시 오실 것이다." 그리스도를 기억하는 바로 그 행위를 통해 우리는 과거의 실재를 회상할 뿐 아니라 미래의 일들 가운데서 그리스도를 본다. 더이상 겁내지 않을 때 비로소 우리는 현 순간에 계신 그리스도를 알아본다.

기억하라: 우리는 혼자가 아니다

실망스럽고 고생스러운 인생길에서 하나님의 임재를 구하는 것에 관하여 다룬 이번 장을, 성경에 나온 다른 사례와 함께 간략히 정리하고 다음 주제로 넘어가려 한다. 마태복음 14장 22-33절에 나오는 제자들의 이야기를 기억하는가? 배를 타고 갈릴리 바다를 건너던 제자들이 밤중에 풍랑을 만났다. 제자들이 두려워 떠는 그때 예수님이 물 위를 걸어 제자들 쪽으로 오셨다. 제자들은 틀림없이 유령이라고 생각하고 겁에 질렸다. 그때 예수님이 제자들에게 말씀하셨다. "안심하여라. 나다. 두려워하지 말아라."

그러자 베드로가 말했다. "주님, 주님이시면, 나더러 물 위로 걸어서, 주님께로 오라고 명령하십시오." 이에 예수님이 말씀하셨다. "오너라." 베드로는 배에서 뛰어내려 물 위를 걸어서 예수님께 갔다. 그러나 발밑에 거세게 이는 파도를 보는 순간 물에 빠져들기 시작했다. 베드로는 주님께 울며 소리쳤고, 예수님은 즉시 베드로에게 손을 내밀어 그를 잡으셨다. 그리고 베드로에게 물으셨다. "왜 의심하였느냐?" 두 사람이 함께 배에 오르자 바람이 그쳤다. 그러자 배에 타고 있던 사람들이 예수님께 경배하며 말했다. "선생님은 참으로 하나님의 아들이십니다."

이 이야기는 현 순간에 두려움이 분별로 바뀌는 이야기로, 우리 모두가 들어야 할 이야기다. 우리 삶에는 아주 많은 일이 일어나고 있다. 새로운 방향, 오래된 두려움, 장래에 대한 염려, 불확실한 상황이 우리 앞에 놓여 있다. 항상 그렇듯 슬픔과 기쁨, 두려움과 사랑, 억울함과 고마움이 공존한다. 다음 주, 다음 달, 이듬해에 대한 초조함이 있다. 그렇다. 우리 발밑에서 너무나 많은 일이 일어나고 있다. 이 모든 풍랑 위를 계속 걸어갈 수 있을지 모르겠다. 그러나 예수님께서 지금 여기 우리와 함께 계신다. 시선을 예수님께 맞추고 있는 동안 베드로는 물 위를 걸을 수 있었다. 우리를 부르시는 이가 누구인지 알 때 문제는 작아지고 두려움은 견딜 수 있게 된다. 주님은 우리를 보시고 미소 지으시고 양손을 뻗으시고 배에서 뛰어내리라고 우리를 부르신다. "내게 오너라, 두려워하지 말아라."

배에서 뛰어내리지 않으면, 성공하지 못한다. 풍랑을 내려다보면, 살아남지 못한다. 발밑을 내려다보고 물에 빠져서는 안 된다. 예수님은 고개를 들고 풍랑 한가운데 서 계신 그분에게 오라고 우리를 부르신다. 그분은 지금 우리와 함께 계시고, 내일 우리와 함께 계실 터이며, 가까운 장래에나 먼 훗날에나 여전히 그곳에 계실 것이다. 모든 풍랑 한가운데에 그분은 조용히 임하신다. 온갖 의심과 두려움 한가운데서 그분은 우리가 거할 안전한 거처이시다. 초조하고 불안한 마음 한가운데 그분은 우리의 집이시다. 예수님이 우리 가운데 임하사 우리에게 팔을 뻗으시는데 불안해할 이유가 무엇인가? "내가 세상 끝날까지 항상 너희와 함께 있을 것이다"(마 28:20) 하고 예수님이 말씀하시는데, 앞날을 걱정할 이유가 무엇인가?

오 주님, 나와 함께 길을 가시고, 닫힌 내 방에 들어오시고, 나의 어리석음을 없애주소서. 나의 삶 속에 함께 계시는 주님의 놀라운 신비에 마음을 열게 하소서. 그리고 다른 이들이 삶 속에서 주님의 임재를 발견할 수 있도록 돕는 용기를 내게 주소서. 아멘.

1. 누가복음 24장에 나오는, 엠마오 마을로 가는 제자들의 이야기를 곰곰이 생각해보자. 함께 모이는 소그룹이나 기도 친구가 있다면, 인생길에서 하나님의 임재를 경험하는 네 가지 방법에 관하여 이야기해보자.

2. 성경을 읽자. 시간을 내어 엠마오 마을로 가는 제자들의 이야기를 여러 번 소리 내어 읽고, 이 이야기가 여러분에게 말하고자 하는 메시지가 여러분의 머리에서 가슴으로 내려가게 하자. 성경을 통해 하나님이 하시는 말씀에 차분하게 귀를 기울이자.

3. 떡을 떼라(성체 성사에 참여하라). 친구들과 함께 소박한 밥상을 나누자. 그리고 먹는 행위와 환대, 그리스도의 임재가 어떻게 연결되는지 기억하자.

4. 거하라. 현 순간에 '머물자.' 고통으로부터 도망치려 하지도 말고 과거에 연연해하지도 말자. 이번 한 주 동안 현 순간에 마음을 두기 위해 적극적으로 일하자. 여러분은 혼자가 아니다.

5. 그리스도를 기억하자. 한 주간 교제하자. 여러분의 엠마오 길을 걷는 동안 그리스도와 함께하는 식사 초대가 이루어지는 방식에 주목하자.

09

자신이 누구인지 기억하라:
정체성 분별하기

당신은 내게 내가 누구인지 말할 수 없고
나는 당신에게 당신이 누구인지 말할 수 없다.
당신이 자신의 정체성을 알지 못한다면,
누가 당신이 누구인지 확인해주겠는가?

_토머스 머튼

나는 누구인가? 이것은 모든 사람이 평생 묻고 답해야 하는 핵심 질문이다. 자신의 이름을 대고, 살아가는 동안 계속해서 바뀌는 자신의 역할을 이해하고, 존재의 중심에 있는 가치와 신념을 따라 살고자 애쓰는 것은 우리가 평생 풀어야 할 숙제다. 사람들이 말하는 내가 나인가? 내가 이루어낸 일이 나인가? 명함과 직인에 새겨 넣은 직함이 나인가? 나는 누구인가? 우리는 누구인가?

그리스도인으로서 우리 형제자매들은 우리가 예수님을 닮았다며 기뻐하며 외친다. 모든 면에서 우리와 같이 되셨으나 죄는 없으신 예수님을 닮았다고 말한다. 히브리서도 이렇게 말한다.

이 자녀들은 피와 살을 가진 사람들이기에, 그도 역시 피와 살을 가지셨습니다. 그것은, 그가 죽음을 겪으시고서, 죽음의 세력을 쥐고 있는 자 곧 악마를 멸하시고, 또 일생 동안 죽음의 공포 때문에 종노릇하는 사람들을 해방시키시기 위함이었습니다. 사실, 주님께서는 천사들을 도와주시는 것이 아니라, 아브라함의 자손들을 도와주십니다. 그러므로 그는 모든 점에서 형제자매들과 같아지셔야만 했습니다. 그것은, 그가 하나님 앞에서 자비롭고 성실한 대제사장이 되심으로써, 백성의 죄를 대신 갚으시기 위한 것입니다. 그는 몸소 시험을 받아서 고난을 당하셨으므로, 시험을 받는 사람들을 도우실 수 있습니다(히 2:14-18).

이것이 사실이라면, 그리고 내가 이것을 믿는다면, 우리 또한 하나님이 사랑하시는 아들이요 딸이다. 예수님과 우리 사이에는 근본적인 차이가 없다. 예수님이 하나님의 자녀인 것처럼 우리도 하나님의 자녀다. 예수님을 통하여 우리는 '공동 상속자'가 되었다. 하나님께서 예수께 가르치신 모든 것을 예수님을 따르는 사람들과 나누었다. '입양된 자녀'(롬 8:15-17; 9:4)라는 용어는 '하나님의 외아들'이신 예수님 다음으로 중요한 존재라는 의미가 아니다. 이것은 우리가 예수님의 모든 유산을 함께 누리며 하나님의 생명에 참여하는 하나님의 자녀가 되었다는 의미다.

자신을 넘어서다

이 땅에서 예수님의 임무는 우리를 그분처럼 하나님의 성품에 참여시키는 것이었다. 예수님은 우리가 예수님보다 조금 알기를 바라시거나 예수님보다 조금 행하기를 바라지 않으신다. 우리는 예수님처럼 되고, 예수님이 행하신 일을 행하도록 부름을 받았다. 실제로 예수님은 이렇게 말씀하셨다. "나를 믿는 사람은 내가 하는 일을 그도 할 것이요, 그보다 더 큰 일도 할 것이다"(요 14:12). 예수님은 우리의 전 존재가 예수님이 계신 곳에 있기를 바라신다. 우리의 가장 내밀한 정체성이 그분의 정체성에 근거하고, 우리의 삶이 그분의 삶과 조화를 이루기를 바라신다. 그래서 예수님이 하나님 안에서 자신의 삶을 온전히 사신 것처럼 우리 역시 우리의 삶을 살기를 원

분별력

하신다.

베드로후서는 '하나님의 성품에 참여하는 사람'(벧후 1:4)이 됨으로써 죽을 수밖에 없는 인간의 운명을 초월하도록, 우리에게 하나님의 능력이 주어졌다고 말한다. 바꾸어 말하면, 우리는 우리 자신을 넘어선다. 그리스도께서 신이시면서 인간이신 것처럼 우리는 인간이면서 신이다! 예수님은 요한복음 10장 30-34절에서 이 진리를 확실하게 말씀하셨다. 예수님은 그 시대 종교 지도자들에게 "나와 아버지는 하나이다"라고 말씀하셨다. 이에 그들이 하나님을 모독했다며 예수님을 돌로 치려 했다. "당신은 사람이면서, 자기를 하나님이라고 하였소." 그러자 예수님은 한술 더 떠서 자신이 하나님의 아들이라고 주장했다. 예수님은 시편 82편 6절을 인용하여 이렇게 말씀하셨다. "너희의 율법에, '내가 너희를 신들이라고 하였다' 하는 말이 기록되어 있지 않으냐? 하나님의 말씀을 받은 사람들을 하나님께서 신이라고 하셨다."[1]

하나님이 사랑하시는 자녀

내 신앙의 중심에는 우리들이 사랑받는 하나님의 아들딸이라는 확신이 있다. 성부 하나님은 성자 예수님에게 하셨던 말씀을 우리에게 하신다. "너는 내 사랑하는 아들이요, 나는 너를 좋아한다"(눅 3:22).

친애하는 벗이여, 나는 여러분이 이 이야기를 들었으면 좋겠다.

예수님에게 하신 말씀이 우리에게 하신 말씀이다. 자신 있게 선언하기 어려울 수 있다. 우리는 하나님이 사랑하시는 아들딸이다. 이 사실이 믿어지는가? 귀를 거쳐 머리에만 들리는 것이 아니라, 여러분의 삶 전체가 바뀌도록 가슴속에 이 말이 울리는가? 성경을 펼치고 읽어보자. "나는 영원한 사랑으로 너를 사랑하였다. 내가 네 이름을 내 손바닥에 새겼다. 내가 땅 속 깊은 곳 같은 저 모태에서 너를 조립하였다. 내가 너를 사랑한다. 내가 너를 품에 안는다. 너는 내 것이고 나는 네 것이며 너는 내게 속하였다." 우리는 이 말을 들어야 한다. 영원 전부터 우리에게 말씀하시는 하나님의 이 음성을 들으면, 우리의 삶은 훨씬 더 사랑받는 자의 삶이 될 것이다. 왜냐하면 그게 바로 우리이기 때문이다.

이 사실을 믿기 시작하면, 이 영적 지식이 자라나 우리의 일상생활을 바꿀 것이다. 여전히 거절을 당하고 여전히 고통과 상실을 경험하겠지만, 우리는 더 이상 자신의 정체성을 찾아 헤매며 고통과 상실을 견뎌내지 않아도 된다. 사랑받는 자의 삶을 살 수 있다. 이제 우리는 자신이 누구인지를 알고 고통과 괴로움, 성공과 실패를 살아낼 것이다. 그러나 이것은 그리 쉬운 일이 아니다. 우리 중 대부분은 자주 우리가 진정 누구인지 분명하게 밝히지 못하기 때문이다.

사랑받는 자녀임을 분명하게 밝히기

라르쉬 데이브레이크 공동체에 담임 목회자로 부임한 지 그리 오래되지 않았을 때였다. 누군가에게 '당신은 하나님이 사랑하시는 자녀'라고 축복할 기회가 있었다. 강렬한 경험이었다. 기도회를 시작하기 직전에 공동체 식구인 재닛이 내게 말했다. "헨리, 제게 축복해주실래요?" 나는 엄지손가락으로 그녀의 이마에 성호를 그으며 그녀의 부탁에 약간은 반사적으로 반응했다. "아니오, 그건 효과 없어요. 진짜 축복을 받고 싶어요!" 재닛이 말했다. 내 반응이 적절치 못했다는 것을 불현듯 깨닫고 재닛에게 말했다. "아, 미안합니다. 모두 함께 모이는 기도 시간에 진짜 축복을 해드릴게요." 재닛은 웃으며 고개를 끄덕였고, 나는 내게 특별한 무언가가 필요하다는 것을 깨달았다.

기도회가 끝나고 약 서른 명의 사람이 마루에 앉아 있을 때 나는 이렇게 말했다. "재닛이 제게 특별한 축복을 부탁했습니다. 재닛은 지금 자신에게 축복이 필요하다고 생각합니다." 재닛이 자리에서 일어나 내 쪽으로 걸어왔다. 나는 자리에서 일어나 재닛을 맞이하기 위해 두 팔을 벌렸고, 재닛이 다가와 머리를 내 가슴에 기댔다. 재닛의 양 어깨에 두 손을 올리자 내 옷 소매가 그녀를 감쌌다. 나는 재닛을 보며 말했다. "재닛 자매님, 자매님은 하나님이 사랑하시는 딸입니다. 이 사실을 아셨으면 합니다. 하나님에게 자매님은 소중한 존재입니다. 자매님의 아름다운 미소, 집에 오는 사람들에게 자매님이 베푸는 친절, 자매님이 행하는 모든 선한 일은 자매님이 얼마나 아름다운 사람인지를 보여줍니다. 요즘 기운이 없고 순간순간 슬픈 마음이 드는 것을 압니다. 하지만 자매님이 누구인지 기억하셨으면 합니다. 자매님은 아주 특별하고, 하나님과 여기 함께 있는 모든 사람에게 극진한 사랑을 받는 사람이라는 것을 기억하시기 바랍니다."

재닛이 고개를 들고 나를 쳐다보았다. 그리고 미소를 지으며 말했다. "고마워요, 헨리. 첫 번째 것보다 훨씬 낫네요."

우리가 서로에게 하는 축복은 영원 전부터 우리에게 주어진 축복을 말로 표현하는 것이다. 그것은 하나님 안에서 우리의 진정한 정체성을 가장 확실하게 확인하는 행위이자 최고의 칭찬이다.

사실 하나님은 우리가 태어나기 전에 우리를 사랑하셨고 우리가 죽은 뒤에도 여전히 우리를 사랑하실 것이다. 하나님은 땅 속 깊은 곳 같은 모태에서 우리를 지으셨다. 하나님은 자신의 손바닥에 우리를 새기셨다. 하나님은 우리의 머리카락까지 다 세신다. 우리는 하나님의 영원하신 품에 안겨 있다. 우리는 영원부터 영원까지 하나님께 속해 있다. 실제로 우리는 하나님의 아들이요 딸이다. 하나님이 사랑하시는 자녀, 이것이 하나님의 기억 속에 확고히 새겨진 우리 정체성이다. 우리가 가치 있는 일을 하거나 중요한 것을 증명하거나 귀중한 것을 선뜻 내놓았는지 여부와 상관없이, 하나님은 조건 없이 우리를 사랑하신다. 이 사랑은 우리가 어디로 가고 무엇을 하든 우리를 안전하게 붙잡고 우리가 가치 있는 존재라고 확실하게 말한다. 이 사랑은 강하고 힘차고 왕성한 아버지의 사랑이자 어머니의 사랑이다. 우리에게 가장 우선되고 중요한 과업은 우리가 하나님께 조건 없이 사랑받는 존재임을 당당하게 밝히는 것이다. 하나님이 기억하는 우리가 진정 누구인지 기억하자. 우리가 느끼든 느끼지 못하든, 이해하든 이해하지 못하든, 우리가 하나님이 사랑하시는 자녀라는 사실을 우리는 마음으로 알 수 있고 확실하게 밝힐 수 있다.

그러나 사실 이것은 쉽게 밝힐 수 있는 정체성이 아니다. 우리 사회는 우리에게, 성공하거나 인기를 얻거나 권세가 있어야 사랑받을 자격이 있다고 말하기 때문이다. 그러나 하나님은 우리에게 성공이나 인기나 권세를 요구하지 않으신다. 우리의 정체성을 분별하고 하나님의 조건 없는 사랑을 받아들이기만 하면, 우리는 이 세상에 구속당하지 않고 자유롭게 살 수 있다. 시기심이나 억울하고 분한 마음을 품지 않고 우리에게 상처나 실망을 안겨준 사람을 용서할 수 있다. 우리가 하나님이 사랑하시는 자녀임을 당당히 밝힘으로써 얻는 가장 아름다운 열매는 기쁨이다. 우리 마음에 이러한 기쁨이 생길 때 우리는 하나님의 조건 없는 사랑을 다른 이들과 나누며 살 수 있다. 이상하게 들리겠지만, 우리는 다른 사람들에게 '하나님처럼' 될 수 있다.

우리가 누구인지 확실히 밝히는 순간부터 우리는 '우리가 되라'는 부름에 직면한다. 하나님이 사랑하시는 자가 되는 것, 우리가 누구인지 기억하는 것은 우리 인생에서 가장 큰 '축복'이다! 축복하다에 해당하는 라틴어 베네디케레*benedicere*는 본래 '좋게*bene* 말하는*dictio* 것', 다시 말해 누군가에 대해 좋게 말하는 것을 의미한다. 나는 나에 관한 좋은 말을 들어야 하고, 여러분 역시 그래야 한다. 나는 하나님이 나와 여러분의 삶에 행하시는 일을 좋게 이야기하는 법을 배워야 한다. 자기만족에 빠져 자축하는 의미로가 아니라 겸손한 마음으로 하나님의 일하심을 의식하면서 말이다.

누군가를 축복하는 것은 우리가 할 수 있는 가장 의미 있는 확인이다. 축복은 단순한 감탄 이상의 의미가 있다. 단순히 다른 이의 은

사나 착한 행실을 칭찬하는 것 이상의 의미가 있다. 누군가를 축복한다는 것은 그 사람의 정체성을 확인해주는 것이다. 그가 사랑받는 존재가 맞다고 확인해주는 것이다. 자신이 사랑받는 존재임을 밝히는 것은 쉽지 않다. 우리들 중 대부분이 이 일에 어려움을 느낀다. 아니라고 맞서는 목소리가 들리기 때문이다. 한 목소리는 우리가 죄인에 불과하다고 말하고, 또 한 목소리는 우리가 하나님이 사랑하시는 자녀라고 말한다. 그러므로 우리는 영들을 분별하고 내면에서 들리는 사랑의 목소리를 따라가야 한다.[2]

진정한 자아로 돌아오다

예수님은 우리에게 생명zoe을 주시기 위해 이 세상에 오셨다. 살짝 건드리기만 해도 끊어지고 말 이 세상의 허약한 구조를 의지하는 대신, 성부와 성자 간의 영원한 사랑, 사랑을 베푸는 부모와 간절히 원하는 자녀 간의 사랑을 주시기 위해 이 세상에 오셨다. 우리에게 성령이라 불리는 사랑에 의지하는 새로운 정체성과 진정한 자아를 주시기 위해 이 세상에 오셨다. 우리는 마치 인생의 목적과 평화를 찾아, 자신의 진정한 정체성을 찾아 외국 땅에서 헤매는 이와 같았다. 예수님은 우리가 진정한 자아를 회복할 수 있도록 우리들 가운데 서서 우리를 집으로 부르신다.

우리가 성부와 성자, 창조자와 구속자를 완전한 사랑으로 연합시키는 성령으로 숨 쉬는 하나님의 자녀이자 예수님의 형제자매로서 하나님에게 속하면, 우리에게는 하나님의 마음을 아는 지식이 생겨서 우리가 진정 누구인지 알고 하나님이 보시는 대로 세상을 볼 수 있다. 하나님이 보시는 대로 세상을 본다는 건 무슨 뜻일까? 하나님이 보시는 대로 보는 눈은 분별에 중요한 요소다. 하나님이 보시는 대로 보아야 올바르게 볼 수 있다. 복음서에는 제자들이나 다른 사람들이 하는 질문에 예수님이 직접적인 대답을 하지 않으시는 예가 많이 나온다. [예를 들어, 야고보와 요한의 어머니가 자신의 두 아들을 예수님의 나라에서 하나는 예수님의 오른쪽에, 하나는 왼쪽에 앉게 해달라고 청하자 예수님은 이렇게 대답하셨다. "내가 마시려는 잔을 너희가 마실 수 있겠느냐?"(마 20:20-23)] 예수님이 이렇게 대꾸하신 것은 그들이 하는 행태를 참아줄 수 없어서가 아니라 질문이 잘못되었기 때문이다. 그 질문은 하나님의 마음에 속한 질문이 아니었다. 자신이 누구인지도 모르는 자들이 사는 두렵고 불안한 세상에 속한 질문이었다.

우리가 하나님에게 속해 있고 하나님의 생명에 참여하고 있다는 사실을 알면 알수록 우리는 하나님의 마음도 알게 된다. 우리가 하나님의 마음에 가까워질수록, "제가 무얼 해야 하나요?" "어떻게 하면 필요한 걸 얻을 수 있나요?" 같이 정신없는 질문은 자취를 감춘다. 그러고 나면 우리는 우리가 거룩한 곳에서 마주친 질문을 듣고 분투함을 보기 시작한다. 하나님 안에서 우리는 정말로 무슨 일이 벌어지고 있는지를 이해하는 새로운 마음과 새로운 귀와 새로운 눈을 얻는다. 과거에 우리 마음을 온통 사로잡았던 관심사들은 이제 의미를 잃는다. 우리에게 너무나 중요해 보였던 차이들이 하나님 안에서 보면 모두 녹아 없어진다. 두려움에 사로잡히게 했던 이유들이 더는 우리에게 힘을 발휘하지 못한다. 멀리멀리 헤매고 다니게 했던 요인들이 더는 우리를 몰아가지 못한다. 대신에 하나님의 뜻이 하늘에서 이루어진 것같이 땅에서도 이루어지기를 간절히 바라는 열망이 우리 안에 가득 찬다.

자신이 누구인지 기억하라

우리의 정체성에 관한 진실이 머리에서 가슴으로 내려올 때 평안과 기쁨을 느끼지 못할 수도 있다! 자신의 일부를 진짜 자신이 아니라고 거부하고 이상적인 자기만 진짜 자신이라고 주장하는 것이 어떻게 쉽겠는가? 실패를 맛볼 때 우리가 하나님이 사랑하시는 자녀라는 사실을 어떻게 기억할 수 있을까? 우리 때문에 누군가가 상처를 받을 때 하나님이 우리를 사랑하신다는 사실을 어떻게 떠올릴 수 있을까? 그러나 그때에도 우리는 하나님이 사랑하시는 자녀이며, 우리의 상함과 연약함은 다함이 없는 하나님의 풍성한 사랑을 먹고 살라는 더 강렬한 부르심이라는 사실을 기억해야 한다.

사막의 교부들과 교모들, 그리고 기독교 전통의 명상가들이 확인해준 사실이 있다. 고독과 묵상 속에서 우리는 여전히 치유가 필요한 자신의 상처 나고 어두운 부분에 관심을 기울이고, 이상적인 자아가 우리의 일부인 것만큼 상처와 어둠도 우리의 일부임을 알게 된다. 우리에게는 자신의 실제 경험으로 확인할 수 있는 경험만 선택하고 나머지는 옆으로 제쳐두면서 선택적으로 살려는 기만적인 성향이 있다. 자아 전체에 관심을 기울임으로써 우리는, 자신의 어두운 부분에 관심을 쏟을 뿐 아니라 우리의 한 부분에 불과한 자아 이상ego ideal도 바꿀 수 있다. 페르소나 또는 이상적 자아라고도 부르는 자아 이상도 바꿀 수 있는 것이다. 어느 정도는 우리가 쌓아올린 정적 속에서 마음껏 하나님 앞에 나아가 우리 자신의 제한된 시각을 초월하기도 한다.

자아 이상은 대개 지성, 사회생활, 신체적 아름다움, 도덕적 위상과 관련하여 자신이 만들어낸 기대와 열망으로 이루어진다. 그러나 우리는 스스로 부정하고 싶은 어두운 면을 지니고 있기도 하지만, 우리 자신의 자아 이상보다 더 괜찮은 존재이기도 하다! 이것이 바로 인생의 신비다. 우리의 진정한 정체성은 우리를 그분의 형상으로 지으신 하나님 안에서 찾을 수 있다. 우리는 하나님의 형상과 영을 지닌 자들이다. 이것은 우리의 가장 내밀한 자아 안에 있는 하나님의 계시다.

우리는 고요한 묵상과 성찰 속에서 우리가 개개의 자아 그 이상임을 발견하고 우리가 진정 누구인지 깨닫는다. 우리에게 생명을 불어넣으시는 이를 마음으로 보는 법을 천천히 배운다. 그곳에서 우리는 우리가 태어나기도 전에, 자신을 사랑하는 법을 배우기도 전에, 사랑받을 자격이 있음을 증명하기도 전에 우리를 사랑하신 하나님을 '기억'한다. 우리는 우리 자신 이상이며, 우리가 생각하거나 표현하는 것 이상이고, 우리의 육체적 존재 이상이며, 우리의 인격과 성품 이상이다. 이것이 우리에 관한 진실이다. (나 역시 심리학자이지만) 오늘날 심리학에 지나치게 의존하는 것이 문제가 되는 이유는 우리가 심리학에 최종 발언권을 주는 경향이 있기 때문이다. 그럼에도 심리학적 인식이 아름다운 것은 그 사람의 성격을 묘사하는 특성 너머를 가리킬 수 있다는 데 있다. 모든 진단과 정신 건강 문제 밑에는 내면에 하나님의 형상을 지닌 사람이 있다. 심리학은 우리 안에 있는 다양한 면모를 표현하는 데 유용한 언어를 제공한다. 그러나 신학은 인간을 어떤 성격이나 장애로 규정할 수 없다는 사실을 우리에게 상기시킨다. 이것이 우리에게 신학이 필요한 이유다. 인간을 규정하려면 심리학에서 말하는 이런저런 성격 특성보다 더 깊고 더 넓은 무언가가 있어야 한다. 그것은 우리가 영혼에 관하여 말할 때 의미하는 바로 그것이다. 그곳에서 우리 개개인의 개성은 가장 뚜렷하면서 하나님과 가장 비슷하다.

진정한 정체성을 갖고 살기

우리가 사랑받는 존재임을 밝히는 것은 정말 힘든 일이다. 쉽게 만족하지 않고 이리저리 잡아끌고 밀어붙이는 세상에서 살다 보면 '하나님 안에서' 우리가 누구이고, 지금 여기에서 어떻게 거룩한 삶을 살아가야 할지 기억하기가 쉽지 않다. 마치 세상이 말하는 우리가 진짜 우리인 것처럼 착각할 만큼, 우리의 정체성은 우리가 살고 있는 이 세상의 영과 구조들 속에 단단히 싸여 있다. 세상은 우리를 가리켜 가난한 사람/부유한 사람, 건강한 사람/장애가 있는 사람,

착한 사람/나쁜 사람, 정서적으로 안정된 사람/정서적으로 취약한 사람으로 규정한다.

프랑스에서 장애가 있는 사람들과 만났던 것이 내게는 도움이 되었다. 처음 그곳에 도착했을 때 나는 힘든 시기를 견디며 큰 프로젝트를 진행하느라 심히 지쳐 있었다. 휴식이 필요했다. 나를 모를뿐더러 나나 내 업적을 평가할 능력도 관심도 없는 사람들, 그렇지만 진심어린 애정으로 나를 환영하는 사람들을 만났을 때, 내 안에 새로운 공간이 열렸다. 아무 조건 없이 나를 받아주는 그들의 마음이 나의 자기거부를 뚫고 들어와 나를 거부하는 내 자아보다 더 깊은 사랑을 어렴풋이 보게 해주었다. 나는 그것을 영원부터 영원까지 이어진 하나님의 '첫사랑'에 대한 경험이라고 부른다. 상처 입기 쉬운 사람들이 내게 보여준 사랑은 내가 누구인지 매일 확인해주었다. 나는 사람들을 온전히 사랑하고 싶어 했으나 지쳐서 진이 다 빠진 교수요 작가요 신부였다. 나는 그들에게 진심어린 사랑을 받으며 하나님의 관점에서 내가 누구인지 기억하는 여행을 시작했다.

프랑스를 다녀온 지 얼마 되지 않아 우크라이나를 방문했다. 그곳에서 나는 피정에 참석해 정체성을 분별하는 것의 중요성에 관하여 강연했다. 하나님의 아들딸로서 '우리가 하나님께 사랑받는 자들이라고 확실히 밝히는 것'과 '다른 사람들에게 당신은 사랑받는 하나님의 자녀라고 선언하는 것'이 얼마나 중요한지 이야기했다. 한 우크라이나 청년이 토마스 아 켐피스의 《그리스도를 본받아》를 들고 와서 본문을 펼쳐 보여주었다. 우리는 아무것도 아니고, 우리가 아무것도 아니라는 사실을 절대 잊지 않을 때에만 비로소 영적으로 선한 삶을 살 수 있다는 구절이었다. 인간을 긍정적으로 바라보는 내 시각에 당황한 기색이 역력했다. 나는 그의 준거 틀에서 벗어나지 않는 범위에서 설명하고자 애썼다. 하나님은 그분의 종들이 굴욕당하는 것을 내려다보시고, 우리가 그분의 아들이신 예수님만큼이나 하나님께 사랑받는 존재임을 보여주사 우리를 높이 들어올리셨다고 말해주었다.

우리는 스스로 쓸모없고 죄가 많다고 생각하는 곳, 스스로 아무것도 아니라고 생각하는 곳이 아니라, 하나님의 선택을 받은 자녀라는 새로운 정체성을 밝힐 수 있는 곳에서 살도록 부름을 받았다. 나는 이 사실을 그에게 전하려고 노력했다. 그도 이해하려고 애썼다. 하지만 그 사실을 진심으로 믿지는 못했다. 비단 이 젊은이만 그런 것은 아니다. 많은 그리스도인이 자신은 하찮은 존재이며 하나님께 사랑받을 자격이 없다고 배운다. 우리가 절대로 하나님의 사랑을 받을 수 없는 것이 사실이라면, 우리는 하나님이 예수님 안에서 우리에게 풍성한 삶을 주시려고 오셨다는 사실을 잊어버려야 하지 않겠는가. 그럼에도 우리가 이 사실을 믿는 까닭은 이것이 우리로서는 도저히 상상도 할 수 없는 사랑의 신비이기 때문이다.

그 청년은 그리스도인의 정체성 가운데 한 가지 측면을 다루는 《그리스도를 본받아》라는 훌륭한 책에 나온 구절을 읽고 있었다. 우리에게는 하나님이 필요하고, 우리 힘으로 하나님이 우리를 사랑하게 만들 수 없다는 내용이었다. 나는 그가 우크라이나의 전통 안에서도 배우기를 바란다. 우크라이나의 기독교는 기독교 묵상 전통에 지대한 공헌을 했다. 특히 타보르(다볼) 산에 나타난 빛과, 마음 기도를 강조한다. 이 전통이 아름다운 이유는 인간의 사악함에도 불구하고 하나님의 은혜를 찬양하기 때문이다. 서구의 그리스도인들은 이와 관련하여 동유럽 형제자매에게 많이 배워야 한다.

서구사회에서는 인간의 사악함에 대한 인식이 약해진 게 사실이다. 많은 사람이 자기들은 충분히 선하고 하나님이 필요 없다고 생각한다. 그런가 하면, 어떤 기독교 전통에서는 인간의 타락을 지나치게 강조한다. 적어도 내가 보기에는 지나친 면이 있다. 복음은 인간의 노예 상태와 타락보다 인간의 해방과 존엄을 더 많이 선포한다. 성경적 가치들 사이에서 균형을 이루는 한편, 힘을 돋우는 복음의 특성을 강조할 필요가 있다. 겸손과 오래 참음, 인내, 순종의 가치는 자기 자신에 대한 신뢰, 자유, 선언, 사명, 권한과 나란히 나온다. 인간이 지닌 고유의 가치와 신성한 가치, 근본적 존엄을 선언하는 복음은 평등한 권리와 좋은 집, 훌륭한 의료 서비스, 좋은 교육을 위해 노력하고, 이 세상의 정의와 평화를 위해 싸우도록 우리를 격려한다.

다시 원래의 질문으로 돌아오자. 나는 누구인가? 여러분은 누구인가? 우리는 하나님이 사랑하시는 자요, 하나님의 형상을 지닌 자다. 해를 끼치고 불화를 일으킬 수도 있지만, 영예롭고 선한 일도 할 수 있는 인간이다. 우리는 하나님이 사랑하시는 자다. 그리고 예수님은 사랑받는 자녀의 삶으로 우리를 인도하신다. 우리는 이 이야기를 몇 번이고 들어야 한다. 예수님은 하나님의 음성에 귀를 기울이고, 하나님의 말씀을 전하고, 하나님이 맡기신 일을 행하는 방법을 훨씬 더 심오한 방식으로 우리에게 보여주신다. 예수님은 하늘

227

에 계신 아버지께서 한계를 두지 않고 사랑을 베푸신 것처럼 우리도 사랑에 한계를 두지 않아야 한다고 분명하게 말씀하신다(마 5:43-48). 예수님은 먹든지 자든지 기도하든지 놀든지 말하든지 행하든지 하나님 아버지와 교통하며 살라고 우리를 부르신다. 그리하여 모든 생각과 말과 행동을 통해 우리가 모든 사람을 끌어안으시는 하나님 아버지의 무한하신 사랑 안에서 살아가고 있음을 이 세상에 드러내라고 말씀하신다. 우리의 행위 때문이 아니라 하나님이 우리를 자녀로 삼으셨기 때문에 우리가 사랑받는 이 신비를 이해할 때, 우리는 같은 방식으로 다른 사람을 마음껏 사랑할 수 있다. 무엇을 하고 누구를 섬길지에 대한 분별은 하나님의 사랑으로 사랑하고 하나님의 마음으로 섬기는 법을 깨달을 때 급격히 바뀐다. 하나님이 사랑하시는 자녀라는 정체성을 이해하고 받아들일 뿐 아니라, 가난하고 상처 입고 병든 사람들에게 하나님의 사랑을 전하는 것이 진리에 반응하는 가장 핵심임을 이해하고 받아들일 때, 우리가 부름을 받은 바로 그곳이 더 활짝 열린다.

1. "예수님과 우리 사이에는 본질적인 차이가 없다. 예수님이 하나님의 자녀인 것처럼 우리도 하나님의 자녀다"라는 말을 듣고 처음 든 생각은 무엇인가? 예전에도 이렇게 배웠는가? 이 이야기를 들었을 때 처음 든 생각과 반응에 관하여 일기를 쓰자. 하나님 앞에서 여러분이 사랑받는 존재임을 깨닫는 데 도움이 될 것이다.

2. 우크라이나 청년은 "우리가 아무것도 아니라는 사실을 절대 잊지 않을 때에만 영적으로 선한 삶을 살 수 있다"고 믿었다. 여러분이 그 청년을 만나면, 무어라고 말하겠는가? 여러분은 하나님이 어떤 눈으로 여러분을 보신다고 생각하는가? 그러한 생각이 여러분이 이 세상을 살아가는 방식에 어떤 영향을 끼치는가? 이에 관하여 그에게 편지를 써보자. (여러분이 참여하는 소그룹이 있다면, 이 편지를 사람들과 함께 나누고 여러분을 보시는 하나님의 눈에 관한 여러분의 시각이 여러분의 자기이해와 소명감에 어떤 영향을 미치는지 토의해보자.)

3. 헨리 나우웬은 특별한 축복을 받고 싶어 하는 재닛의 이야기를 언급한다. 여러분이 간절히 듣고 싶은 축복은 어떤 것인가? 누군가에게 축복을 부탁할 기회가 생긴다면, 무슨 말을 듣고 싶은가? 그 축복을 받아들일

수 있겠는가? 여러분이 속한 소그룹 안에서 서로 축복의 말을 해주자. 다른 사람들이 하는 축복의 말을 성급하게 흘려버리거나 일축하지 않고 마음을 열고 들으려고 힘쓰자.

4. 한 주 동안 "나는 하나님이 사랑하시는 자녀다"라는 말로 하루를 시작하고 끝내자. 그 주가 시작될 때와 끝날 때 그 말이 여러분의 마음에 어떻게 울려퍼졌는지 돌아보며 한 주를 마감하는 일기를 쓰자. 여러분의 삶에 임하시는 하나님의 치유 사역을 분별하기 위해 마음을 여는 데 이것이 어떤 영향을 끼쳤는가?

때를 알라:
행동할 때, 기다릴 때, 끌려갈 때

모든 일에는 다 때가 있다.
세상에서 일어나는 일마다 알맞은 때가 있다.

_전도서 3장 1절

행동할 때와 기다릴 때를 어떻게 알 수 있을까? 이끄는 대신 끌려가야 할 때가 언제인지 어떻게 알 수 있을까? 분별에는 이해력뿐 아니라 행동력도 필요하다. 하나님의 뜻을 분별하기 위해서는 우선 하나님의 임재를 구하고, 일상생활에서 책과 사람과 표징에 귀를 기울이고, 소명을 찾고자 힘써야 한다. 그러나 결국 무언가를 선택하고 한 걸음 내디뎌야 하는 순간이 다가오게 마련이다.

토머스 머튼은 《토머스 머튼의 단상: 통회하는 한 방관자의 생각》에서 이렇게 말했다.

행동하고 '헌신'해야 할 때가 있다. 그러나 복잡한 행동에 완전히 몰두하지는 말아야 한다. 순수한 카이로스의 순간이 있다. 그때의 행동은 많은 의미를 만들어낸다. 다 그렇듯이 활동적으로 사는 사람도 귀를 기울여야 할 때가 있다. 다음에 무슨 일이 생길지 모르고 그럴 듯한 대답조차 할 수 없을 때는 기다리는 것이 더 나은 행동일 수 있다.[1]

행동하는 것과 행동하지 않는 것. 기다리는 것과 나아가는 것. 말하는 것과 침묵하는 것. 이 모든 것이 신실한 행동일 수 있다. 하나님의 임재 안에 살며 성령을 의지하면, 일상생활에서 올바른 행동이 무엇인지 분별하는 데 도움이 된다.

분별력

예일대 신학대학원에 있을 때, 어느 해 성주간에 신학생 모임에서 초대를 받았다. 코네티컷 주 그로턴에 있는 원자력 잠수함 조선소 일렉트릭 보트Electric Boat에서 철야기도회가 열리는 데 동참해달라는 초대였다. 조선소에서는 트라이던트 핵잠수함을 건조하고 있었다. 새 잠수함에는 '코르푸스 크리스티Corpus Christi'라는 이름을 붙일 예정이었다! 그리스도의 몸이라는 뜻이다. 성목요일에 우리는 성금요일 평화 행동을 준비하기 위해 모였다. 근면하고 똑똑하고 신앙심이 깊은 이 학생들은 벌써 여러 달 전부터 한 주에 한 번씩 모여 기도해왔다. 이 기간에 그들은 서서히 하나의 공동체를 이루어갔다. 그 공동체는 하나님의 인도하심에 귀를 기울일 줄 아는 사람들의 공동체였다. 그들은 함께 모여 성경을 읽고, 자기들이 느끼는 두려움과 우려를 이야기하고, 확고한 신념을 표현할 말을 찾기 위해 애썼다. 그들은 전쟁 무기를 취역하고 거기에 '그리스도의 몸'이라는 이름을 붙이려는 자들에게 하나님의 사랑을 알리는 것이 그리스도인으로서 자기들의 소명이라고 생각했다.

이 얼마나 역설적인가! 그리스도의 몸은 사랑 안에서 우리를 세울 때 쓰는 호칭인데 말이다. 결국, 학생들은 공개 시위를 하기로 했다. 정부가 국가를 보호하는 데 필요하다고 생각하는 것에 항의하기로 했다. 어떤 이들은 법을 위반하고 체포를 당하는 것이 자기들의 사명이라고 생각했다. 그런가 하면 거기에 대해 확신이 별로 없는 이들도 있었다. 나도 그중 하나였다. 그러나 모두 극히 예외적이고 가시적인 방식으로 죽음에는 '노'로, 생명의 하나님께는 '예스'로 답하는 것이 자기들에게 주어진 소명이라고 느꼈다. 그리고 사람들에게서 공개 시위에 대한 반응이 이어지기를 바랐다. 학생들은 지금이 행동할 때라고 생각했다.

성금요일에 우리는 일렉트릭 보트 본사 앞에서 평화 시위를 하기 위해 그로턴으로 갔다. 모임의 리더들은 내게 그로턴 거리에 있는 십자가의 길[2]에서, 기도로 핵무기 경쟁에 저항하는 그 공동체를 인도해달라고 부탁했다. 우리는 침묵으로 기도할 뿐 아니라 말과 노래로도 열렬히 기도했다. 그러면서 우리는 예수님이 당하신 고난에 관한 이야기를 들었다. 어떤 교회에서도 들은 적이 없는 이야기였다. 기도는 더 이상 성소에서 열리는 소극적인 종교 행사가 아니라 이 세상의 사회구조에 도전하는 적극적이고 심지어 위험하며 체제 전복적인 행동이라는 사실을 그날 가슴 깊이 인식했다. 게다가 내가 설교단에서 죽음과 부활, 고난과 새 생명에 관하여 너무나 자주 했던 말들이 갑자기 새로운 힘을 얻었다. 명확하게 죽음을 규탄하고 생명을 불러일으키는 힘을 얻었다.[3] 내게는 중요한 순간이었다. 전쟁과 제도적인 폭력을 부추기는 북소리에 저항하지 않고는 이제 더 이상 그리스도의 평화를 말할 수 없게 되었다. 신자들에게는 더 이상 예배가 사적인 일일 수 없었다. 예배는 사람들이 권력자들의 손에 고통받는 곳으로 나를 데려갔다.

몇 년 후에 나는 중앙아메리카에 가서 그곳 사람들이 엄청난 고통에 시달리는 모습을 목격했다. 즉각적인 대응이 필요했다. 가슴 아프게도 16세기 초에 가톨릭 선교사들이 중앙아메리카에 들여온 예수님의 말씀이 때로 그곳 사람들을 망가뜨리고 고문했다는 사실을 알게 되었다. 화해시키는 능력을 증언하도록 부름을 받은 바로 그 사람들을 말이다. 그리스도인을 옥에 가두는 그리스도인이 있었다. 그리스도인을 고문하는 그리스도인, 그리스도인을 살해하는 그리스도인이 있었다. 거대한 어둠이 육신이 된 말씀을 덮었다.[4] 그리스도의 몸이 분열되어 여러 지체를 해치고 있었다. 그리스도의 몸이 사랑을 베풀지 않을 때 그리스도는 눈물을 흘리신다.

니카라과와 과테말라, 페루에서 비극적인 정치, 경제, 군사, 종교 갈등을 목격했다. 대부분 교회와 정부가 연루되어 있었다. 그럴 때면 좀 더 적극적으로 영성을 발휘해야겠다는 생각을 했다. 그래서 북아메리카로 돌아온 뒤 평화 촉구 순회강연에 참여했다. 그리스도와 민주주의의 이름으로 행하는 심각한 불의에 관심을 촉구하고 하나님이 우리에게 영적이고 정치적인 행동을 촉구하고 계시다고 증언하는 일이었다.[5] 일반적인 방식으로 사랑에 관해 이야기하고 한 걸음 물러서서, 정부 지도자와 종교 지도자들이 극빈층의 고통을 무시하는 것을 느긋하게 지켜볼 수가 없었다. 나는 확신을 가지고 중앙아메리카로 돌아갔다. 그 확신은 청중을 놀라게 했고 가끔은 나 역시 놀랐다. 나는 교회와 대학의 청중들에게 이렇게 말했다. "미국 정부, 그리고 간접적으로 미국 사람들이 중앙아메리카에서 하는 일은 부당하고 불법적이고 부도덕합니다. 우리를 조금도 위협하지 않는 나라에 간섭하는 것이니, 이는 부당한 일입니다. 자주 국가에 대한 내정 간섭을 금지하는 기존의 국제법을 위반하는 것이니, 이는 불법입니다. 무고한 사람들에게 파멸과 고문과 죽음을 안

235

겨주고 있으니, 이는 부도덕합니다. '그리스도가 살아나셨다'는 것은 우리가 분열을 일으키는 사람들이 아니라 화해를 이루는 사람들이라는 뜻입니다. 상처 주는 사람들이 아니라 치유하는 사람들이라는 뜻입니다. 보복하는 사람들이 아니라 용서하는 사람들이라는 뜻입니다. 미워하는 사람들이 아니라 사랑하는 사람들이라는 뜻입니다. 죽음을 안겨주는 사람들이 아니라 생명을 전하는 사람들이라는 뜻입니다."

행동할 때가 되면, 회개와 감사로 행동해야 한다. '코르푸스 크리스티'에 반대하는 시위에 동참하고, 북아메리카에 있는 친구들에게 남아메리카의 극심한 가난을 상기시키는 한편, 북아메리카 사람들이 누리는 편리함이 남아메리카 극빈층의 노동을 통해 얻은 것이라는 사실을 지적하고픈 마음이 점점 커져갈 때였다. 그때 "왜 우리가 시민의 평등권을 위해 행동에 나서야 하느냐"는 질문을 자주 받았다. 하나님이 일하시도록 기도하면 안 되는가? 나는 내가 목소리를 내지 못하는 사람들을 대신해 말하도록 부름을 받았다는 사실을 깨달았다. 그래서 그들이 희망을 찾도록, 나아가 압제자들이 회심할 수 있도록 말이다. 하나님의 뜻을 분별하고 그 뜻을 행동에 옮긴다고 해서 모든 사람이 우리의 행동을 지지하는 것은 아니다. 그러나 그것은 우리 자신의 삶과 우리 모두가 사는 이 사회를 변화시키라는 부르심이다.

왜 우리가 평화 운동에 참여해야 할까? 평화 운동에 참여하면, 우리 마음속에서 폭력의 근원을 찾을 수 있기 때문이다. 왜 우리가 기아를 줄이기 위해 행동에 나서야 할까? 그렇게 할 때 우리의 탐욕이 정체를 드러내기 때문이다. 그러므로 다른 사람들을 위해 하는 모든 행동은 뉘우침의 행동이 될 수 있다. 이는 우리로 하여금 동료 인간과 더욱 연대하고, 그리하여 화해의 기반을 다지게 한다. 사실, 하나님은 행동하시는 분이다. 그리고 우리는 회개를 통해 하나님의 행동을 앞당길 수 있다. 이쯤에서 확실해지는 사실이 있다. 우리는 행동을 통해 그리스도의 재림에 참여하고, 새 하늘과 새 땅은 우리를 통해 신비한 방식으로 실현된다.

그러나 행동은 회개와만 관련이 있는 것이 아니다. 감사와 훨씬 더 관련이 깊다. 감사는 우리가 이 세상에 임하시는 하나님의 임재를 깨닫는 데서 흘러나오고, 행동은 감사하는 마음에서 우러나오는 반응이다. 예수님이 하신 모든 사역은 하나님 아버지께 감사하는 마음에서 비롯되었다. 우리는 이 사역에 적극적으로 참여하도록 부름을 받았다. 가난한 사람들에게 하나님의 사랑을 알리고, 장애가 있는 사람들에게까지 소명의식을 확대하면서 내가 발견한 사실이 있다. 내가 걷는 그 길은 많은 사람이 걸어서 잘 닦인 길이었다. 베드로와 바울은 맹렬한 에너지를 가지고 여러 곳을 여행했다. 아빌라의 테레사는 지칠 줄 모르는 사람처럼 수도원을 세웠다. 마틴 루터 킹은 억누를 수 없는 열정으로 설교하고 기획하고 조직했다. 그리고 캘커타의 마더 테레사는 극빈층을 돌보면서 담대하게 주님의 재림을 앞당겼다. 그들은 충동에 따라 행동하지 않았다. 자기들의 삶에 적극적으로 임하시는 하나님을 알아보고 거기에 자연스럽게 반응했을 뿐이다. 우리의 행동 역시 벅찬 감사의 산물이 될 수 있다.

기다릴 때

예일 대학교에서 '코르푸스 크리스티' 잠수함에 반대하는 시위를 할 때, 나는 그때가 행동해야 할 때라고 확신했다. 더 이상 침묵하거나 가만히 있을 수 없었다. 그러나 살아가다 보면 인도하심이 확실히 느껴지지 않을 때가 많이 있다. 확실치 않거나 모호한 상황에 처할 때는 기다려야 한다. 영적 삶에는 적극적인 기다림이 반드시 필요하다. 활기차고 속도가 빠른 우리의 삶과 문화에서는 기다림이 인기가 없다. 기다림은 우리가 크게 기뻐하며 기대하거나 경험하는 것이 아니다. 사실 우리 대부분은 기다림을 시간 낭비로 여긴다. 아마도 우리가 살고 있는 문화가 우리에게 이렇게 말하기 때문인지 모른다. "시작해! 뭐든 해! 당신이 하면 다르다는 걸 보여줘! 가만히 앉아서 기다리지 마." 그러나 일어날 일에 대한 기대감과 기다리며 배우는 인내심을 가슴에 품고 현 순간에 오롯이 주목하게 하는 것, 그것이 기다림의 역설이다.

제자들은 예수님을 따르는 것에 관하여 우리에게 많은 것을 가르쳐준다. 예수님의 제자에게 기다림은 무의미한 행동이 아니다. 이 기다림은 우리 마음에 숨겨진 약속이 이루어지길 소망하는 기다림이고, 이것은 우리가 기다리는 바를 이미 현실로 만든다. 사실, 교회력 절기를 들여다보면 그리스도인은 늘 고유한 기다림의 시간을 갖는다. 재림절 기간에 우리는, 공현대축일에 이 세상과 우리 마음에 모습을 드러내실 예수님의 탄생을 기다린다. 사순절 기간에는 고독의 사막에서 새 생명이 드러나기를 기다린다. 부활절 이후에는 오

분별력

순절에 성령이 오시기를 기다리고, 예수님이 승천하신 이후에는 다시 오시기를 기다린다. 우리는 늘 기다린다. 하지만 이것은 확신이 있는 기다림이다. 우리가 이미 하나님의 약속을 들었고 예수님 안에서 하나님의 발자국을 보았다는 확신이 있는 기다림이다.

하나님의 약속이 이루어지기를 기다림으로써 우리는 우리가 걸어가는 길에 온전히 집중할 수 있다. 예수님에게 시선을 고정하고 하나님이 함께 계신 이 순간을 살아갈 수 있다. 하나님의 뜻을 분별하고자 오랜 시간 애쓰고 있을 때에도, 인도하심을 따르고 기도하고 잠잠히 있고 공동체 안에서 살고 인생길에서 만나는 사람들을 섬기는 것이 우리의 소명이다. 예수님과 함께 걸으면 현재를 살 수 있다. 이것은 미래를 걱정하는 것과는 정반대의 기다림이다. 하나님의 임재를 확인하는 것은 "이 날은 주님이 구별해주신 날, 우리 모두 이 날에 기뻐하고 즐거워하자"(시 118:24)라는 말씀을 제대로 아는 것이다.

약속을 기다린다는 것은 지금 우리 눈앞에서 벌어지는 일에 주목하고, 동이 트듯 하나님의 영광의 빛이 비치는 것을 본다는 의미다. 시편에는 이러한 기다림이 가득하다. "내가 주님을 기다린다. 내 영혼이 주님을 기다리며 내가 주님의 말씀만을 바란다. 내 영혼이 주님을 기다림이 파수꾼이 아침을 기다림보다 더 간절하다. 진실로 파수꾼이 아침을 기다림보다 더 간절하다. 이스라엘아, 주님만을 의지하여라. 주님께만 인자하심이 있고, 속량하시는 큰 능력은 그에게만 있다"(시 130:5-7).

복음서는 기다림에 관한 이야기로 가득하다. 누가복음은 예수님의 탄생을 이야기하면서 우리에게 다섯 사람을 소개한다. 기대하며 기다리던 사가랴와 엘리사벳, 마리아, 시므온, 안나가 그 주인공이다. 그들은 개별적으로 하나님이 사랑하시는 자들이었을 뿐 아니라 '기다리는 이스라엘'을 대표하는 사람들이었다. 그들은 약속이 이루어지기를 기다렸다. 말씀에 주목하면서 소망과 기대에 부풀어 기다렸다.

사가랴는 약속을 기억하고 성전에서 기다렸다. "사가랴야, … 네 아내 엘리사벳이 너에게 아들을 낳아줄 것이니"(눅 1:13). 예수님의 어머니 마리아는 천사의 말에 귀를 기울였다. "그대가 잉태하여 아들을 낳을 터이니"(눅 1:31). 천사의 말을 들은 마리아는 엘리사벳의 집에 가서 기다렸다. 그곳에서 자신이 들은 말과 예언을 곰곰이 생각했다. 성전 제사장 시므온은 오랜 시간 메시아를 볼 날을 기다리며 살아왔다. 그는 그리스도를 보기 전에는 죽지 아니할 것이라 믿으며 기다렸다(눅 2:26). 신앙을 지켜온 이스라엘의 남은 자들로서 메시아를 기다려왔던 그들은 각자 약속을 받았다. 그 약속이 그들에게 용기를 주었고 기대하며 기다릴 수 있게 했다. 사가랴와 엘리사벳, 마리아, 시므온, 안나는 모두 현재를 살았으며 현 순간에 주목했다. 그들은 깨어 있었고, 자신에게 "두려워하지 마라. 너에게 무슨 일인가 일어나고 있다. 주목하라" 하고 말하는 목소리에 즉각 반응했다.

특히, 마리아는 인내하면서 기다림에 주의를 기울였다. "당신의 말씀대로 나에게 이루어지기를 바랍니다"(눅 1:38). 이렇듯 순종하는 기다림은 관상 기도로 이어졌고 드디어 때가 무르익었다. "마리

아는 이 모든 말을 고이 간직하고, 마음속에 곰곰이 되새겼다"(눅 2:19).

약속이 이루어지기를 어떻게 기다려야 할까? 인내하며 기다려야 한다. 인내는 수동성을 의미하는 것이 아니다. 인내하며 기다리는 것은 버스가 오기를 기다리거나 비가 그치기를 기다리거나 해가 뜨기를 기다리는 것과 다르다. 인내하는 기다림은 능동적인 기다림이다. 우리는 인내하는 기다림 속에 우리가 기다리는 것의 표정을 발견하기 위하여 현 순간을 오롯이 누리며 산다.

기다리는 사람은 인내하는 사람이다. 인내를 뜻하는 영어 단어 'patience'는 라틴어 동사 patior에서 왔다. 파티오르는 '고통받다'는 뜻이다. 인내하며 기다리는 것은 현재의 순간에 고통받는 것이다. 감추어진 것이 우리에게 드러날 것을 믿으며 현 순간을 최대한 누리는 것이다. 우리가 하나님이 사랑하시는 자녀이고 사랑의 집에서 살 수 있다는 사실을 알 때, 모든 인내는 함께하는 인내가 된다. 고통받는 하나님과 함께 고통받는 것이 되고, 그리하여 고통과 긍휼은 새 생명을 낳는다. "너희는 울며 애통하겠으나, … 너희가 근심에 싸여도, 그 근심이 기쁨으로 변할 것이다"(요 16:20). 그렇게 함께 인내할 때 시간은 단순히 흘러가는 것이 아니다. 때가 무르익는 것이다. 그 안에서 기쁨과 슬픔, 충만함과 공허함, 존재와 부재, 삶과 죽음의 구분은 사라진다.

흔히 '인내, 견딤, 참음, 꿋꿋함'으로 번역되는 그리스어 휘포모네

*hypomone*는 '그 순간을 사는 것'을 가리킨다(눅 8:8, 15; 21:16-9). 능동적으로 치열한 삶 속에 들어가는 것을 의미한다. 조바심이 날 때는 현재의 순간이 공허하게 느껴진다. 그래서 그 순간을 벗어나고 싶어 한다. 상업 문화는 교묘하게 우리의 조급함을 이용하고 손에 잡히는 것을 향해 나아가도록 우리를 유혹한다. 우리가 찾는 것이 어딘가(혹은 언젠가)에 있다고 늘 우리에게 속삭인다.

조바심 내는 삶은 시계상의 시간(크로노스)을 따라 사는 삶이다. 이 시간은 인정사정없이 객관적이다. 이 시간은 자발성이나 기념식을 허용하지 않는다. 인내하는 삶은 무르익은 시간(카이로스) 안에서 사는 삶이다. 실제 사건들이 때가 차야 일어난다는 것을 알고 사는 삶이다. 하나님이 나타나시는 놀라운 일은 때가 차야 알아볼 수 있다(막 1:15).

현재의 순간을 능동적으로 사는 인내는 기대의 어머니다. '기대감을 안고 인내하며 기다리는 것'을 바꾸어 말하면 '사랑이 많으신 우리 하나님의 임재 앞에 연약하게 서 있는 것'이다. 이것이 모든 기도의 핵심이다. 내가 하나님 앞에서 내게 주어진 삶을 살고 있으며, 내가 해야 할 일을 하고 있다는 사실을 깨닫는 것이 기도할 때 도움이 된다. 하나님 안에서 내가 누구인지 알기에 내가 가야 할 곳으로 인도받고 있으며, 내가 해야 할 일을 할 용기를 얻게 될 것이라는 기대감을 안고 내 생각과 행동을 예수 그리스도께 바치고 있다는 사실을 깨닫는 것도 기도할 때 도움이 된다.

능동적으로 기다린다는 것은 아직 이루어지지 않은 약속을 향해 마음이 열려 있는 것을 의미한다. 인내하며 기다린다는 것은 오롯이 현재의 순간을 사는 것이다. 기대하며 기다린다는 것은 이 긴 과정이 열매를 맺을 것이라고 믿는 것이다. 우리와 동시대를 산 시몬 베유Simone Weil는 이렇게 썼다. "기대감을 안고 인내하며 기다리는 것이 영적 삶의 기반이다."[6]

끌려갈 때

행동할 때가 있고, 기다릴 때가 있으며, 끌려가야 할 때가 있다. 젊은 시절에는 행동하고 싶어 하고 모든 것을 내 손에 거머쥐고 싶어 한다. 그러나 나이가 들거나 영적으로 더 성숙하면, 기다리는 법을 배우고 기도하면서 손을 펴는 법을 배우고, 가고 싶지 않은 곳으로 끌려가기도 한다(요 21:18). 이를 통해 우리는 하나님의 영의 자유를 알게 된다. 눈에 보이는 유일한 표징이 십자가뿐이라도 성령은 우리를 새 생명으로 인도하신다.

하버드에서 학생들을 가르칠 때 중병에 걸린 친구를 방문해달라는 부탁을 받았다. 나이는 쉰세 살이었고 아주 활동적이고 유능하며 신실하고 창의적인 삶을 살아온 사람이었다. 사람들, 특히 가난한 사람들에게 지대한 관심을 쏟으며 살아온 사회행동가였다. 암에 걸린 것을 알게 된 건 쉰 살 때였다. 그로부터 3년 동안 점점 더 병이 깊어갔다.

내가 그를 찾아갔을 때 그는 내게 이렇게 말했다. "헨리, 나는 지금 이렇게 침대에 누워 있습니다. 병든 내 모습을 어떻게 받아들여야 할지 모르겠습니다." 그는 사람들을 위해 무슨 일인가를 하는 행동의 측면에서만 자신의 모습을 바라보았다. 피동적인 사람이 되어버린 지금, 다른 사람은커녕 자신을 돌보는 일조차 하지 못하는 삶이 한없이 무가치하게 느껴진다고 했다. 그는 내게 이렇게 부탁했다. "제발, 이 상황을 새로운 시각으로 바라볼 수 있게 도와주세요. 내 힘으로는 할 수 있는 게 아무것도 없고, 온갖 사람들이 나를 위해 이런저런 일을 하는 지금 이 상황의 의미를 이해할 수 있게 도와주세요."

그와 이야기를 나누다 알게 되었다. 그는 끊임없이 '아직 내가 할 수 있는 일이 얼마나 될까?' 하고 생각했다. 자기가 하는 일을 통해서만 존재의 가치를 느끼던 사람이 자신에 관하여 생각하는 법을 조금씩 배워가고 있었다. 그는 암에 걸렸고 상태는 계속 나빠지기만 할 터였다. 순간순간 자포자기하고픈 마음이 든다고 했다. 결국 그는 죽을 것이다. 그런 그에게 내가 무슨 말을 할 수 있을까?

이런 생각을 하고 또 기도하면서 우리는 밴스턴W. H. Vanstone의 《기다림의 위상The Stature of Waiting》이라는 책을 함께 읽었다. 저자는 겟세마네 동산에서 고뇌하시고 십자가를 지시기까지 예수님이 겪으신 고통에 관하여 이야기했다. 이 책은 그 친구와 내가 능동의 삶에서 피동의 삶으로 옮겨가는 것이 의미하는 바를 이해하는 데 도움이 되었다. 그것은 일종의 기다림, 우리 대부분이 저항하고 우리 문화가 부인하는 기다림이었다. 그러나 이것이 삶의 현실이다. 우리는 우리에게 주어진 삶으로 하나님의 사랑에 반응하며 살아간다. 그러나 이 땅에서 우리에게 주어진 시간에 고통이 우리를 찾아오고, 우리는 다른 사람들과 '함께 아파하며' 긍휼 가운데 살아가도록 부름을 받았다. 슬픔과 고통의 시간에 기다리는 것은 가장 힘들고 어려운 일이기도 하지만, 가장 풍성한 열매를 맺는 시간이기도 하다. 우리 자신과 다른 사람들의 고통 속으로 들어갈 때 우리는 예수님의 길에 가까워진다. 우리는 종종 고통 속에 떠밀린다. 고통의 손에 넘겨진다.

능동의 삶에서 피동의 삶으로

예수님이 체포되는 이야기의 핵심 주제는 '넘겨지는' 것이다. 겟세마네 동산에서 예수님은 로마 당국의 손에 넘겨졌다. 몇몇 역본은 예수님이 '배신'을 당했다고 말하지만, 그리스어 성경은 예수님이 유다의 손에 '넘겨졌다'고 말한다(막 14:10 참고). 이 단어가 가룟 유다와 관련해서만 사용된 것은 아니다. 하나님에게도 이 단어가 사용되었다. "예수는 우리가 범죄한 것 때문에 내줌이 되고"(롬 4:25, 개역개정). "자기 아들을 아끼지 않으시고, 우리 모두를 위하여 내주신 분이, 어찌 그 아들과 함께 모든 것을 우리에게 선물로 거저 주지 않으시겠습니까?"(롬 8:32) 그러므로 '넘겨지다'(혹은 '내어주다')라는 표현은 능동에서 피동으로 옮겨가는 우리 인생에 중요한 의미가 있다.

넘겨지는 것을 기준으로 예수님의 삶은 철저히 두 부분으로 나뉜다. 앞부분에는 진취적인 계획과 활동으로 가득하다. 예수님은 말씀하시고 설교하시고 치료하시고 여기저기 다니신다. 그러나 넘겨진 직후부터 예수님은 자신에게 벌어지는 일을 그대로 당하셨다.

체포당하시고 대제사장 앞에 끌려가시고 빌라도 앞에 끌려가셨다. 머리에는 가시관이 씌였고 십자가에 못 박히셨다. 예수님은 아무것도 할 수 없었고 사람들이 그분에게 이런저런 일을 행했다.

이것이 피동passion의 의미다. 다른 사람들이 하는 행동을 '당하는' 것이 바로 피동이다(그래서 action의 반대인 passion이 '그리스도의 수난'을 의미하게 되었다—옮긴이). 예수님은 "다 이루었다"(요 19:30)라고 말씀하셨다. 그러나 이 말은 단순히 '내가 하고 싶었던 일을 모두 다 했다'라는 뜻이 아니다. 예수님의 말씀에는 이런 뜻도 있다. '내 소명을 이루기 위해 내게 이루어져야 하는 일들이 내게 이루어지게 했다.' 예수님은 능동을 통해서뿐 아니라 피동을 통해서도 자신의 소명을 이루셨다. 이 사실을 깨닫는 것이 중요하다.

우리는 통제권을 쥐고 있으려는 문화에 사로잡혀 있다. 우리의 자존감은 대개 계속 능동적으로 살고 주도권을 쥐고 인생의 방향을 설정하는 능력에 기반을 두고 있다. 우리는 활동적인 삶을 온전한 인간의 표징으로 여긴다. (맞아, 그 사람은 아직도 매우 활동적이야.) 그러나 사실 우리에게는 우리 인생에 대한 통제권이 거의 없다. 피부색, 국적, 사회적 지위, 혈통, 교육 등등 대부분의 일이 우리에게 일어난다. 우리가 결정하는 것이 아니다. 그리고 우리의 공통된 종착지는 죽음이다. 다른 때보다 통제력 부족을 잘 숨길 수 있는 때도 있다. 그러나 다른 사람들과 상황과 사건이 삶의 방향을 결정하게 놔두는 수밖에 다른 도리가 없을 때가 훨씬 많다. 그러므로 능동의 삶 못지않게 피동의 삶도 우리의 소명으로 바라보아야 한다. 그것이 우리의 과제다. 여러분은 십자가를 지기 위해 예수님의 길을 따르라는 부름을 어떻게 받았는가? 새 생명을 얻기 위해 예수님을 따르라는 부름을 어떻게 받았는가? 둘 다 살아서도 죽어서도 예수님을 따르는 것이다.

50대에 데이브레이크 공동체에 합류한 뒤, 나는 내가 얼마나 오랫동안 '통제 착각' 속에서 살았는지 깨달았다. 공동체 속에 더 깊이 들어가면서 공동체 식구들에게 배우기 시작했다. 가진 것이 거의 없고 무엇을 먹었는지 무엇을 입었는지 무엇을 했는지 어디를 갔는지 말도 하지 못하는 사람들에게 배우기 시작했다. 그리고 내 삶에 대해 더 많이 생각하기 시작했다. 내가 생각하고 말하고 행하는 것으로 결정되는 것이 얼마나 적은지 생각했다. 나는 여기에 항의하는 경향이 있고, 운명의 개척자로서 내가 주도하는 활동을 더 좋아한다. 그러나 사실은 내 행동보다 사랑 때문에 괴로워하는 것이 내 인생에서 훨씬 큰 부분을 차지한다. 이것을 모른 체하는 것은 자기기만이며, 이런 피동의 삶을 사랑으로 받아들이지 않는 것은 자기거절이다. 그러므로 우리의 소명은 능동의 삶을 통해서만이 아니라 피동의 삶을 통해서도 이루어진다는 사실을 인정하는 것이 나이가 들수록 점점 더 중요해진다.

피동은 일종의 기다림이다. 다른 사람들이 앞으로 할 일을 기다리는 것이다. 모든 활동은 피동으로 끝난다. 누군가를 사랑한다는 것은 의도적이든 아니든 그 사람에게 우리를 고통에 넘겨줄 힘과 자유가 있다는 사실을 깨닫는 것이다. 다른 이의 손에 넘겨질 때, 우리는 그가 하는 행동의 결과가 우리에게 미치기를 기다린다. 때가 되면, 우리는 우리의 바람과 갈망을 내려놓고 다른 사람들이 행동하기를 기다린다. 앞날에 대한 통제권을 포기하고 하나님이 우리 삶을 규정하시도록 우리 자신을 내어주고, 하나님이 어딘가로 데려가시기를 막연히 기다린다.

암에 걸려 괴로워하는 친구와 이야기를 나누는 과정에서 예수님의 수난을 바라보는 이러한 통찰이 매우 중요한 역할을 했다. 그는 열심히 일한 후에는 기다려야 한다는 사실을 깨달았다. 인간으로서 능동의 삶을 통해서만이 아니라 피동의 삶을 통해서도 자신의 소명을 이루게 될 것이라는 사실을 이해하게 되었다. 바로 이 기다림 속에서 새로운 소망과 새로운 평화, 새로운 기쁨이 서서히 나타난다는 사실을 우리들은 서서히 이해하게 되었다.

끌고 가는 삶에서 끌려가는 삶으로

대학에서 거의 20년을 보낸 뒤에 나는 잠을 이루지 못했다. 소명에 대한 새로운 부르심 같았다. 그 부르심이 나를 데이브레이크 공동체로 인도했다. 그때 나는 50대에 접어들었다. 앞으로 남은 시간이 지나온 시간만큼 길 것 같지 않았다. 나는 단순한 질문에 맞닥뜨렸다. 나이가 들수록 예수님과 더 가까워졌는가?

나이가 들고 더 성숙해진다는 것은 리더십을 발휘하는 능력이 점점 더 커지는 것을 의미한다고 믿었었다. 실제로 세월이 흐를수록 자신감이 더 생겼다. 내가 무언가를 알고 있다고 생각했다. 아는 것을 잘 표현하고 들려줄 능력이 있다고 생각했다. 그런 점에서 점점 더 자신에 찼다. 그러나 어느 순간 기도가 잘 되지 않고 다른 사람들과 조금은 고립된 채 살아가는 내 모습을 보게 되었다. 다급한 문제에 온통 정신이 팔려 있었다. 사람들은 내가 정말 잘하고 있다고 했지만, 내면에 있는 무언가는 내게 다른 말을 했다. 나의 성공이 내 영혼을 위험에 빠뜨리고 있다고 했다. 이런 위기 속에서 나는 계속 기도했다. "주님, 내가 어디로 가길 원하시는지 내게 보여주세요. 주님을 따르겠습니다. 그러니 부디 분명하게, 모호하지 않게 알려주세요." 하나님은 분명하게 보여주셨다. 비록 내가 그 뜻을 분별하기까지 오랜 시간이 걸리긴 했지만. 마음이 가난한 사람들과 함께 살라고, 그들뿐 아니라 나를 치유하기 위해 그들과 함께 살라고 분명하게 말씀하셨다.

나는 하버드를 떠나 라르쉬로 갔다. 세상을 호령하고 싶어 하는 '가장 우수하고 똑똑한' 사람들 곁을 떠나 우리 사회에 거의 혹은 아예 목소리를 내지 못하는 사람들에게 갔다. 끌고 가는 삶에서 끌려가는 삶으로 이동하는 것 같았다. 마음껏 내가 가고 싶은 곳에 가고 내가 선택한 일을 하면서 목회자로 스물다섯 해를 살았다. 그런 뒤에 정신과 몸이 망가진 사람들과 함께 사는 소박하고 드러나지 않는 삶 속에서 내 자리를 찾았다. 하루 일과를 엄격하게 따라야 하는 삶이었다.

라르쉬 공동체에 들어가자 독립적인 생활방식이 문제가 되었다. 매시간, 매일, 매달이 놀라움으로 가득했다. 놀랄 채비를 할 새도 없었다. 공동체 식구 중에 빌이라는 친구가 있었다. 빌은 내가 하는 강론에 동의가 되지 않으면, 미사가 끝날 때까지 기다리지도 않고 바로 말했다! 미사 중간에 바로 이야기했다. 논리적인 생각이 반드시 논리적인 반응을 이끌어내는 것은 아니다. 아름다운 말과 설득력

10 때를 알라: 행동할 때, 기다릴 때, 끌려갈 때

있는 주장도 현재의 느낌과 강렬한 감정을 더 이상 억제하지 못한다. 내가 함께 살기 위해 찾아온 공동체 식구들은 내 리더십이 여전히 복잡한 상황과 혼란스러운 감정과 불안한 마음을 통제하려는 열망에 기반을 두고 있다는 사실을 은연중에 내게 깨우쳐주었다. 예측할 수 없는 이런 분위기에서 안정감을 느끼기까지 오랜 시간이 걸렸다. 라르쉬는 신체적으로나 정신적으로 고갈되어 탈진한 내게 하나님의 해법을 제시했다. 그리고 대개의 경우 관계의 현실과 사랑의 시험대로 끌려가는 것을 의미하는 소명과 리더십의 신비를 알게 해주었다.[7]

하나님의 뜻을 알기 위해 그분의 음성에 귀를 기울여야 했고, 그분이 부르실 때 순종해야 했고, 그분이 이끄시는 곳은 어디든 따라가야 했다. 하나님은 내게 선택권이 있다면 절대 선택하지 않을 곳에 가라고 요구하신다. 내가 원치 않는 순간에도, 편안하거나 만족스러운 곳이 아니어도, 하나님이 이끄시면 따라야 한다.

예수님은 고난을 당하심으로써 순종을 배우셨다(히 5:7-9). 고통과 괴로움을 겪으심으로써 하나님의 음성에 더 완벽하게 귀를 기울일 수 있게 되었다는 뜻이다. 고난을 통해 예수님은 하나님의 마음을 알게 되었고, 하나님의 부르심에 반응할 수 있었다. 내게는 가난한 사람들의 고통에 동참하는 것이 곧 순종적인 사람이 되는 길이었다. 하나님께 귀 기울이는 사람이 되는 길이었다. 사랑으로 받아들이고 나누는 고통은 내 이기적인 방어벽을 깨뜨리고 하나님의 인도하심을 받아들이게 했다.

베드로에게 하신 말씀

부활하신 예수님과 베드로의 이야기로 다시 돌아가자. 예수님은 베드로에게 "내 양을 먹이라"라고 세 번이나 사역을 위임하신 후에 이렇게 말씀하셨다.

> 내가 진정으로 진정으로 네게 말한다. 네가 젊어서는 스스로 띠를 띠고 네가 가고 싶은 곳을 다녔으나, 네가 늙어서는 남들이 네 팔을 벌릴 것이고, 너를 묶어서 네가 바라지 않는 곳으로 너를 끌고 갈 것이다(요 21:18).

예수님이 베드로에게 하신 이 심오한 말씀에는 순종의 핵심이 담겨 있다. 삶의 주도권을 내려놓고 예수님이 앞서 가신 겸손의 길을 따라가는 완전히 새로운 방식이 제시되어 있다. 이 세상은 우리에게 말한다. "어려서는 네가 의존적이어서 가고 싶은 곳에 갈 수 없었으나, 나이가 들면 스스로 결정하고 너만의 길을 갈 수 있다. 네 운명을 스스로 정할 수 있다." 그러나 '성숙'을 바라보는 예수님의 시각은 전혀 다르다. 예수님은 자신이 바라지 않는 곳으로 기꺼이 끌려가는 태도, 그럴 수 있는 능력이 성숙이라고 보신다.

나는 하버드를 떠나 라르쉬에 가서야 의미 있고 인기 있고 영향력 있는 사람이 되고 싶은 갈망이 그동안 내게 얼마나 많은 영향을 끼쳤는지 깨달았다. 내 안에서 자라난 그 갈망은 사실 소명이 아니라 유혹이었다. 예수님은 우리에게 "네가 나를 사랑하느냐?"라고 물으시고, 목자가 되라고 우리를 보내신다. 그리고는 우리가 나이가 들수록 손에 쥐고 있는 것을 놓고 원치 않는 곳으로 끌려가게 될 것이라고 말씀하신다. 타당성을 따지는 삶에서 기도하는 삶으로 나아가라고 말씀하신다. 인기를 걱정하는 삶에서 함께 서로가 서로를 섬기는 삶으로 나아가라고 말씀하신다. 힘에 바탕을 둔 리더십에서 하나님이 우리를 어디로 이끄시는지 정확히 분별할 줄 아는 리더십으로 나아가라고 말씀하신다.

베드로가 그랬듯이, 예수님의 '양을 먹이기' 위해 주님이 내게 원하시는 곳으로 끌려가는 것, 그것이 내 소명이다. 그러므로 나는 주님의 양 떼를 위해 기꺼이 목숨을 내놓아야 한다(요 10:11 참고). 물론, 이 구절은 말 그대로 특별한 상황에서 다른 사람들을 위해 목숨을 버리는 것을 의미하기도 한다. 그러나 무엇보다도 우리의 슬픔과 기쁨, 절망과 소망, 외로움과 친밀함의 경험, 즉 우리의 삶을 다른 사람들이 이용할 수 있는 새 생명의 원천으로 내어주라는 뜻이다. 우리가 다른 사람들에게 줄 수 있는 가장 큰 선물은 우리 자신이다. "두려워하지 마세요. 당신이 어떤 삶을 살고 있는지 압니다. 당신 옆에는 제가 있습니다. 당신은 혼자가 아닙니다." 위기에 빠진 사람들에게 이렇게 위로와 위안을 줄 수 있어야 한다. 이렇게 우리 자신을 내어줌으로써 우리는 그리스도 같은 목자가 된다.

베드로에게 주신 도전은 우리에게도 그대로 적용된다. 예수님이 가신 길을 따르려면, 능동의 삶에서 피동의 삶으로 옮겨가신 예수님처럼 우리 역시 피동의 삶을 받아들여야 한다. 우리 역시 우리 자신을 '넘겨주어야' 한다. 그렇게 함으로써 우리에게 주어진 소명을 이루어야 한다.

나이가 들수록, 혹은 영적으로 성숙해질수록, 우리 역시 다른 이의 손에 넘겨질 것이다. 사람들이 우리 손을 잡고 우리가 원치 않는 곳으로 끌고 갈 것이다. 베드로에게 일어난 일이 우리에게도 일어날 것이다. 고난이 우리를 기다리고 있다. 순종하기 쉽지 않을 것이다. 길을 잘못 선택했다고 생각하고 싶어질 것이다. 그러나 겸손하게 그 길을 따라가면, 고통에 소스라치게 놀라는 대신 순종의 기쁨에 깜짝 놀라게 될 것이다. 고통의 심연에서 샘처럼 솟아나는 한없는 치유의 능력에 놀라게 될 것이다. 척박한 사막 한가운데서 아름답게 피어난 작은 꽃에 놀라게 될 것이다.

장 루이라는 내 친구는 캘커타에서 돌아온 뒤 변한 자신의 모습에 깜짝 놀랐다. 캘커타에서 루이는 라르쉬 공동체 식구들과 함께 살면서, 마더 테레사가 죽음을 앞둔 사람들을 위해 운영하는 호스피스에서 일했다. 루이는 내게 이렇게 말했다. "집에 돌아왔을 때 참 감사했습니다. 기운이 나고 일을 계속할 준비가 되어 있었죠. 그런데 집에 오고 며칠 후에 갑자기 깨달았어요. 단순한 문화 충격이 아니었습니다. 잠시 중단했던 일을 다시 시작할 때 으레 찾아오는 위기도 아니었고요. 훨씬 더 깊이 있는 거였습니다. 내가 캘커타에서 하나님을 보았다는 걸, 그 때문에 내가 달라졌다는 걸 불현듯 깨달은 겁니다. 나에 대한 권한을 넘기고, 손에 쥐고 있던 것을 놓으라는 초대를 받는 기분이었어요. 전폭적으로 신뢰하고, 사랑으로 새로 빚어지라는 초대를 받는 기분이었어요."

장 루이는 끌려가는 경험을 표현할 말을 찾으려고 애썼다. 그 모습을 보고 나는 그와 함께 울고 싶었다. 슬퍼서가 아니라 기뻐서 울고 싶었다. 그 기쁨은 일을 계획하고 준비하고 조직하고 행하고 또 장래 계획을 세우고 싶은 '옛 사람'이 서서히 죽고, 토기장이의 손에 이런저런 모양으로 아주 잘 빚어지는 유순한 '새 사람'이 태어나는 기쁨이었다. 그런 그를 보면서 약간의 질투심마저 느꼈다. 나도 장 루이처럼 마음을 열고 유순하게 성령이 이끄시는 대로 따라가는 사람이 되고 싶었다. 그러나 질투심보다 감사하는 마음이 훨씬 컸다. 친구가 그렇게 큰 축복을 받는 모습을 보게 되어 감사했다.

신학적 성찰 연습

장 루이는 장래를 자기 뜻대로 좌지우지하려는 욕구를 버리고, 마음을 열고 성령이 이끄시는 대로 따라가는 법을 배웠다. 하나님의 행하심에 항복하는 법을 배웠다. 그러면 나를 끌고 가려는 손과 함께 살아가려면 어떤 영성 훈련이 필요할까? 장 루이는 극빈층과 함께 살면서 하나님의 부르심의 빛 안에서 자기 삶을 돌아봄으로써 자신에 대한 권리를 넘겨주는 법을 배웠다. 분투하는 신학적 성찰은 우리가 끌려갈 곳을 비판적으로 분별하게 해준다. 진정한 신학적 성찰은 '그리스도의 마음'으로 생각하는 것이다(고전 2:16). 예수님의 마음으로 고통스럽기도 하고 기쁘기도 한 하루하루의 현실을 돌아보는 것이다. 그렇게 함으로써 조심스럽게 이끄시는 하나님의 인도하심을 이해하도록 인간의 의식을 높이는 것이다. 이것은 어려운 훈련이다. 하나님의 임재는 대개 감추어져 있어서 찾아내야 하기 때문이다.

기독교 리더십의 미래를 생각하던 중 앞으로 기독교 리더십은 신학적인 리더십이 되어야 한다는 확신이 생겼다. 그러려면 신학교와 신학대학원, 기독교 공동체에 변화가 일어나야 한다. 지금 우리에 게는 사람들이 시대의 표적을 제대로 분별할 수 있도록 훈련할 곳 이 필요하다. 단순히 지성 훈련만 해서는 안 된다. 몸과 머리와 마음, 즉 전인을 훈련하는 깊이 있는 영성 개발이 필요하다. 사도 바울 은 우리에게 그리스도 예수의 마음을 품으라고 말한다. "그는 하나 님의 모습을 지니셨으나, 하나님과 동등함을 당연하게 생각하지 않 으시고, 오히려 자기를 비워서 종의 모습을 취하시고, 사람과 같이 되셨습니다. 그는 사람의 모양으로 나타나셔서, 자기를 낮추시고, 죽기까지 순종하셨으니, 곧 십자가에 죽기까지 하셨습니다"(빌 2:6- 8). 그런데 오늘날 대부분의 신학교는 이러한 그리스도의 마음을 품 도록 학생들을 훈련하는 기관이 아니다. 신학교들이 그리스도의 마 음을 품은 리더를 길러내려고 애쓰고 그것이 실현될 때에만 21세 기 교회에 희망이 있다. 기독교 리더십에 관한 가장 유서 깊고 가장 전통적인 비전은 이런 일이 실현되기를 기다리는 것이다.

그러므로 그리스도인 리더들은 종으로서 충실히 신학적 성찰을 훈련하고, 하나님의 마음을 알고, 기도와 공부와 세심한 분석을 통 해 무작위로 일어나는 것처럼 보이는 현 시대의 사건들 가운데서 하나님의 구원 사역을 밝히 드러낼 수 있도록 준비된 사람이다. 예 수님의 이름으로 생각하고 말하고 행동할 수 있는 사람이다. 인간 의 역사에서 하나님이 어떻게 일하시는지 시시각각 분별할 수 있는 사람이다. 어떻게 하면 우리 인생에 벌어지는 개인적인 사건과 사 회적인 사건, 국가적인 사건과 국제적인 사건이 우리를 십자가로

255

끌고 가고 십자가를 통해 부활로 인도하는 방식에 더 예민해질 수 있는지 알고 있는 사람이다.

예수님은 때가 찼을 때 오셨다. 때가 차면 다시 오실 것이다. 그리스도가 계신 곳에서는 늘 때가 무르익었다. '때를 잡는 것'이 우리가 할 일이다. 지금 여기에서 하나님의 뜻이 이루어질 적절한 때를 잡아야 한다.

복음서에 등장하는 모든 위대한 사건은 때가 찼을 때 일어났다. (여기에서 '때'는 그리스어 '카이로스'를 문자적으로 번역한 것으로 하나님의 시간을 의미한다.) "엘리사벳은 해산할 달이 차서, 아들을 낳았다"(눅 1:57). "때가 찼다. 하나님의 나라가 가까이 왔다"(막 1:15). "그러나 기한이 찼을 때에, 하나님께서는 자기 아들을 보내셔서, 여자에게서 나게 하시고, 또한 율법 아래에 놓이게 하셨습니다"(갈 4:4). "하나님의 계획은, 때가 차면, 하늘과 땅에 있는 모든 것을 그리스도 안에서 그분을 머리로 하여 통일시키는 것입니다"(엡 1:10).

때가 차면, 우리는 하나님을 만나고, 우리가 무엇이 되고 무엇을 하도록 부름을 받았는지 알게 된다.

1. 카이로스의 시간은 하나님의 임재로 가득하고, 연대기상의 시간은 예측 가능한 시기들로 표시된다. 카이로스의 시간에 따라 행동한다는 것은 여러분에게 어떤 의미인가? 이 개념이 쉽게 이해되는가, 아니면 이해하기 어려운가? '때가 차서' 행동했던 때를 떠올릴 수 있겠는가? 그때의 경험을 설명해보자.

2. 이번 장에서 헨리 나우웬은 인내하며 기다리는 것, 가고 싶지 않은 곳에 '끌려가는' 것, 피동의 삶에 들어서는 것, 그리고 삶의 고통을 가리켜 영적 성숙의 특징이라 했다. 이것이 여러분의 경험과도 일치하는가? 소그룹에서 함께 나눌 만한 사례가 있는가?

3. 캘커타에서 돌아온 헨리 나우웬의 친구는 이렇게 말했다. "나에 대한 권한을 넘기고, 손에 쥐고 있던 것을 놓으라는 초대를 받는 기분이었어요. 전폭적으로 신뢰하고, 사랑으로 새로 빚어지라는 초대를 받는 기분이었어요." 여러분은 인생의 고통이 우리를 그러한 삶으로 초대한다고 믿는가? 고통의 개념을 이런 식으로 바라보는 것은 낭만적인가, 현실적인가?

4. 여러분은 예수님이 가신 길을 따라 십자가를 지라는 부르심을 어떻게

받았는가? 예수님을 따라가서 새 생명을 얻으라는 부르심은 어떻게 받았는가? 두 가지 측면의 제자도에 관하여 글을 써보자. 여러분의 삶에서 이 둘은 어떻게 교차하는가?

5. 이 책은 다음과 같은 정의를 가지고 출발했다. "분별은 하나님의 뜻을 알고 개인의 소명과 공동의 사명을 완수하기 위해서 하나님의 사랑과 인도하심이 나타나는 독특한 방식을 알아내고 확인하는 신실한 삶이자 귀 기울임이다." 여러분 인생에서 하나님의 일하심을 더욱 잘 분별하기 위해 신실하게 살면서 귀를 기울이는 법을 얼마나 배웠는가? 여러분의 소명과 나아갈 방향을 분별하기 위해 계속 실천에 옮길 사항 몇 가지를 정리해보자.

감춰진 전일체

나는 토론토에 있는 라르쉬 공동체인 데이브레이크에 속해 있다. 데이브레이크는 팔복의 정신으로 지체장애나 정신장애가 있는 사람들과 그들의 도우미가 함께 사는 세계적인 공동체 네트워크의 일부다. 캐나다인 장 바니에와 프랑스 도미니크회의 토마스 필리페가 1964년에 트롤리 브뢰이유라는 작은 마을에 설립했다. 라르쉬 공동체가 처음 문을 열 때 함께한 식구들은 로마 가톨릭교도였다. 하지만 그 뒤에는 곧 로마 가톨릭교도 및 유대인과 함께 다양한 교파의 개신교도들이 주가 되어 공동체를 시작했고 그 안에서 삶과 사역을 나누었다. 인도에 라르쉬 공동체가 문을 열었을 때는 무슬림과 힌두교도도 라르쉬 식구가 되었다. 오늘날, 라르쉬는 종교가 다른 사람들이 함께 모여 살아가는 신앙 공동체다. 토머스 머튼이 말한 '진심어린 에큐메니컬 정신', 겉으로 보이는 뚜렷한 차이 아래 '감춰진 전일체'를 알아보고자 애쓰면서 광범위하게 경계를 넓힌 신앙 공동체다.

공동체 식구들은 우리 가운데 계신 그리스도를 알아보기 위해 다양한 분별의 과정에 참여한다. 나 역시 라르쉐에 거주하는 담임목회자 겸 신부로서 교회가 '성도의 교통'이라고 칭한 교제에 참여한다.

하나님이 어떻게 가난한 사람들을 통해 내게 말씀하시는지도 보았다. 그들은 존재가 역할보다 중요하다는 사실을 내게 가르쳐주었다. 마음이 머리보다 중요하다는 것도 가르쳐주었다. 함께 일하는 것이 혼자 일하는 것보다 중요하다는 것도 가르쳐주었다. 하나님은 하나님에게 속한 사람이냐 아니냐에 대한 인간의 생각, 옳은 사람이냐 옳지 않은 사람이냐에 대한 우리 인간의 시각에 의해 제한받지 않으신다. 분별은 이 사실을 알아가는 길이다. 성경이 증언하듯 "우리는 하나님 안에서 살고, 움직이고, 존재하고" 있다(행 17:28). 분별의 신비는 "깊음은 깊음을 부르며"(시 42:7) 마음은 마음에 말하는 데 있다.

마음 깊은 곳에 '그리스도의 마음'을 품은 사람들은 모든 사람 안에서, 그리고 모든 것들 안에서 그리스도의 임재를 분별할 수 있다. 예수님의 마음과 우리의 마음이 교차하는 곳은 그리스도의 몸이라는 감춰진 전일체全一體다. 이것은 미래에 성취될 실재가 아니다. 육안으로 완전하게 볼 수 없을 때조차도 지금 이곳에 이미 존재하는 선물이다. 우리는 믿음의 눈으로 이미 존재하는 이 전일체, 우리가 속한 특정 신앙 공동체 안에 나타난 전일체를 서서히 분별할 수 있다.

신앙 전통은 다르지만 선의를 지닌 사람들이 하나됨의 정신으로 서로에게 진심으로 귀를 기울이고, 함께 기도하고 묵상하며, 소그룹 안에서 성경을 공부하고, 전통을 나누고, 서로의 은사를 발견하기 위해 모이는 곳마다 이 순수한 전일체는 아주 실제적으로 아주 선명하게 모습을 드러낸다. 교파가 다른 그리스도인들, 신앙 전통이 다른 사람들이 같은 성례전에 참여하는 것이 불가능해 보일 수 있다. 그러나 언젠가 더 가시적인 형태를 취할 이 전일체 안에 말씀과 성례전이 단단히 닻을 내리고 있는 것 또한 현실이다.

확신컨대, 여기에서 무언가 새로운 것이 태어나고 있고, 이것은 앞으로 수세기 안에 교회와 신앙 공동체의 얼굴을 바꾸어놓을 것이다. 전일체라는 선물은 이미 가난한 사람들의 삶을 통해 가장 극적으로 드러나고 있다. 가난한 사람들이 있는 곳에는 그리스도가 계시다. 테제 성가 중에 이런 소절이 있다. "자선과 사랑이 있는 곳, 거기 하나님이 계신다*Ubi caritas, et amor, ubi caritas Deus ibi est*!"

가난한 사람들을 향한 공통의 관심을 통해, 신앙 교리와 관습이 다르고 예배 방식도 다른 사람들이 자기들도 모르게 어울려서 함께 살고 함께 일하고 있는 걸 차차 깨닫는다. 그들은 자기들을 갈라놓는 것에 쏟던 관심을 가난한 사람들에게 쏟았다. 가난한 사람들에게 관심을 돌릴 때마다 우리는 그리스도의 몸이라는 전일체를 발견한다. 이는 교회에 좋은 소식이다.

실제적인 질문이 남는다. 사랑이 동기가 되어 움직이는 하나님 중심의 신앙 공동체로서 우리는 공동생활을 어떻게 영위할 것인가? 모든 사람이 참여하는 기도 시간과 예배 시간에 특정한 신앙을 어떻게 표현할 것인가? 우리들 사이에 계속 존재하는 차이와 다름을 충분히 인정하면서 어떻게 진정으로 조화를 이루며 살 것인가? 마음속에서 갈수록 또렷해지는 의식이 몇 가지 있다. 영적 욕구와

나가는 말

갈망은 모든 사람에게 공통으로 존재한다. 우리는 공통적으로 더 깊은 의미와 목적을 찾고 있다. 우리는 모두 하나님이 사랑하시는 자녀다.

우리 공동체는 영적으로 하나 되는 것과 관련하여 몇 가지 단순한 원칙을 실천하고자 힘쓰고 있다. 첫째, 우리는 가난한 사람들 안에 계신 하나님의 임재를 분별하고 이것을 예배의 가장 중요한 항목으로 삼는다. 둘째, 우리는 현존하는 각 신앙 전통의 차이와 독특성을 긍정한다. 셋째, 우리는 기도와 묵상을 위해 정기적으로 모인다. 넷째, 우리는 말씀을 전하고 성례전을 집전할 방법을 찾는다. 다섯째, 우리는 일상에서 영적인 삶을 산다. 이런 원칙들은 우리들 가운데 계신 하나님의 임재를 알아보고 온전히 하나가 되는 삶의 출발점이다. 성공의 열쇠는 우리 자신을 하나님의 종으로 인식하고 서로에게 종이 되어 섬기는 데 있다. "나는 주님의 종이니, 주님의 증거를 알 수 있도록 나를 깨우쳐주십시오"(시 119:125).

우리는 우리의 우물에서 물을 마신다: 분별과 해방

헨리 나우웬

클레르보의 베르나르는 "모든 사람은 자신의 우물에서 물을 마신다"고 했다. 그러나 혼자서 물을 마시는 사람은 아무도 없다. 우리는 모두 우리가 파지 않은 우물에서 물을 마시고 전적으로 우리의 것은 아닌 생수를 마셨다.

해방신학의 아버지 구스타보 구티에레스Gustavo Gutiérez에 따르면, "영성은 깊고 깊은 신앙 경험에서 솟아나는 생명수와 같다."[1]

자신의 우물에서 물을 마신다는 것은 구체적이고 역사적인 자신의 현실 속에서 예수님을 만나고 그분의 성령 안에서 살아간다는 뜻이다. 이것은 추상적인 견해나 확신이나 생각과는 아무 상관이 없다. 손으로 만질 수 있고 귀로 들을 수 있고 눈으로 볼 수 있는 하나님에 대한 경험과 관련이 있다. 요한이 첫 번째 서신에서 밝힌 대로다. "이 생명의 말씀은 태초부터 계신 것이요, 우리가 들은 것이요, 우리가 눈으로 본 것이요, 우리가 지켜본 것이요, 우리가 손으로 만져본 것입니다"(요일 1:1).

우리 자신의 삶이라는 우물을 깊이 팜으로써 우리는 삶 속에 역사하시는 하나님의 성령을 알아볼 수 있다. 주의 깊게 성령의 역사를 분별하는 것은 우리가 평생에 걸쳐 해야 할 숙제다. 성령 안에 살면서 기도와 묵상을 쉬지 않고 하나님의 성령과 깊이 교통해야 가능한 일이다. 이 외에 다른 길은 없다. 이렇게 성령과 교통하며 살다 보면 차츰 영적으로 예민해져서 육신의 법과 성령의 법을 분간할 수 있게 된다. 틀림없이 우리는 실수를 거듭할 테고, 항상 바른 결정을 하려면 마음이 깨끗해야 하는데 그렇게 마음이 정결한 날도 극히 드물 것이다. 그러나 성령 안에서 살고자 끊임없이 애쓸 때는 적어도 우리의 약함을 기꺼이 고백하려 할 것이다. 우리 마음보다 크신 하나님을 신뢰하면서 우리의 한계를 겸손하게 고백할 것이다.

그리고 이와 동시에 혼자서가 아니라 공동체 안에서 분별을 훈련할 것이다.

"하나님은 하나님의 뜻을 행하고자 애쓰는 나를 어디로 인도하시는가?" 이것은 그리 간단한 질문이 아니다. "하나님은 백성인 우리를 어디로 인도하시는가?" 앞의 질문보다는 이 질문이 더 의미 있고 근본적인 질문이다. 우리 삶을 인도하시는 하나님께 모두 함께 세심하게 관심을 기울일 때에야 이런 질문을 할 수 있다. 우리들 가운데서 말씀하시는 하나님의 음성을 듣고 창의적으로 반응하는 방법을 함께 찾을 때에야 이런 질문을 할 수 있다.

마찬가지로 분별은 구체적이고 역동적인 영성을 바탕으로 이루어진다. 그런데 이런 영성을 소유하려면 하나님의 사람들, 특히 가난한 사람들에게 계속 귀를 기울여야 한다. 언제 어디서나 적용할

분별력

수 있는 확고하고 확실한 이론 같은 것은 존재하지 않는다. 하나님
의 자녀들 사이에서 계속 새롭게 역사하시는 성령의 활동에 세심하
게 귀를 기울이는 수밖에 없다. 그러려면 교회 안에서 성경을 잘 배
워서 성경으로 잘 훈련된 귀가 있어야 한다. 성경과 전통에 대한
'오래된 지식'과 하나님의 백성들이 일상에서 겪는 구체적인 경험
에 대한 '새로운 지식' 사이에 끊임없는 대화가 필요하다.

1982년에 페루 리마에서 참석했던 여름 강좌가 기억난다. 그곳
에서 구스타보는 해방 영성이라는 주제를 처음 제시했다. 이 강좌
는 내가 라틴아메리카에 있는 여섯 달 동안 경험한 일 중 가장 중요
한 사건 가운데 하나였다. 나는 흔치 않은 배움에 참여하고 있었다.
약 2,000명의 공동체 사역자들과 여러 나라에서 온 목회자들이 그
강좌를 수강했다. 라틴아메리카의 현실을 체감하며 살아온 젊은이
들이 주님을 만났다. 그리고 자기 마음에서 강물처럼 흘러나오는
생수를 깊이 들이켰다(요 7:38). 대부분 빈민가에서 나고 자랐고 자
기들이 속한 해방 공동체에서 활동가로 일하는 이들이었다. 그들은
자기 민족을 잘 알았다. 한쪽 눈으로는 복음을 보고 다른 한쪽 눈으
로는 자기 민족이 함께 걸어온 고통스러운 현실을 보며 생각하는
법을 배웠다. 그들은 다양한 지역과 국가에서 교리 교사나 사회복
지사, 프로젝트 실무자로 일했다. 모두 성경에 몰두했고 자기들이
약속의 땅으로 부름을 받은 하나님의 백성들이라고 생각했다.

북아메리카에서 이런저런 유형의 자유주의 신학을 접한 나는 남
반구에서 그리스도 중심의 영성을 접하고 감명을 받았다. 구스타보
가 지적한 대로, 라틴아메리카의 그리스도인들은 근대의 단계를 거

치지 않고 신앙의 사회적 차원을 깨달았다. 예를 들어, 오스카 로메로 대주교는 전통적인 성직자였다. 그런 그가 고통받는 엘살바도르 국민들과 직접 접촉하면서 사회비평가가 되었다. 자신의 과거를 거부하지도 비판하지도 않고 사회비평가가 되었다. 그는 역사와 신앙 공동체에 임하시는 하나님을 자신의 활동 기반이자 원천으로 삼고, 엘살바도르에 만연한 경제적 착취와 정치적 억압에 용감히 맞섰다. 그리고 사회적 약자들을 지원하는 활동을 하다 결국 순교했다. 이것이 그가 이해한 하나님의 임재였다.

그해 여름 구스타보 구티에레스 신부와 그의 강의를 듣는 학생들과 이야기를 나누면서 내 영성이 얼마나 개인주의적이고 엘리트주의적인지 깨달았다. 여러모로 영적 삶에 관한 내 생각은 북아메리카 환경에 많은 영향을 받았다. 북아메리카에서는 내면생활을 강조하고 내면생활을 발전시킬 방법과 기술에 중점을 두었다. 구스타보가 '빈민층의 역사 침입'이라고 부른 상황에 정면으로 부딪치고 나서야, 나는 내 영성이 얼마나 이 세상과 동떨어져 있는지 깨달았다. 사실 내 영성은 내면의 조화와 평화를 이루기 위해 투자할 시간과 공간이 넉넉한 내성적인 사람들에게나 어울리는 영성이었다. 반면에 구스타보가 추구하는 해방의 영성은 그런 환원주의를 허용하지 않는다.[2]

해방의 영성은 소극적이거나 사적이거나 특권의식에 사로잡힌 관조적인 경험이 아니라 활동적인 동시에 사색적인 신앙에 뿌리를 두어야 한다고 구스타보는 말했다. 또한 분별은 단순히 개인의 은사가 아니라 하나님의 백성들의 분투라고 했다. 그가 "우리는 자신

의 우물에서 물을 마셔야 한다"고 한 것은 그런 의미였다.[3]

지체장애나 지적장애가 있는 사람들과 함께 살며 목회를 하면서도 사역차 다른 나라를 여행할 때마다 또 다른 유형의 장애를 접하곤 한다. 망가진 역사에서 비롯된 국가의 무능, 수세기에 걸친 억압과 착취, 부유한 나라들의 무시와 차별, 불의·전쟁·탐욕과 같은 사회적 죄악이 그것이다. 우리가 사는 이 세상에는 가난하거나 장애가 있거나 소외당하는 개인들만 존재하는 것이 아니다. 국민과 사회구조, 다시 말해 나라 전체가 가난하고 억압당하고 긍휼과 변화가 필요한 국가가 많이 있다. 결국 우리는 이런 개인들과 나라들을 어떻게 대접했는지에 따라 심판받을 것이다(마 25장 참조).

분투함 속에 임하시는 하나님을 알아봄으로써 우리는 이 싸움이 이미 승리한 싸움이라는 사실을 알아차린다. 얻으려고 노력하는 그것을 우리는 이미 소유하고 있다. 갈구하는 그것을 이미 맛보고 있다. 우리의 목표는 이미 성취한 승리를 확실하게 드러내는 것뿐이다. 이 현실은 진실한 사랑과 기쁨, 평화가 특징인 공동체 생활을 가능하게 한다. 또한 이 현실은 예수님 안에 드러났다. 예수님은 하나님이 우리들 가운데 이루신 일들과 여전히 행하고 계신 일들을 '와서 보라'고 우리에게 손짓하신다.

구스타보는 현실 세계를 떠나지 않고 '예수님의 발자취를 따라가는 것'과 '사회적 약자 및 소외 계층과 연대하는 길' 사이에는 팽팽한 긴장이 있고, 인류를 향하신 하나님의 뜻을 분별하고 행동을 촉구하시는 예수님의 부르심에 응답하는 데는 이러한 긴장이 필요하다고 말한다. 구스타보가 말한 '빈민층의 역사 침입'은 진실로 하나님이 이 세상에 들어오시는 것이다. 우리가 하나님의 가난한 백성들을 물리적으로 만나는 일은 그리스도를 영적으로 만나는 것이다. 구스타보가 말했듯이, "우리들 가운데 진을 치시는 하나님은 우리에게 물으신다. 이 침입이 우리의 영성, 우리가 하나님께 가는 여정의 근원이다."

더 낮은 북소리를 듣는 헨리 나우웬

마이클 크리스텐슨

그로 하여금 자신이 듣는 음악에 맞추어 걸어가게 하라. 그 소리가 어떠하든, 또 얼마나 멀리에서 들리든.

_헨리 데이비드 소로

헨리 나우웬은 '분별'을 은사이자 훈련으로 보았다. "우리가 하나님의 뜻을 알고 하나님의 사랑과의 신비한 상호작용 가운데 우리의 소명과 사명을 이룰 수 있도록, 우리 삶에 하나님의 사랑과 지시가 나타나는 독특한 방식을 알아내고 확인하는 훈련"으로 이해했다.[1] 그는 '영을 분별하는' 능력이라는 성경적인 개념을 토대로 분별이라는 용어를 사용한다(고전 12:10). 영을 분별하는 능력은 그리스도인의 삶에 핵심이 되는 훈련에 뿌리를 두고 있다. 기도와 공동체, 예배와 사역이 곧, 그리스도인의 삶에 핵심이 되는 훈련이다. 이런 훈련을 통해 우리는 '주님께 합당하게 살아'가게 된다(골 1:10). 로버트 조너스가 '추천의 말'에 밝힌 대로, 분별은 "우리의 가장 절실한 소원이 하나님의 소원에 맞춰 조정되는 우리의 내면에 귀를 기울이고 반응하는 것"이다. 여기에 한 가지 정의를 더 보태자면, 분별은 고독 속에서나 공동체 안에서 발견할 수 있는 영적인 이해력과 직관적인 통찰력이다. 이런 이해력을 통해서 우리는 이 세상에서 하나님의 뜻을 알고 하나님의 일을 하기 위해 우리 자신을 적절한 시간과 적절한 자리에 배치할 수 있다.

1장에서 헨리 나우웬은 평범한 일상의 소음에 묻히기 쉬운 '낮은 소리를 듣고' 겉으로 드러난 현상 너머 모든 일의 상호연계성을 '꿰뚫어보는' 것이 분별이라고 말한다. 다시 말해, 우리 인생이나 이 세상에서 일어나는 '일들이 서로 어떤 연관이 있는지'를 이해하는 눈(테오리아 피지케)을 얻는 것이 분별이라는 말이다. 나는 이 짧은 글에서 낮게 울리는 북소리에 관한 비유를 조금 더 살펴보고자 한다. 일상생활에 나타나는 표징을 헨리 나우웬이 어떻게 듣고 읽는지 살펴보려는 것이다. 하나님의 뜻을 분별하는 방식에는 여러 가지가 있지만, 헨리 나우웬이 활용한 방식은 다음 네 가지로 요약할 수 있다. 첫째, 걸음을 멈추고 북소리에 귀 기울이기. 둘째, 자신이 듣는 음악에 맞춰 걸어가기. 셋째, 성도들과 함께 걷기. 넷째, 걸으면서 이정표 읽기.

걸음을 멈추고 북소리에 귀 기울이기

북소리에 관한 기본 원리가 있다. 헨리 나우웬은 분별이 "하나님께 귀를 기울이고 적극적인 하나님의 임재에 주의를 기울이는 것"
을 의미한다고 했다. "진심으로 귀를 기울일 때에야 비로소 우리는
하나님이 우리에게 말씀하시고, 길을 가리키시고, 방향을 제시하고
계신다는 사실을 깨닫는다. 귀를 열어두는 법만 배우면 된다. 분별
이란 더 낮은 소리에 귀를 기울이고 다른 박자에 맞추어 걸어가는
것이다. '열심히 귀를 기울이는' 것이다"(1장). 내가 사는 버클리에
는 드럼 연주 동아리를 운영하는 '더 테이블The Table'이라는 교회
가 있다. 매달 교습 센터에서 모이는 이 동아리에는 모임을 이끄는
리더가 있다. 리더가 먼저 리듬을 연주하면, 나머지 회원들이 모두
그 박자에 맞춰 합주에 들어간다. 그리고 모두 한 마음으로 서서히
박자를 늦추다 연주를 멈출 때까지 더 낮게 울리는 리듬에 따라 서
로 박자를 맞추어 나간다. 말하자면, 우리는 내면의 드럼 연주자와
눈빛을 주고받음으로써 서로 영향을 받고 숨겨진 드럼 연주자와 공
명한다.[2]

헨리 나우웬은 1974년에 분별을 설명하기 위해 드럼 연주 비유
를 사용했다. 당시 그는 뉴욕 북부에 있는 트라피스트회 소속 제네
시 수도원에서 피정 중이었다. 헨리 나우웬은 고요한 수도원 안에
서 해저드 더피의 〈플루트 연주자〉라는 그림에 헨리 데이비드 소로
의 친숙한 글귀를 새겨넣은 복제화를 보았다. "왜 우리는 성공을 좇
아 그처럼 필사적으로 서두르고, 그처럼 무모하게 일을 벌일까? 어
떤 이가 일행과 보조를 맞추지 않는다면, 그것은 아마도 다른 드러
머의 북소리를 듣고 있기 때문일 것이다. 그로 하여금 자신이 듣는
음악에 맞추어 걸어가게 하라. 그 소리가 어떠하든, 또 얼마나 멀리

에서 들리든"(《월든》, 8장).³

랠프 에머슨Ralph Waldo Emerson과 다른 초절주의자(19세기에 이상주의적 관념론에 의한 사상 개혁 운동을 주장했던 미국 사상가들-옮긴이)들과 마찬가지로 헨리 데이비드 소로의 더 깊은 지혜는, 인습적 사고(성경이 '세상의 영'이라 부른)와 어울리는 리듬을 깨뜨리고, 다른 북소리(직관력)에 귀를 기울이고, 자신이 듣는 음악에 맞춰 걸을(용기) 가능성을 보여준다. 이제 영적 분별에 관한 이 비유를 좀 더 확장해보자.

자신이 듣는 음악에 맞춰 걸어가라

일단 다른 드러머의 북소리를 들으면, 그 음악에 맞춰 걸을 수 있다. 시편의 작사를 생각해보자. 시편 기자는 시편 146편의 시구를 쓸 때 어떤 종류의 음악을 들었을까?

할렐루야. 내 영혼아, 주님을 찬양하여라.
　내가 평생토록 주님을 찬양하며 내가 살아 있는 한,
내 하나님을 찬양하겠다.
　너희는 힘 있는 고관을 의지하지 말며,
구원할 능력이 없는 사람을 의지하지 말아라.
사람은 숨 한 번 끊어지면 흙으로 돌아가니,
그가 세운 모든 계획이 바로 그날로 다 사라지고 만다.
　야곱의 하나님을 자기의 도움으로 삼고

자기의 하나님이신 주님께 희망을 거는 사람은, 복이 있다.

주님은, 하늘과 땅과 바다 속에 있는 모든 것을 지으시며,

영원히 신의를 지키시며,

　억눌린 사람을 위해 공의로 재판하시며,

굶주린 사람에게 먹을 것을 주시며,

감옥에 갇힌 죄수를 석방시켜주시며

눈먼 사람에게 눈을 뜨게 해주시고,

낮은 곳에 있는 사람을 일으켜 세우시는 분이다.

　주님은 의인을 사랑하시고, 나그네를 지켜주시고,

고아와 과부를 도와주시지만

악인의 길은 멸망으로 이끄신다.

　히브리어 성경에 나오는 많은 시편은 목동 다윗의 작품이다. 다윗은 하나님의 노랫소리를 듣고 수금으로 하나님의 노래를 연주했다. 가난한 사람들을 바라보는 우리의 시각과 반대되는 146편과 같은 시편을 듣고 노래할 때, 우리는 살아계신 하나님과 소리를 맞추고 있는 것이 아닐까? 음악적인 비유를 좀 더 확장해서 하늘과 땅과 바다 속 모든 물고기를 지으신 이가 음악의 거장이라고 상상해보자. 하늘에 계신 수금 연주자나 다른 드러머라고 상상해보자. 주 하나님, 그리고 하나님과 가락을 맞추는 자들이 가난한 사람들을 위해 정의를 노래한다. 굶주린 자들에게 먹을 것을 주고, 갇힌 자들에게 자유를 주고, 나그네를 지키고, 고아와 과부를 돌보는 노래를 한다. 이런 노래는 거만한 자를 낮추고 겸손한 자를 높인다.

하나님의 뜻을 분별하려면, 가난한 자들을 위해 울리는 저음을 들을 수 있는 귀가 있어야 한다. 그래야 가장 중요한 것, 하나님이 가장 신경 쓰시는 사람들에게 집중할 수 있다. 더 낮게 울리는 소리를 듣고 그 소리에 주의를 기울이면, 희미하게 들리는 그 음악에 맞추어 행진할 수 있다. 그 소리가 어떠하든, 또 얼마나 멀리에서 들리든. 그러나 우리가 발을 헛디디거나 한두 음을 놓치면 어떻게 해야 할까? 그때는 걸음을 멈추고 다시 귀를 기울여야 한다. "네가 오른쪽이나 왼쪽으로 치우치려 하면, 너의 뒤에서 '이것이 바른길이니, 이 길로 가거라' 하는 소리가 너의 귀에 들릴 것이다"(사 30:21). 바꾸어 말하면, 길을 가다가 갈림길이 나올 때, 뒤에서 소리가 들릴 것이다. 헨리 나우웬은 이것을 '내면에서 들리는 사랑의 목소리'라고 부른다. 특히나 갈림길이 나타날 때, 이 소리는 우리에게 하나님의 임재를 상기시키고, 하나님의 뜻을 드러낸다.

걸음을 인도하소서

"말씀으로 내 걸음을 인도하소서"라는 성가가 자주 불린다[4]. 이 노래는 (솔로몬 왕의 후원으로 금언을 모아놓은) 잠언 20장 24절을 바탕으로 만든 것이다. 잠언 구절을 그대로 옮기면 다음과 같다. "사람의 발걸음은 주님으로 말미암은 것이니 사람이 어찌 자기의 길을 알 수 있겠느냐!" 물론 우리는 하나님의 길을 완전히 이해할 수 없다. 심지어 우리가 가는 길조차 제대로 알지 못한다. 우리를 사랑하시는 살아계신 하나님의 손에 우리를 내던질 뿐이다. 하나님만이 우리가 내딛는 걸음을 아시기 때문이다. 헨리 나우웬이 말한 대로, "우리는 우리 앞에 펼쳐진 길을 한눈에 다 볼 수 없다. 그저 다음 걸음을 내디딜 수 있는 빛이 있을 뿐이다." 그러므로 그 순간에 하나님의 인도하심을 신뢰하는 수밖에 없다.

말씀 안에서 걸음을 내딛는 것과 관련하여 헨리 나우웬은 렉시오 디비나, 즉 거룩한 독서를 실천하라고 권면한다. 경건하게 성경을 읽을 때 마음속에 무엇이 어른거리고 울려퍼지는가? "렉시오 디비나는 성령이 지금 이 순간에 우리에게 하시는 말씀을 듣고자 경외심과 열린 마음을 가지고 성경을 읽는 것을 의미한다. 하나님의 말씀(로고스, *logos*)을 지금 나에게 하시는 말씀(레마, *rhema*)으로 받아들이려 할 때, 하나님의 임재와 하나님의 뜻이 우리에게 모습을 드러낸다.[5]

헨리 나우웬은 '성도들과 함께 걷는 것' 또한 중요하게 생각했다. 분명히 성경은 우리가 걸음을 내딛는 데 도움이 된다. 그러나 또한 우리 곁에는 우리가 주님의 음성을 듣고 주님의 길을 걸어가도록 도와주는 성도들(지금 살아 있건 죽었건)이 있다. 그러므로 우리는 믿음 안에서 혼자 걷는 것이 아니다. "그러므로 이렇게 구름 떼와 같이 수많은 증인이 우리를 둘러싸고 있으니, 우리도 갖가지 무거운 짐과 얽매는 죄를 벗어버리고, 우리 앞에 놓인 달음질을 참으면서 달려갑시다. 믿음의 창시자요 완성자이신 예수를 바라봅시다. 그는 자기 앞에 놓여 있는 기쁨을 내다보고서, 부끄러움을 마음에 두지 않으시고, 십자가를 참으셨습니다. 그리하여 그는 하나님의 보좌

오른쪽에 앉으셨습니다"(히 12:1-2). 하나님이 내 걸음을 인도하신다면, 어느 쪽으로 걸음을 내디딜지 정하는 것은 나 혼자가 아니라고 헨리 나우웬은 말한다. 우리는 그리스도의 몸에 속한 지체이자 신앙 공동체의 일원이다. 우리는 혼자서 행동하지 않는다. 보편 교회의 일원으로서 우리는 그리스도의 몸 안에서 다른 이들과 연결되어 있다. 과거에도 그랬고 현재도 그러하며 미래에도 그럴 것이다. 헨리 나우웬이 이 책 5장에서 말한 것처럼, 우리가 믿음의 여정에서 걸음을 내디딜 때 성도 간에 온전한 교통이 이루어진다.

성인이라고 하면 우리는 흔히 머리 위에서 빛나는 후광과 황홀경에 빠진 눈빛을 상상하면서 거룩하고 경건한 인물을 생각한다. 하지만 진짜 성인들은 우리가 상상하는 것보다 훨씬 편하고 다가가기 쉬운 인물이다. 지금 우리 곁에 살아 있건, '구름 떼와 같이 수많은 증인'들 사이에서 있건, 그들은 어려울 때 우리를 도울 준비가 되어 있다. … 두려움에 휩싸일 때 나를 위해 잊지 않고 기도해주는 친구들도 큰 힘이 되지만, 나는 교회가 기억하는 특정 성인들과 거룩한 성도들에게도 특별한 친밀감을 느낀다. 그들은 때때로 곤경에 처하는 내게 길을 안내해주고 신앙에 관하여 증언하고 나를 격려한다. 힘든 시기에 참과 거짓을 분별하며 영적 삶을 살도록 힘을 북돋는다. 그러기에 나는 그들에게 나를 위해 기도해달라고 부탁하기를 주저하지 않는다.

표징을 읽어라

표징에는 여러 가지가 있다. 이다음에 어디로 가고 인생에서 무엇을 하고 이웃을 어떻게 대할지 확인하고 방향을 정하는 영적인 표징뿐 아니라 도로 표지판, 상업용 간판, 판매를 알리는 안내판, 성경에 나오는 표적과 기사, 시사 문제에 나타난 시대의 표적 등 실로 다양하다. 헨리 나우웬은 하나님의 뜻을 분별하기 위해서 일상생활에 나타난 표징을 어떻게 읽을지 보여준다.

드류 대학교에서 가르칠 때 나는 루이스C. S. Lewis와 톨킨J. R. R. Tolkien에 관해 강의했다. 루이스와 톨킨, 두 사람 다 기호를 해석하는 기호학에 관심이 많았다. 이 둘에게 기호 읽는 법을 익히는 것은 생사가 걸린 문제였다. 적어도 두 사람이 쓴 소설에서는 그렇다. 예를 들어, 루이스가 쓴 《나니아 연대기Chronicles of Narnia》에서 아슬란은 나이 어린 질 폴에게 '표시'를 읽고 기억하는 법을 알려준다. 질 폴에게는 목숨이 걸린 문제였다. "무엇보다 표시를 기억하고, 기억하고, 또 기억해라. 아침에 일어날 때도, 저녁에 잠자리에 들 때도, 밤중에 깰 때도 표시를 생각하고 되뇌어라. 네게 어떤 이상한 일이 생기든, 한눈팔지 말고 표시를 따라야 한다."[6]

표징에는 겉으로 드러난 현상 이면에 숨겨진 의미와 목적이 담겨 있다. 표징은 숨겨진 의미와 목적을 가리킨다. 인생이라는 길 위에는 도중에 주목하거나 확인해야 할 표지판이 있다. 물론, 그중에는 우리가 해석해주기를 기다리는 표징이 셀 수 없이 많고, 우리는 '표적과 기사'를 쉽게 믿지 못한다. 하지만 헨리 나우웬의 말대로 하나님께 기도해볼 수는 있다. 표징을 보여주심으로 우리의 뜻을 확인시켜주시거나 이의를 제기해달라고 하나님께 기도할 수 있다.[7] 제프 마케이라는 친구가 직업을 결정하는 것과 관련하여 헨리 나우웬에게 조언을 구하자, 헨리 나우웬이 강한 네덜란드 억양으로 이렇게 말했다고 한다. "이렇게 기도하십시오. '주님, 명확히 보여주세요. 정말로, 정말로 명확히 보여주세요.'"

헨리 나우웬은 하나님이 우리에게 여러 방식으로 항상 말씀하신다고 믿었다. 꿈과 상상을 통해서도 말씀하시고, 친구들과 만나는 사람들을 통해서도 말씀하시고, 좋은 책과 훌륭한 생각을 통해서도 말씀하시고, 자연의 아름다움을 통해서도 말씀하시고, 중요한 사건과 시사 문제를 통해서도 말씀하신다고 믿었다. 그러나 하나님의 음성을 듣고 그것이 하나님의 음성인 것을 알아채려면, 하나님이 보시는 것을 보고 일상생활에 나타난 표징을 읽을 줄 알아야 한다.[8] 헨리 나우웬은 토머스 머튼에게서 배운 것을 이 책에 담아냈다. 책과 자연과 사람과 사건들 속에서 하나님이 인도하시는 표징을 읽는 법에 관하여 이 책에 풀어냈다.

하나님이 우리를 어디로 인도하시는지 우리가 읽는 책을 통해 찾을 수 있다. 그래서 독서는 좋은 출발점이다. 헨리 나우웬이 말하는 영적인 독서는 비단 성경에만 국한되지 않는다. 양서와 인간이 쓴 문헌들도 성령이 임하시면 하나님과 교통하는 수단이 될 수 있다. 자연이라는 책도 여기에 포함된다. 나무와 꽃, 해와 별, 눈과 비, 이런 피조세계 속에서 하나님의 임재를 보여주는 표징들은 하나님의 모국어가 자연이라는 사실을 우리에게 상기시킨다. 하나님

분별력

이 창조하신 세계를 사랑하고 소중히 여기라고 하신 말씀을 떠올리게 한다.

헨리 나우웬이 5장에서 이야기했듯이, 하나님은 '하나님의 일에 관하여 우리에게 말하는 사람들을 통해서'도 우리에게 말씀하신다. 헨리 나우웬에 따르면, 우리와 밀접하고도 친밀한 관계에 있는 사람들은 우리에게 하나님의 임재와 방향을 알리는 도구다. 그들은 씨를 뿌리고 아직 드러나지 않은 미래를 위해 길을 준비한다. 영적인 관점에서 볼 때, 우리가 살면서 만나는 사람들 중에는 잠시 만나고 헤어지는 사람도 있고, 특별한 이유가 있어서 만나는 사람도 있고, 평생을 함께하는 사람도 있다. 성령께서는 이렇게 우리가 인생길에서 알게 된 사람들을 통해서도 우리의 삶을 인도하시고 빚으신다. 우리가 그 사람들을 하나님이 주신 선물로 받아들일 때, 그들은 하나님께 가는 길을 알려주는 살아 있는 이정표가 된다. 집으로 가는 길을 가리키고, 소명을 찾아가게 도와주고, 새로운 방향을 가리키는 살아 있는 이정표가 된다.

헨리 나우웬은 어떻게 하면 책과 자연과 사람들을 하나님의 지혜와 인도하심을 가리키는 표징으로 해석할 수 있는지 보여주는 데서 그치지 않고, 일상에 나타나는 표징에 사건들을 추가한다. 헨리 나우웬은 시사 문제, 역사적 사건, 중대한 사건, 삶의 여러 상황 등 특정한 사건이 '볼 수 있는 눈과 들을 수 있는 귀'가 있는 사람들에게 하나님의 뜻을 가리키는 이정표가 된다는 사실을 토머스 머튼에게서 배웠다. 과거에 일어난 일이지만 새로운 진실과 통찰을 보여주는 역사적 사건에서 영적 교훈을 얻을 수도 있다. 헨리 나우웬의 말대로, "모든 중대한 사건은 하나님께서 창의적으로 행하실 기회가 된다. 우리 눈에 피상적으로 보이는 것보다 더 깊이 있는 진리를 드러내실 기회가 된다."[9] 하나님은 우리가 처한 상황과, 무작위로 일어나는 것처럼 보이지만 우리 삶에 의미를 더하는 사건들을 통해서도 우리에게 말씀하신다. 분별은 우리가 일상생활에서 경험하는 많은 사건과 만남과 상황 속에서 하나님을 알아보는 영적인 기술이다.

마음은 오감과 이성을 초월하여 자기만의 방식으로 듣고 보고 알 수 있다. 뇌의 우측 어딘가, 또는 우리가 인간의 영혼이라고 부르는 것 깊숙이 영적인 기관이 있다. 이 기관은 북소리를 듣고 음악에 맞춰 걷고 이정표를 읽는 법을 터득할 수 있는 기관이다. 하나님이 직접 얼굴을 마주하고 말씀하시는 경우는 거의 없다. 대신에 하나님은 속삭임으로, 표징으로, 상징으로 말씀하신다. 신학적 성찰과 영적 해석이 필요한 부드럽고 조용한 소리로 말씀하신다.

책과 자연, 사람과 사건 속에서 우리가 찾은 메시지는 분별에 필요한 전후맥락을 형성한다. 깊은 성찰과 공동체의 지원을 통해 우리는 결정에 이르고, 행동을 취하고, 우리가 소망하고 믿는 것이 하나님의 뜻일 것이라는 확인을 받는다. 헨리 나우웬은 이렇게 결론을 내린다. "결국, 말할 수 없이 놀라운 무언가를 추측하도록 우리를 이끄는 표징들, 이것이 우리가 가진 전부다."

"그러나 성경에 기록한 바 '눈으로 보지 못하고 귀로 듣지 못한 것들, 사람의 마음에 떠오르지 않은 것들을, 하나님께서는 자기를 사랑하는 사람들에게 마련해주셨다' 한 것과 같습니다. 하나님께서는 성령을 통하여 이런 일들을 우리에게 계시해주셨습니다. 성령은 모든 것을 살피시니, 곧 하나님의 깊은 경륜까지도 살피십니다"(고전 2:9-10).[10]

우정과 분별

로버트 조너스

1985년 여름, 나는 30피트짜리 요트 후미에 약혼녀 마거릿과 나란히 앉아 있었다. 보스턴 북쪽, 대서양 해안에서 7피트의 파도를 헤쳐나가는 중이었다. 배는 내 장인어른이 되실 존 마셜 불리트의 소유였다. 하버드에서 영문학을 가르치다 은퇴하신 장인어른은 요트를 몰고 바다에 나가는 것을 아주 좋아하셨다. 당시 그분은 폐암으로 투병 중이셨고, 그리 오래 살지는 못하리라는 것을 알고 있었다. 바다에 나온 지 한 시간쯤 되었을 때 장인어른이 내게 타륜을 잡아보지 않겠느냐고 권하셨다. 그리고 내게 몇 가지 기본 지침을 알려주셨다. 장인어른은 내게 타륜을 맡긴 뒤 마거릿 맞은편에 앉으셨다. 아버지와 딸은 마주 앉아 교대로 시를 암송하면서 시에 대한 사랑을 노래했다. 그동안 나는 두 손으로 타륜을 잡고 밀려드는 두려움을 억누르느라 애썼다. 타륜을 잡은 건 그때가 처음이었다. 세찬 바람이 돛을 좌우로 밀어젖혔다. 이따금 유난히 큰 파도가 뱃전을 후려치며 위협했다. 내가 실수해서 배가 뒤집히면 어떡하지? 장인어른도 내심 걱정이 되는지 가끔 나와 돛을 흘긋거렸다. 나를 보면 불안해져서, 진정 효과가 있는 다른 무언가에 집중하려고 애쓰시는 모습이 역력했다. 장인어른이 생초보인 나를 믿고 타륜을 맡긴 거라면, 나는 옳은 일을 하는 중이었다. 장인어른이 알려주신 몇 가지 지침과 더불어 그동안 인생에서 터득한 경험이 항해에 관하여 알아야 할 것들을 내게 가르쳤는지도 모른다.

그날 나는 항해에 관해서뿐 아니라 분별에 관해서도 두 가지 교훈을 얻었다. 첫째로, 내가 얼마나 많은 지도와 편달이 필요한 사람인지, 그러한 지도 편달에 내가 얼마만큼 감사하며 살았는지 돌아보았다. 현명하고 성실하게 조언해주는 사람 하나 없이 미지의 것을 대면한다면, 혼란에 빠지고 말 것이다. 겁에 질리고, 충격이 너무 커서 많은 것을 배우지도 못하고, 일을 망쳐버릴지도 모른다. 파도 뒤로 나타났다 사라지는 수평선을 보며 배를 몰다가, 인생이 그렇듯 배를 몰 때도 정신을 집중해야 한다는 사실을 깨달았다. 목표도 세웠고 자신의 위치도 대충 알고 있을지라도, 안팎의 상황은 늘 변하기 마련이다. 목적지에 도달하려면, 우리가 가고자 하는 곳이 어디인지 생각하고 변화무쌍한 상황을 가늠하면서 정신을 똑바로 차리고 사방을 경계해야 한다.

타륜을 잡고 있는 동안 나는 우리가 가려는 방향에 시선을 고정했다. 이따금 강한 바람에 파도가 요동치는 가운데서 정확한 위치에 시선을 두려고 안간힘을 썼다. 정신을 집중해 갑판이 기울어지고 몸의 중심이 이동하는 것을 알아챘다. 파도의 높이, 돌풍의 방향과 속도와 소리, 수평선의 거리와 방향, 큰 돛과 작은 돛의 모양과 소리를 알아챘다. 나침반을 힐긋거리면서, 한순간도 진로를 이탈하지 않고 착실하게 한 방향으로 나아가는 것이 불가능하다는 사실을 깨달았다. 역동적인 환경 탓에 뱃사람들 말로 '태킹'(tacking, 돛을 좌현에서 우현, 또는 우현에서 좌현으로 이동하여 바람이 불어오는 쪽으로 범선을 돌리는 일-옮긴이)을 해야 했다. 주기적으로 눈앞에서 사라지는 수평선을 향해 굽이치며 나아가야 했다. 마치 인생과 같다는 생각이 들었다. 순간적으로 길을 잃으면 나침반을 살피고 북쪽을 가리키는 빨간색 바늘을 찾아 항로를 재조정하고 거기에 맞춰 타륜을 조정한다. 인생에 도전과 변화가 찾아올 때, 우리는 우리가 누구이고, 왜 여기에 있고, 어디로 가야 하는지 얼마나 쉽게 잊어버리고 마는가.

모든 종교와 모든 영적인 길, 모든 세속적인 자기계발 프로그램은 그 추종자들에게 여행에 필요한 개념 지도를 제공한다. 그 지도에는 목적지가 표시되어 있고, 목적지에 도달하려면 알아야 할 몇 가지 지침이 담겨 있다. 분별은 2,000년 넘게 그리스도인의 성찰에 중요한 주제였다. 물론 교파와 종파마다 분별에 접근하는 방식은 조금씩 다르다. 그러나 그리스도인의 삶의 목표 내지 목적지는 예수 그리스도를 따르는 사람이 되는 것이다. 아주 단순하다. 그런데 예수 그리스도를 따르는 사람이 된다는 건, 과연 무슨 뜻일까? 누군가 정말로 그리스도인다운 삶을 살고 있는지, 누가 어떻게 평가할 수 있을까?

어떤 그리스도인들은 도덕 차원의 제자도를 강조한다. 다시 말해, 예수님이 옹호하신 가치와 윤리 원칙에 따라 행하는 법을 배우는 데 주력한다. 하나님과 이웃(원수를 포함하여)을 사랑하라 하신 예수님의 말씀에 따라 살기 위하여 해야 할 행동과 하지 말아야 할 행동에 초점을 맞춘다. 그런가 하면 또 어떤 그리스도인들은 주관적 차원의 분별을 강조한다. 사람들에게 보이는 행동보다 일상에서 느끼는 감정과 생각, 자신의 의도와 전반적인 인식에 더 초점을 맞춘다. 물론 주관적인 경험도 중요하고 객관적인 행동도 중요하다. 태킹에 비유하면 이해하기 쉬울 것이다. 길을 파악할 때는 주관적인 경험도 주목해야 하고 객관적인 경험도 주목해야 한다. 그래야 필요에 따라 행로를 조정하고 변경할 수 있다.

도덕과 행동을 강조하는 그리스도인들은 매일 자신의 행동을 평가하기 위해 분별력을 사용한다. 하루를 마감하면서 자신에게 스스로 묻는다. 오늘 나는 사람들에게 친절했는가? 구체적으로 정의를 지지했는가? 가난한 사람들을 도왔는가? 그 상황에서 예수님이라면 하셨을 행동을 했는가? 하나님이 지금 내게 하라고 명하시는 행동은 무엇인가?

사실 이러한 평가 혹은 분별은 고독 속에서뿐 아니라 관계 속에서도 이루어지는 것이 이상적이다. 그리스도인은 더 큰 공동체에 자신의 행동을 설명할 수 있어야 하기 때문이다. 이를테면, 자신이 속한 신앙 공동체나 가정과 같은 공동체에 자신의 삶을 설명할 수 있어야 한다. 누군가의 행동이 그 사람이나 다른 사람에게 해를 입히는 것을 알아챘을 때 사랑으로 진리를 말하라고 성경은 우리에게 권한다(엡 4:15). 우리가 상대방의 입장에서 생각하고 사랑으로 행동하고 있는지, 예수님에게서 배운 대로 우리의 이기적이고 파괴적인 행동을 고치려는 기꺼운 마음이 있는지, 자신에게 (때로는 다른 사람에게) 물으라고 강권한다.

주관적인 경험을 중심으로 분별을 실천하려는 그리스도인들에게는 경험의 내부 흐름에 초점을 맞춘 질문이 떠오른다. 하루를 되돌아보면서 자신에게 묻는다. 오늘 나는 하나님의 임재를 어디에서 어떻게 감지했나? 어떻게 반응했나? 하루 동안 무엇을 느끼고, 그 느낌을 하나님과 어떻게 나누었나? 특정인을 판단하거나 예전에 받은 모욕을 다시 곱씹지는 않았나? 신뢰를 저버리거나 선의의 작은 거짓말을 하는 모습을 상상하지는 않았나? 예수님이 약속하신 평화의 순간을 알아챘나? 걱정과 여론과 뇌리를 사로잡은 생각들 아래서 희미하게 빛나는 내면의 평화를 알아챘나? 하나님은 우리에게 무엇을 보고 들으라고 우리를 부르시나?

주관적인 분별을 하려면 우리 안에서 기억과 심상, 생각, 감정, 느낌이 어떻게 흐르는지 끊임없이 주의를 기울여야 한다. 여기에는 절대로 완전한 끝이 없다. 우리의 기분과 동기는 변덕이 심하다. 그래서 그리스도인에게는 기도와 묵상, 사색의 훈련이 필요하다. 기도와 묵상과 사색은 우리의 주의를 집중시키고 변덕스러운 날씨와 불확실함 속에서 거룩한 목적지를 향해 계속 나아갈 힘과 용기를 주기 때문이다.

살아 있는 동안 우리는 바다를 항해한다. 주어진 날씨 속에서 주어진 배를 타고 동행과 함께 돛을 움직여 파도를 헤치며 집으로 향한다. 길을 분별하는 것을 도와줄 안내자가 우리와 함께 갈 때 기뻐할 이유가 여기에 있다.

헨리 나우웬, 숙련된 항해자

헨리 나우웬 신부는 마음속 드넓은 바다에서 길을 찾아간 비범한 항해자였다. 나는 내 인생의 격동기라 할 수 있는 1983년에 헨리를 만났다. 결혼생활은 망가지고 자존감은 떨어져 있었다. 하버드 대학에서 심리학과 교육학 박사과정을 밟으면서 일을 세 가지나 했다. 불안했다. 내가 어디로 가고 있는지, 어디로 가야 하는지도 알지 못했다. 대학원 공부를 좋아했지만 내 소명이 무엇인지 명확히 알지 못했다. 몇몇 학우는 내게 하버드 신학대학원의 신임 교수, 설교자, 피정 지도자가 되는 게 어떠냐고 이야기했다. 하나님과 교제하도록 사람들을 북돋는 능력, 일종의 영적인 불을 소유하고 경건서적을 쓰는 저술가가 되라고 권하기도 했다. 헨리 나우웬이 하버드 스퀘어에 있는 세인트폴 교회에서 저녁 강연을 할 거라는 이야기를 듣고, 그 자리에 참석하기로 마음먹었다.

헨리 나우웬이 강연할, 천장이 둥근 지하실로 내려가면서 나는 그리스도인으로서의 영적 여정을 계속 이어나가야 하는지 의구심이 들었다. 나는 루터교도로 자랐다. 그러나 다트머스 대학에 다니는 동안은 도교와 불교 명상에 많이 의지했다. 1969년에 대학을 졸업한 뒤에는, 관상 수련을 깊이 이해하고 불교와 기독교가 궁극적인 실재를 이해하는 방식을 탐구한 트라피스트회 수도사 토머스 머튼의 책을 길잡이 삼아 영혼의 길을 찾았다. 그리고 1975년에는 로마가톨릭으로 개종하고 카르멜 제3회의 수사가 되었다. 뉴햄프셔 주 피터버러에 있는 수도원에 속한 평신도 수도사였다. 그곳에서

287
부록 3

나는 유기농 농작물을 키우고 수도원 미사에 정기적으로 참석했다. 16세기 스페인 카르멜회 성인들과 십자가의 요한, 아빌라의 테레사가 남긴 저작을 읽고 그것으로 기도했다. 그들의 저작은 내가 불교에서 발견했던 사색적인 영성과 측은히 여기는 마음을 불러일으키고, 도교에서 찾았던 자연에 대한 관심을 불러일으켰다. 십자가의 요한이 카르멜 산 꼭대기에서 깨달은 '나다nada'와 부처가 가르친 무아無我 사이, 선종禪宗의 공성空性과 기독교의 케노시스(kenosis, 그리스도의 자기 비움) 사이에 다리를 놓는 살아 있는 지혜의 공동 우물의 진가를 알아보기 시작했다. 1980년대 초에도 나는 여전히 그리스도인이길 원했다. 하지만 케임브리지에서 대학원 공부를 하던 5년간 나는 불교 명상으로 안내해주는 훌륭한 선생은 여럿 만난 반면 내게 맞는 교회는 찾지 못했다.

그날 밤, 세인트폴 교회에서 헨리 나우웬은 내 분별의 과정 한가운데로 곧장 걸어 들어왔다. 그리고 우리가 공유하고 있던 보이지 않는 영혼의 나침반을 집어들고 진북眞北을 가리켰다. "당신의 가장 간절한 갈망은 무엇입니까, 지금 당신은 어디로 향하고 있습니까?" 헨리는 예수 안에서 그 답을 찾았다. 마음을 흔드는 그의 이야기를 듣다가 내 마음을 뒤덮고 있던 혼란의 안개가 걷히는 것을 불현듯 깨달았다. 헨리의 영적 삶의 초점이 예수라는 사실을 분명히 알 수 있었고, 내가 가는 길 역시 그렇게 확실해지기를 바라왔다는 것을 곧바로 알아챘다. 내가 내심 나의 기독교적인 뿌리와 다시 연결되길 간절히 바라왔다는 것을 깨달았다.

그날 저녁, 수백 명이 헨리의 강연을 들으러 왔다. 헨리가 청중의 질문에 답하고 강연장을 가득 채운 박수가 잦아들 무렵, 헨리와 이야기를 나누고 싶었다. 사람들이 길게 줄을 설 게 뻔했다. 그러나 미처 이런저런 생각을 할 겨를도 없이 나는 씩씩하게 그에게 다가갔다. 그리고 나의 영적 지도자가 되어주겠느냐고 물었다. 헨리는 조금 놀란 눈으로 나를 보더니 미소를 지으며 말했다. "글쎄요, 언제 하버드 스퀘어에서 점심이나 같이 하면서 이야기 나누죠." 우리는 점심을 먹었다. 그후로도 우리는 여러 번 점심을 함께 먹었고 변치 않는 친구가 되었다.

그런데도 처음에는 우정을 나누기가 쉽지 않았다. 알고 보니 당시 우리 두 사람은 각자 치열한 분별의 과정을 겪고 있었다. 헨리는 네덜란드에서 종교학과 심리학 박사학위를 취득한 신부였다. 게다가 캔자스에 있는 메닝거 연구소에서 정신의학과 종교학을 공부했다. 사실상 네덜란드에 있는 추기경은 헨리에게 매년 전 세계를 자신의 교구로 삼고 마음이 끌리는 곳에 갈 수 있도록 허가했다. 헨리는 인생의 대부분의 시기를 북아메리카에서 보냈다. 하지만 내가 헨리를 만났을 때 그는 하버드에 있는 것을 편치 않아 했다. 사실, 몇 년 전에 헨리는 학자로서의 삶을 완전히 포기할 생각까지 했었다. 1960년대 후반에 헨리는 노트르담 대학의 교수였고, 1970년대에는 예일 신학대학원(마이클 크리스텐슨도 그의 학생이었다)의 종신 교수였다. 그러나 헨리는 학리적인 신학자로서의 삶을 한 번도 편하게 받아들이지 못했고, 라틴아메리카에서 농민들을 섬기기 위해서 예일 대학교 종신재직권을 포기했다. 그러나 자신이 미국의 지적·문화적 자극을 그리워한다는 사실을 깨닫기까지는 그리 오래 걸리지 않았다. 결국 헨리는 하버드 대학의 시간 강사 자리를 받아들였다.

대다수 하버드 교수들과는 달리, 헨리는 예수와 하나님에 관한 이론을 탐구하는 데는 특별히 흥미를 느끼지 못했다. 헨리는 하나님에 관해 이야기하고 싶어 하지 않았다. 하나님과 함께하고 싶어 했고, 자신이 느낀 것을 학생들에게 소개하고 싶어 했다. 예수가 우리에게 주신 성령, 우리 가운데 사랑으로 충만히 임하시는 성령의 임재를 알리고 싶어 했다. 헨리는 지성과 마음, 신학 교육과 예배, 생각과 헌신의 간극을 메우는 길을 찾아나섰다. 그래서 하버드 대학 강의로는 가장 어울릴 법하지 않은 〈성령의 삶〉이라는 강의를 만들었다. 요한복음의 신비한 가르침에 초점을 맞춘 강의도 개설했다. 헨리는 아침 미사에 학생들을 초대했고, 테제 성가로 수업을 시작했다. 신학교 학생들이 궁극적으로 하려는 사역이 어떤 종류든 매일 예배하고 기도하는 습관이 몸에 배면 심오하고 지속적인 유익을 얻을 수 있다고 확신했다.

진북을 찾아서

나를 만나고 얼마 안 되었을 때, 헨리는 서로 다른 방향으로 자신을 끌어당기는 갈망을 느낀다고 털어놓았다. 공동체 안에서 살고 싶지만, 수도원 생활을 경험해보았고 그 삶이 너무나 외롭다는 사실을 이미 확인했다. 작가 겸 선생이 되라는 부르심을 느꼈다. 학구적인 환경은 이러한 소명을 북돋아주기는 했지만, 목회자가 되거나

분별력

공동체 안에서 살아가는 만족할 만한 길을 제공하지는 못했다. 나는 어디에 속해 있을까? 이 질문이 헨리를 괴롭혔다. 우정이 깊어갈수록 우리는 이 질문을 깊이 파고들었다. 얼마 동안 우리는 각자의 길을 함께 찾아나섰다.

그동안 나는 불교와 기독교의 세계를 아우르고 있었다. 불교와 기독교의 대화에 관심이 있는 공동체를 어디에서 찾을 수 있을까? 영성 생활에 얼마나 많은 시간을 쏟아야 하나? 불교와 기독교 중 어느 쪽 영성 수련에 시간을 써야 하나? 게다가 1980년대 중반에 나는 첫 번째 아내와 헤어진 상태로 딸 크리스틴을 공동으로 양육하고 있었다. 마거릿을 만나는 중이었고 그녀를 사랑했지만, 내가 다시 결혼을 할 수 있을지 확신이 서지 않았다. 상처 입기 쉬운 관계를 다시 시작할 엄두가 나지 않았다. 우현으로 돛을 돌려 혼자 아이를 키워야 할지, 결혼생활이라는 항구가 있는 좌현으로 돛을 돌려야 할지 매일 고민했다. 재혼을 한다고 치면, 첫 번째 혼인에 대한 무효 선언을 누구에게 부탁해야 할까? 그렇게 해서 가톨릭교회의 은총 안에 계속 머물 수 있을까? 사방으로 배를 밀치는 세찬 바람처럼 이런저런 질문이 나를 강타했다.

헨리는 내 말에 귀를 기울이고 지혜를 나누어주었다. 그가 내게 알려준 방향은 대개 영적인 것이었다. 무엇을 하기로 결정하든 기도를 통해 예수를 더 알아가야 한다고, 피정에 더 많이 참여해야 한다고 했다.

내가 헨리에게 해준 충고는 대개 심리에 관한 것이었다. 영적으로 깊이가 있음에도 불구하고 헨리는 초조하고 불안해 보였기 때문이다. 나는 헨리의 불안이 몇 년 전에 돌아가신 어머니와의 관계에서 비롯된 것인지, 아니면 아버지와의 불안한 관계에서 비롯된 것인지 궁금했다.

또한 불안이 계속되는 원인이 (성적 지향을 공개적으로 알리지 않고) 결혼을 안 하는 사제가 되려는 데 있는 것은 아닌지 궁금했다. 결국, 헨리가 되고 싶어 한 것은 가톨릭 신부뿐이었다. 그러나 그가 속한 가톨릭교회는 동성애자를 '장애가 있는' 사람들이라 칭했다. 동성애자 가톨릭 친구들은 헨리에게 '밝히라'고 충고했고, 또 다른 친구들은 성적 지향을 비밀에 부치라고 조언했다. 헨리는 몹시도 중요한 이 질문을 통해 늘 길을 찾으려 애썼다. 그러나 결국 마음에 평화를 안겨주는 결정을 내리지 못했다. 동성애자가 되는 것과 동성애자 신부가 되는 것의 타당성을 증명하고 싶어 했다. 그러나 사역의 중심이 현대 성 정치가 되는 것은 원치 않았다. 오직 예수만이 자신의 사역의 중심이 되길 바랐다. 그는 복음을 전하든, 예수의 삶에서 의미를 찾도록 사람들을 돕든, 무슨 일을 하든, 예수와 동행하는 데 전념했다. 그리고 자신이 동성애자라는 사실이 공개되지는 않을까, 그래서 예수에게 쏟아져야 할 관심이 자신에게 쏟아지지는 않을까, 그리하여 사역의 모든 초점이 바뀌어버리지는 않을까 두려워했다. 헨리 나우웬은 자신이 더 이상 목회자의 역할을 하지 못하게 될까 봐 두려워했다. 예수를 전하는 사역이 위태로워지지는 않을까 두려워했다. 죽는 그날까지 이 딜레마로 씨름했다.

나는 그가 망설이고 주저한 것이 당연하다고 생각한다. 그가 처한 상황을 충분히 이해하기 때문이다. 결국, 헨리는 무서운 맞바람

분별력

을 맞으며 예수의 배의 타륜을 두 손으로 꽉 잡고 자신의 성적 지향을 공개적으로 밝히지 않았다. 나는 헨리가 자신의 성적 지향을 공개적으로 밝히기를 바란 적도 있지만, 내면의 나침반이 가리키는 진북에 오롯이 헌신하는 헨리를 존중했다. 호의를 가지고 귀 기울이는 것이 내 역할이었다. 헨리의 북쪽은 예수에게 고정되어 있었다. 무슨 일이 생기든, 성체 성사에서 언뜻 본 영원한 임재와 평화로 예수가 자신을 인도하실 것이라고 믿었다.

얼마 동안 우리는 우리의 관계가 서로에게 멘토가 되어주는 관계라고 생각했다. 최근의 임상 실습을 토대로 나는 헨리의 심리치료사가 되었고 헨리는 나의 영성 지도자였다. 그러나 이런 방식이 불안감과 경쟁심을 유발한다는 사실을 차츰 깨달았다. 그래서 결국에는 순수한 친구로 남기로 했다. 몇 년 뒤, 우리는 서로에게 멘토가 되려 했던 때를 추억하며 웃음을 터트렸다. 헨리는 나보다 열다섯 살이 많았다. 그는 유명인이었고 나는 그렇지 않았다. 그러나 그런 차이는 그리 문제가 되지 않았다. 우리는 서로를 기뻐하고 신뢰했다.

1986년에 헨리는 자신이 찾아 헤매던 공동체를 발견했다. 하버드에 강연하러 온 장 바니에를 만난 것이다. 장 바니에는 장애가 있는 사람들을 위해 전 세계에 라르쉬 공동체를 설립한 인물이다. 그는 헨리에게 데이브레이크라는 라르쉬 공동체의 목회자가 되어달라고 했다. 데이브레이크 공동체는 캐나다 온타리오 주 리치먼드 힐에 있었다.

거의 같은 시기에 나는 마거릿과 결혼하기로 했다. 처음에 헨리는 결혼에 반대했다. 혼인 무효 선언을 먼저 해야 한다는 이유였다.

293

그러나 그 과정을 시작하고, 거기에서 요구하는 몇 개의 사항이 내 양심에 위배된다는 사실을 알고 난 뒤, 나는 그 일을 그만두었다. 헨리와 내가 이야기를 나누고 헨리가 마거릿을 알게 되면서, 헨리는 서서히 마거릿과 나의 관계에서 은총을 발견했다. 그리고 자신이 속한 교회의 가르침에 위배되는 결혼이었지만, 우리 결혼에서 지혜를 발견했다. 헨리는 결혼식에 참석했고 피로연에서 우리 혼인을 축복해주었다.

1980년대 후반, 마거릿은 성공회에서 사제 서품을 받았다. 마거릿은 헨리에게 예배 설교를 부탁했고, 헨리는 정중히 거절했다. 보스턴에 있는 추기경이 허락하지 않을 걸 알았기 때문이다. 대신에 헨리는 예배가 끝나자 무릎을 꿇고 마거릿에게 축복 기도를 부탁했다. 깊은 분별에서 나온 행동이었다. 그렇게 함으로써 헨리는 성공회에서 안수받은 여성의 사역을 지지했다. 1980년대와 1990년대를 거치면서 헨리가 하나님의 뜻을 찾아가는 여정은 예수를 향해 굽이굽이 흘러가는 여정이었다. 자신이 속한 교회가 굼떠서 성령의 바람이 불어오는 길을 따라잡지 못할 때조차도 예수의 조건 없는 사랑이 요구하는 바를 향하여 굽이굽이 흘러가는 여정이었다.

그 사이에 나는 성공회 예배에 참석하고 있었다. 루터교회와 로마가톨릭교회를 경험해본 내게 딱 맞는 예배였다. 성체에 임하신 그리스도의 실재적 현존을 경험하는 한편, 가톨릭교회와 새로운 관계를 구축할 수 있었다. 수년간 나는 내 내면의 나침반이 가리키는 진북이 가톨릭교회라고 믿었다. 하지만 가톨릭교회 안에서 여성의 역할, 피임, 인구 증가, 성적 지향과 같은 문제를 바라보는 시각이 나의 도덕 추론과 모순된다는 사실을 결국 인정하고 내 나침반을 다시 조정해야만 했다. 거듭 말하건대, 인생의 어려운 시기에 헨리는 나를 긍휼히 여기고 내게 힘을 북돋는 친구였다. 내가 헨리에게 되어주고 싶었던 그런 친구였다.

"가장 중요한 것은 당신이 누구인가다"

1988년에 헨리와 분별에 관해 이야기했던 것이 기억난다. 내가 하버드에서 박사과정을 마치고 심리치료사로 일할 때였다. 그때까지 내가 씨름하고 있던 몇 가지 문제가 해결되었다. 지난 5년간 헨리가 보여준 통찰과 지혜, 우정을 힘입어, 나는 불교 수련에 계속 참석하면서도 그리스도인이라는 내 정체성을 다시 시인하기로 했다. 그러나 직업상의 진로에 관해서는 확신이 없어서 갈등했다. 기관에 들어가서 일해야 할까, 아니면 심리치료사로서 계속 일대일로 사람을 만나야 할까? 공인 임상 심리학자가 되기 위해 정부가 요구하는 자격 요건을 갖춰야 할까, 아니면 성공회에서 안수를 받아야 할까? 헨리의 반응은 전혀 뜻밖이었다. 그날 우리가 나눈 대화를 정확하고 자세하게 기억하지는 못하지만, 대충 이런 내용이었다.

헨리는 내게 말했다. "둘 중 하나를 선택하기엔 아직 너무 이르다고 생각해요." "너무 이르다고요?" 믿을 수 없다는 듯이 내가 물었다. "저는 벌써 마흔이에요!" 속에서 반발하는 목소리가 강하게 솟구쳤다. 익숙한 목소리였다. '나는 여전히 부족해. 영원히 그러겠지.

헨리는 나를 존중하지 않아. 나는 그리스도인이고 심리치료사야. 하지만 아직 나를 잘 모르겠어. 분명 내게 무슨 문제가 있는 거야.'

헨리가 대답했다. "당신은 인생에서 많은 일을 이뤘어요. 문제 될 건 아무것도 없어요. 인생은 여행이에요. 당신은 영리하고 나눌 수 있는 진정한 은사를 가지고 있지요. 하지만 당신은 지금 직업에만 초점을 맞추고 있어요. 지금은 그게 문제가 아닙니다. 진짜 문제는 따로 있어요. 인생의 최종 목표가 뭔가요? 치료사로서 한 발은 세속에 두고, 영적으로는 심오하고 역동적인 삶을 살아왔지요. 당신은 자신이 완전히 세속적인 전문직에 몸담고 있다고 생각하지도 않고, 특별히 종교적인 역할을 하고 있다고 생각하지도 않는 것 같아요. 그러니 쉽지 않을 거에요. 자신의 역할을 만들어야 할 겁니다. 그건 분별이라는 훈련 과정을 통해서만 모습을 드러내지요."

"가장 중요한 건 당신이 누구인가 하는 겁니다. 속도를 늦추고 자신에게 스스로 물어야 해요. 당신이 정말 원하는 게 뭔지, 당신을 행복하게 하는 게 뭔지, 사람들이 행복해지도록 도울 수 있는 일이 뭔지 물어야 해요. 이것을 두고 기도해야 합니다. 우리가 예수님을 따르고 그분을 신뢰한다면, 사회적 지위가 올라가는 방향이 아니라 내려가는 방향으로 목표를 조정해야 해요."

사회적 지위가 내려가는 방향으로? 이미 충분히 내려가지 않았나? 헨리를 친구이자 멘토로 신뢰했지만, 이번 충고에는 반항심이 생겼다. 나는 위스콘신 북부에서 루터교도 노동자 계급 가정에서 성장했다. 부모님에게 경제적인 지원을 받지 않고 아이비리그에 진학해서 공부하기 위해 열심히 일했다. 다트머스 대학에서 학부 과정을 마친 뒤에는 버클리에 있는 전쟁저항자연맹War Resisters League 공동체에서 살았다. 땅으로 돌아가기를 주창하며 버몬트 주 시골 마을에서 이런저런 잡역으로 간신히 생계를 유지하며 살기도 했다. VISTA(미국 빈민 지구 파견 자원 봉사 활동)에 자원하여 미주리 주 캔자스 시티 도심에서 지역사회 조직가로도 활동했다. 공립 고등학교에서 아이들을 가르쳤고, 하버드에 다니던 시절에는 임상 실습 기간에 장애인을 위한 학교에서 심리학자로 일했다.

출세에 대한 야망으로 아이비리그에 진학했지만, 섬기는 삶에도 그만큼 마음이 끌렸다. 사회적 지위를 높여줄 전문직과 낮아지는 삶을 어떻게 통합할 수 있을까? 미국 문화는 개인적인 야망과 성취, 사회적인 성공 쪽으로 나를 잡아당겼다. 새롭고 조금 더 지속가능한 생활방식을 구상하던 친구들 대부분은 가난한 삶에 지쳐갔고, 교육, 금융, 조직 발전, 사업 분야에서 상당한 지위에 있는 직업을 찾아떠났다. 나는 장기적인 가족의 행복을 염려했고, '내가 좋은 사람이기만 하다면, 신분 상승을 꾀하는 게 뭐가 문제인가' 궁금해하던 참이었다. '어쩌면 지금이 내 이름을 떨칠 때인지도 몰라. 도전하자, 이런 기회는 다시 오지 않아!' 하지만 내 개인의 야망과 하나님께 나를 내어드리고픈 갈망, 섬김에 대한 열망은 어떤 관련이 있나? 내 마음은 자기회의로 가득했고 한 치 앞도 보이지 않았다.

헨리는 내게 말했다. "당신이 누구인지 알아야 무엇을 따라갈지 알지 않겠어요? 당신이 누구냐 하면, 하나님이 사랑하시는 자녀예요. 내면에서 들리는 사랑의 목소리를 들어야 해요. 그 목소리가 당신을 인도해줄 거예요. 우리가 다 그렇듯이, 다른 목소리, 특히 자기회의의 목소리에 귀를 기울이면 꼼짝할 수가 없어요. '하나님이 사랑하시는 이'라는 자신의 정체성을 신뢰하면, 어떤 결정을 내려야 할지 분명해질 거예요. 당신에게 이런저런 이야기를 하는 다른 목소리들로부터 조금은 벗어나게 될 겁니다. 당신 자신이나 미국 문화가 기대하는 것과는 다른 존재가 될 거예요."

대답이 없는 대답이었다! 하지만 그로부터 몇 년이 지나, 나는 헨리가 한 말이 얼마나 지혜로운 말인지 이해하게 되었다. 그가 던진 질문들이 내 안에서 맴돌았다. '내가 하는 일과 상관없이 나는 어떤 사람인가? 나는 누구인가? 나는 누구에게 속해 있나? 내 사람들은 누구이고, 내 공동체는 어디인가? 내 삶에서, 내가 사랑하는 사람들의 삶에서 내가 가장 간절하게 바라는 것은 무엇인가? 내가 귀 기울이고 있는 내면의 목소리는 무엇인가? 내게 기쁨을 주는 것은 무엇인가?'

깊은 곳 어디쯤에선가 이런 질문들이 참선을 하는 과정에서 고개를 든 다른 질문들과 만났다. 불교 수련에서 선사船師는 우리에게 단순한 질문을 탐구하라고 조언했다. 이를테면, 조용히 숨을 들이쉬고 내쉬면서 "숨을 쉬고 있는 이는 누구인가?" 생각하라고 했다. 생각과 걱정, 기억과 느낌이 우리를 스쳐 지나가면, "이것은 무엇인가?" 하고 조용히 물으라고 했다. 되풀이되는 이 기억, 이 두려움, 이 갈망, 자신에 대한 이런 판단은 무엇인가? 이러한 질문들은 우리로 하여금 생각과 기억, 갈망이 와글대는 혼란을 지나쳐 고요하고 직관적인 앎으로 나아가게 한다. 고독 속에서 찾아오는 이런 유형의 자기 인식은 속도를 늦추고 자신의 삶을 깊고 세심하게 들여다

분별력

보라는 헨리의 충고를 떠올리게 하는 듯했다. 내 속의 두려움, 걱정, 혐오감과 '친구가 되라'는 헨리의 제안은 불교의 안거 수행을 비롯해서 언제 어디서나 할 수 있는 것이었다.

내가 선禪불교도이자 그리스도인으로서 참선과 기도를 병행한다고 했을 때 헨리는 나를 이해하고 지지해주었다. 나는 참선을 통해 나를 철저하게 비워낼 때 그리스도께서 그곳에 함께 계신 것을 느낀다. 내 인식의 대상이나 실제적인 내면의 목소리로 그분을 느끼는 것이 아니라 그분의 임재를 강렬하고 충만하게 느낀다. 헨리는 나의 이런 경험을 믿어주었다. 나는 사도 바울이 했던 말을 떠올렸다. "이제 살고 있는 것은 내가 아닙니다. 그리스도께서 내 안에서 살고 계십니다"(갈 2:20). "이렇게 한 것은 내가 아니라, 나와 함께 하신 하나님의 은혜입니다"(고전 15:10). "여러분 안에 이 마음을 품으십시오. 그것은 곧 그리스도 예수의 마음이기도 합니다"(빌 2:5). 헨리는 내가 나사렛 출신의 역사적 예수뿐 아니라 각 사람 안에 사시는 그리스도의 영원한 현존까지 믿게 했다. 그리스도는 매일 내 일상에 계시고, 순간순간 실제 내 생각과 느낌, 기억과 감정의 흐름 안에 계신다.

나의 이성은 이것을 이해하지 못해도 나는 이것이 사실이라고 느낀다. 그리스도의 임재를 직접 찾아내는 유일한 방법은 침묵 속에서 기도와 고독을 실천하는 것뿐이다. 헨리는 고독을 '변화의 용광로'라고 불렀다. 그곳은 우리가 마음을 산만하게 하는 것을 모두 버리고, 우리를 '사랑하는 이'라고 부르실 이를 믿음으로 기다리는 영혼의 어두운 곳이다.

뉴욕에 있는 선산승원Zen Mountain Monastery에서 안거하며 침묵 수행을 하던 어느 날, 나는 헨리 나우웬과 사도 바울이 이야기하는 모습을 살짝 엿보았다. 그러고 나서 셋째 날, 무수한 고뇌와 절망을 경험한 후 마음의 수문이 부서져 열렸다. 깔고 앉았던 방석에 눈물이 떨어질 때, 그리스도가 내 옆에 앉아 계신 것이 또렷하게 느껴졌다. 그 순간 이런 생각이 들었다. "예수는 불교를 두려워하지 않으신다. 예수는 두려움이 없으시다. 예수는 육신을 입고 이 땅에 오신 하나님이시다. 우리의 인성을 공유하시고 유한한 삶을 사는 것이 어떤 것인지 전부 알고 싶어 하시는 하나님이시다. 그분은 호기심과 창의성의 화신이시다. 그분은 우리 안에, 우리들 사이에 계시고, 나에 관한 모든 것, 여기 있는 각 사람에 관한 모든 것을 사랑하고자 하시고, 내 선사船師처럼 이렇다저렇다 판단하지 않고 '이것은 무엇인가' 하는 질문을 우리가 깊이 숙고하기를 원하신다."

나는 헨리가 함께 있는 것을 감지할 수 있었다. 나를 신뢰하라던 그의 말을 떠올렸다. 눈물이 비처럼, 조용한 은혜의 비처럼 쏟아졌다.

나는 헨리의 격려에 힘을 얻어 1988년에 웨스턴 예수회 신학대학에 들어갔다. 바티칸과는 점점 더 소원해졌지만, 나는 성체를 이해하는 로마가톨릭의 방식과 로마가톨릭교회의 신비주의 유산을 소중히 생각한다. 웨스턴에서 공부한 뒤, 나는 이를 바탕으로 한 명의 로마가톨릭 신자로서 가라앉고 있는 내 생명선에서 최상의 것을 구출하려 했다. 하버드에서 공부할 때 나는 친밀한 관계들을 통해 개인의 자아가 형성된다는 시각을 바탕으로 치료에 접근하는 대상

분별력

관계 심리치료 훈련을 받았다. 그래서 웨스턴에서는 치유를 향해 나아갈 때 대상 관계 심리치료와 기독교의 관상 기도, 불교 명상이 교차하는 지점을 주제로 석사 논문을 썼다.

헨리는 나의 안내자 중 하나였다. 그의 목소리는 내 내면에서 들리는 목소리 중 하나였다. 하지만 나는 서서히 나만의 신학을 만들고 나만의 영적 행로를 발견해나갔다.

나는 불교-기독교연구협회에 가입했고, 협회 회의에도 여러 번 참석했고, 학술 모임에서 명상 수행 리더가 되었다. 그리고 1994년 겨울, 헨리의 축복 아래 엠티 벨Empty Bell이라는 피정처의 문을 열었다. 당시 우리 가족이 보스턴 교외 워터타운에 새로 마련한 집에 차고가 하나 딸려 있었는데, 그 차고를 개조해 피정 공간으로 만들었다. 나는 불교와 기독교가 대화하고 관상 기도를 실천하는 안식처로 엠티 벨을 설립했고, 그렇게 설립한 엠티 벨이 내 사역의 중심이 되었다.

이따금 헨리는 우리 집에 묵었고 미사를 드리러 엠티 벨에 왔다. 엠티 벨에서 내가 후원했던 종교 간 대화에도 여러 번 참석했다. 불교와 기독교의 평신도와 수도사/수도승, 수녀/여승이 함께 모여 대화하는 모임이었다.

헨리가 데이브레이크에서 살며 일한 10년(1986-1996) 동안 우리는 서로를 방문하고 전화 통화도 꽤 자주 했다. 내가 일본의 대나무 피리인 사쿠하치를 배운 뒤로, 헨리는 자신이 피정을 인도할 때 가끔 나를 초대했다. 자신이 그리스도 안에서 사랑받는 존재라는 사실에 감격하여 사람들 마음이 뜨거워지면, 내가 일어서서 선禪 명상

곡을 연주했다. 그는 사람들이 음과 음 사이의 침묵에 집중하도록 유도하고, 하나님이 우리의 생각과 생각 사이 침묵 속에 함께 계신다고 말했다. 헨리는 대가답게 침묵과 고독의 가치에 관하여 가르쳤다. 그러나 나는 그가 혼자 있을 때 자주 불안해하는 걸 알고 있었다.

나만큼 불교에 관심이 있었던 것은 아니지만, 헨리는 나의 탐색에 흥미를 보였으며 나를 지지해주었다. 동양과 서양의 명상 수행이 서로를 풍요롭게 할 수 있다고 했다. 헨리가 불교에서 말하는 것처럼 마음을 '원숭이들이 가득한 나무'에 비유하는 데서 그가 동양을 받아들이고 있다는 사실을 알 수 있었다. 헨리의 사역은 전적으로 복음 중심이었던 데 반해, 나의 사역은 선불교와 기독교 사이를 오갔다. 우리의 이런 차이는 내가 헨리의 시각을 그대로 받아들이는 대신 나만의 시각을 지키는 데 도움이 되었다. 가톨릭교회, 그리고 헨리의 독특한 영적 행로와 구별되는 방식을 인정하고 받아들이는 일은, 짧은 순항 훈련 뒤 거친 바다에서 내게 타륜을 맡긴 장인 어른 존 불리트를 떠올리게 했다. '이제 넌 혼자야. 하지만 멘토가 옆에 있다는 사실이 네 자기인식의 범위가 된다는 걸 믿어.'

1995년 가을, 헨리는 안식년 중 세 달을 워터타운에 있는 우리 집에서 보냈다. 헨리가 떠나고 여덟 달 뒤에 나는 헨리의 비서에게 전화를 받았다. 헨리가 러시아로 가는 길에 잠시 들렀던 고국 네덜란드에서 심장마비로 사망했다고 했다. 토론토 근처 정교회 성당에서 열린 장례식과 뉴욕에서 열린 추도식에서 나는 깊은 슬픔 속에 사쿠하치를 연주했다.

몇 년 뒤, 나는 헨리나우웬협회에 가입했고 마이클 크리스텐슨과 레베카 레어드Rebecca Laird를 비롯해 헨리의 인생길에서 각기 다른 시기에 그와 우정을 나눈 많은 친구를 만났다. 결국 나는 헨리의 글을 모아 두 권의 문집을 엮어서 오르비스 출판사와 샴발라 출판사를 통해 출간했다.

16년간 우정을 나누면서 헨리와 나는 서로 비밀을 털어놓았고 신앙 안에서 함께 성장했다. 우리는 서로 영향을 끼쳤고, 서로 사랑했으며, 가끔은 의견을 달리했고 사이가 틀어지기도 했다. 신학과 신비주의 기도부터 헬스클럽에 가입하는 것의 유익까지 모든 것을 의논했고, 처음 그를 만났을 때 예상하지 못했던 독특한 관계를 함께 만들어나갔다. 이 점에서 우리는 분별이 고독 속에서 구축되는 개인의 문제일 뿐 아니라 관계 속에서, 공동체 안에서 키워나가야 할 살아 있는 불길이기도 하다는 헨리의 신념이 옳다는 사실을 직접 확인한 셈이다.

오늘날, 나는 헨리의 삶과 가르침에 초점을 맞춘 피정을 계속 인도하고 있다. 헨리는 여전히 내 삶 속에 살아 있다. 나는 여전히 그와 우정을 나누고 그와 함께 분별의 유익을 누린다. 고마워요, 나의 벗.

들어가는 말: 어둠이 있는 곳에 빛이 있다

다음 원고의 프롤로그를 각색했다. Nouwen's "Take, Bless, Break, Give," part 1 (unpublished manuscript, 1991); 다음 책에서 발췌하여 보충했다. *With Open Hands* (Ave Maria Press, 2006), p. 142.《열린 손으로》(성바오로)

1장 분별 연습

다음 자료를 통합하고 각색했다. "Becoming Poor Before God: Spiritual Formation at Daybreak" (unpublished manuscript, 1989); 다음 자료에 손으로 쓴 메모를 발췌했다. "God's Will, Acceptance of," (unpublished manuscript, 1990); 다음 자료의 미출간 원고에서 발췌했다. "The Genesee Diary," (1974), June 11, 29; 다음 자료에서 발췌했다. "Power, Powerlessness, and Power: A Theology of Weakness" (August 17, 1993), pp. 1-2; 다음 강의 자료에서 발췌했다. "Prayer as Listening" at "A Conference on Prayer," Woodland Park Community of Celebration, June 23, 1980; 다음 자료에서 발췌했다. *Gracias!: A Latin American Journal* (Harper & Row, 1983), pp. xviii, 12-13. 《소명을 찾아서》(성요셉출판사)

2장 영 분별하기

다음 자료의 미출간 원고에서 발췌했다. "The Genesee Diary," "The Road to Daybreak" (working title "The L'Arche Journal"), September 23, November 21, 1985; April 14, 15, May 5, 1986; "South American Diary," November 18, December 14, 1981; 다음 자료의 미출간 원고 프롤로그에서 발췌했다. "Take, Bless, Break, Give"; 다음 책에서 발췌했다. *Bread for the Journey* (HarperSanFrancisco, 2006), November 10, 11, April 15, 1985 《영혼의 양식》(두란노); *Life of the Beloved* (Crossroad, 2002), pp. 27-28 《이는 내 사랑하는 자요》 (IVP); "Distinguishing Law of the Flesh and Law of the Spirit," in

Gracias!, p. 13.

3장 방향 표지판

이번 장의 핵심 내용은 다음 책에서 각색하고 문맥에 맞게 다시 고쳐 썼다. *Thomas Merton: Contemplative Critic* (Liguori, 1991), "L'Arche Diary" and "The Genesee Diary." 특히 2장 미출간 원고에서 발췌했다; 다음 강의 노트에서 발췌했다. 〈영성생활 입문〉 (Yale Divinity School, 1981); 다음 책에 실린 헨리 나우웬의 서문에서 발췌했다. *Desert Wisdom: Sayings from the Desert Fathers*, ed. Yushi Nomura (Doubleday, 1982), p. xii; *Bread for the Journey*, April 15; *Gracias!*, November 30, 1981.

4장 자연이라는 책

다음 자료에서 발췌 후 각색하고 통합했다. "The Genesee Diary," June 11; *Walk with Jesus: Stations of the Cross* (Orbis, 1990), pp. 3-4 《예수님과 함께 걷는 삶》(IVP); "The Road to Daybreak," January 8, 1986; *Thomas Merton: Contemplative Critic* (Liguori, 1991), pp. 23-24; *Creative Ministry* (Doubleday, 1991), pp. 103-104 《영성의 씨앗》(그루터기하우스); *Clowning in Rome* (Image, 2000), pp. 91-93 《로마의 어릿광대》(가톨릭대학교출판부), *Bread for the Journey*, December 9, 10; and *Spiritual Formation* (HarperOne, 2010), pp. 6-7.《두려움에서 사랑으로》(두란노)

5장 인생길에서 만난 사람들

다음 자료에서 발췌하여 각색했다. "L'Arche Journal," August 13, 15, September 9, 10, 23, October 21, November 8, 13, December 21, 1985; *Gracias!*, p. x; November 30, 1981; "Finding Vocation in Downward Mobility," *Leadership* 11, no. 3 (summer 1990): pp. 160-161; *Spiritual Direction* (HarperSanFrancisco, 2006), pp. 5, 116, 123 《영성수업》(두란노); *Home Tonight* (Image, 2009), p. 107 《집으로 돌아가는 길》(포이에마); *Thomas Merton: Contemplative Critic*, (Liguori, 1991), p. 25; and *The Return of the Prodigal Son* (Doubleday, 1992), pp. 21-22.《탕자의 귀향》(포이에마)

6장 시대의 표적

다음 자료의 미출간 원고에서 발췌했다. "God's Timeless Time," "L'Arche Journal," June 8, 1986; October 6, 7, 9, 1986. 다음 자료에서 발췌하여 각색했다. *Thomas Merton: Contemplative Critic*, (Liguori, 1991), pp. 34, 36, 37, 39; *Clowning in Rome*, pp. 130-131; *Bread for the Journey*, September 9, December 6; *Turn My Mourning into Dancing*, ed. Timothy Jones (Thomas Nelson, 2004), pp. 56, 59.

7장 부르심을 확인하라: 소명 분별하기

다음 자료에서 발췌했다. "The Genesee Diary," September 1, October 1; "L'Arche Journal," August 4, 1986; "Ukrainian Diary" (unpublished manuscript), July 29; "Sabbatical Journey" (unpublished manuscript); "Finding Vocation in Downward Mobility," pp. 160-161; *Gracias!*, pp. x-xi, xviii, 1, 3, 9, 14; July 29, October 30, 1981; January 20, February 25, 1982.

8장 마음을 열라: 하나님의 임재 알아보기

다음 자료에서 발췌했다. "The Genesee Diary," June 11, September 7, 8, 13, 14, 21, 30, October 1; "South American Diary (Gracias!)," December 2, 1981; "L'Arche Journal," April 2, 13, 1986; "Ukrainian Diary"; "Sabbatical Journey"; "Meditation on Luke 24 Given During the Celebration of Life and Death of Gus van der Woude," April 20, 1975; homily on Luke 24 in class lecture notes (Yale Divinity School, 1981); *With Burning Hearts* (Orbis, 2003), pp. 51, 52, 67, 80, 89, 90; 《뜨거운 마음으로》(분도출판사) *A Cry for Mercy* (Image, 2002), pp. 125-126 《긍휼을 구하는 기도》(포이에마), *Gracias!*, December 11, 1981.

9장 자신이 누구인지 기억하라: 정체성 분별하기

다음 자료에서 발췌했다. "The Life of Faith" (unpublished manuscript, 1988); "The Genesee Diary," August 4; "Ukrainian Diary," August 7, 1993; 다음 자료 1부의 프롤로그와 서문에서 발췌했다. "Take, Bless, Break, Give";

Gracias!, p. 13; "Being the Beloved," in *Henri Nouwen: Writings*, ed. Robert Jonas (Orbis, 1998), pp. 24-25.

10장 때를 알라: 행동할 때, 기다릴 때, 끌려갈 때

"행동해야 할 때"는 1978년 12월 10일 뉴욕 컬럼비아 대학교 세인트폴 교회에서 헨리 나우웬이 한 설교를 주로 각색한 것이다. 이 원고는 다음 책으로 출간되었다. *The Road to Peace*, ed. John Dear (Orbis, 1998), pp. 50-52, 110, 124, 198-199.

"기다려야 할 때"는 〈영성생활 입문〉이라는 강좌의 강의 노트에 실린 기다림의 영성에 관한 헨리 나우웬의 생각을 각색한 것이다. "An Introduction to the Spiritual Life" (Yale Divinity School, 1980); "Power, Powerlessness, and Power"; 다음 책으로 출간되었다. *Finding My Way Home* (Crossroad, 2001), pp. 108-111, 114. 《영성에의 길》(IVP)

"인도하심을 따라야 할 때"는 〈영성생활 입문〉이라는 강좌 중 '피동'과 '고난과 새 삶'이라는 강의 노트를 중심으로 각색한 것이다. "Passion" and "Suffering and New Life" from "An Introduction to the Spiritual Life" (Yale Divinity School, 1980); 다음 책에서 발췌하여 보충했다. *Finding My Way Home*, pp. 91, 95, 96.

Thomas Merton: Contemplative Critic, (Liguori, 1991), pp. 68 이하; *In the Name of Jesus* (Crossroad, 1992), pp. 10, 55, 62, 68-72 《예수님의 이름으로》(두란노); The Road to Peace, pp. 50-52; *Bread for the Journey*, November 20, 21, April 14; *Gracias!*, March 28; "L'Arche Journal," February 27, 1996.

나가는 말: 감춰진 전일체

다음 미출간 자료에서 발췌하여 요약하고 각색했다. "One in Christ: Notes on Christian Unity," 1988, file 117, box 34, 1.1; "Henri Nouwen: A Conversation Between Friends," interview by Arthur Boers in *The Other Side* (September/October 1989).

부록 1. 우리는 우리의 우물에서 물을 마신다: 분별과 해방

다음 자료의 추천사에서 발췌하여 요약했다. *We Drink from Our Own Wells*, by Gustavo Gutiérez (Orbis, 2003) 《우리의 우물에서 생수를 마시련다》(한국신학연구소); "Ukrainian Diary II," August 19, 21, 1994; *Gracias!*, pp. viii, 13, November 4; and *Making All Things New* (Harper & Row, 1981), pp. 87-88. 《모든 것을 새롭게》(두란노)

서문: 무엇에 관한 책인가

1. 헨리 나우웬이 쓴 다음의 짧은 원고에 손으로 쓴 메모. "God's Will, Acceptance of" (1990).

추천의 말: 헨리 나우웬이 걸었던 분별의 길

1. Kenneth L. Woodward, "Soulful Matters" *Newsweek*, October 31, 1994; and Oprah.com article in 2000, at www.oprah.com/omagazine/Hillary-Clinton-On-The-Return-Of-The-Prodigal-Son ixzz207mkposo.

2. Robert A. Jonas, ed. *Henri Nouwen: Writings* (Orbis, 1998), p. 28.

들어가는 말: 어둠이 있는 곳에 빛이 있다

1. 헨리 나우웬은 1991년 프랑스 생마르탱두트에서 피정하는 동안 이 원고를 썼다. 우정, 관계, 마르트 로뱅, 중독, 죽음, 영적 어둠에 관하여 친구들에게 쓴 공개서한으로, 이번에 처음으로 편집, 출간된 것이다.

1장 분별 연습

1. John Climacus, *The Ladder of Divine Ascent*. Nouwen이 *Genesse Diary* (1974)에서 인용.《제네시 일기》(포이에마)

2. Henry David Thoreau, *Walden* (Ticknor and Feilds, 1854), Ch 8.《월든》(은행나무)

3. 헨리 나우웬은 로버트 포그트가 쓴 다음 책도 읽었다. Robert J. Voigt, *Thomas Merton: A Different Drummer* (Liguori Publication, 1972).

4. 〈기다림의 영성〉 녹음테이프 2부를 참고하라. 다음 책으로 출간되었다. *The Path of Waiting* (Crossroad, 1995).《영성에의 길》(IVP)

5. '고독', '공동체', '사역'으로 집약되는 헨리 나우웬의 영성을 간결하게 요약

한 자료로는 다음을 참고하라. Henri Nouwen, *Spirituality of Living* (Upper Room Books, 2011),《삶의 영성》(두란노)

6. 묵상 기도 훈련에 관한 나우웬의 더 자세한 가르침으로는 다음을 참고하라. Nouwen, *Spiritual Formation* (HarperOne, 2010), pp. 25-28.

7. 렉시오 디비나 훈련에 관한 구체적인 지침은 다음을 참고하라. Nouwen, *Spiritual Direction* (HarperSanFrancisco, 2006), pp. 90-94.

2장 영 분별하기

1. 헨리 나우웬은 토머스 머튼에 관한 다음 책도 읽었다. *A Different Drummer*, Robert Voigt, ed. (Ligouri Publications, 1972).

2. 우리의 진정한 정체성을 분별하는 것에 관해서는 9장을 참고하라.

3. "L'Arche Journal," Monday, October 14, 1985, Feast of Teresa of Avila, p. 85. 미출간 원고에서 발췌, 인용했다.

4. 헨리 나우웬은 마르트 로뱅에 관해 일기에 많이 썼다. 마르트 로뱅은 "오늘날에도 살아서나 죽어서나 그녀를 기억하는 사람들에게 계속 감동을 준다. 그녀는 오늘날 프랑스에서 일어나는 많은 영적 갱생의 근원이다. 새로운 기독교 공동체 중 어떤 식으로든 그녀와 연결되지 않은 공동체는 거의 없다. 이 작고 병약한 여성이 요즘 연단에 서서 설교하고 텔레비전에 나와 목소리를 높이는 위대한 사람들보다 우리가 사는 이 세상에 더 많은 일을 했으니 이 얼마나 기이한 일인가." "L'Arche Journal," April 14, 1986; April 15, 1986, pp. 492-496.

5. 헨리 나우웬이 번역한 마르트 로뱅의 기도. "L'Arche Journal," April 15, 1986.

3장 방향 표지판

1. 헨리 나우웬은 토머스 머튼을 1967년에 딱 한 번 만났다. 켄터키 겟세마네 수도원에서 단기 피정을 할 때였다. 토머스 머튼은 그 수도원 수사였다. 머튼과의 만남은 나우웬에게 지대한 영향을 끼쳤지만, 머튼의 일기(6권)에는 이 만남이 간략하게만 언급되어 있다. 게다가 머튼은 나우웬의 이름도 '나우 수사'라고 잘못 기록했다. 머튼은 1968년에 죽었고 나우웬은 1969년에

처음 책을 출간했다. 나우웬은 1971년에 네덜란드어로 머튼에 관한 책 (*Bidden om het leven*)을 한 권 썼다. 암스테르담 대학에서 강의할 때였는데, 이 때 쓴 책은 이듬해인 1972년에 영어로 출간되었다. *Pray to Live* (Fides, 1972). 이 책은 2004년에 제목을 바꿔 재출간했다. *Encounters with Merton* (Crossroads, 2004).《기도의 사람 토머스 머튼》(청림출판)

2. Jean-Pierre de Caussade, *The Sacrament of the Present Moment* (HarperSanFrancisco, 1989), bk. 1, chap. 2, sec. 3.

3. 로렌스 형제의 매일 기도에 관한 나우웬의 생각을 더 알고 싶으면 다음 책을 참고하라. *Spiritual Formation*, p. 24.

4. Thomas Merton, *The Seven Storey Mountain* (Harcourt Brace, 1948).《칠층산》(바오로딸)

5. 자존성은, 자신의 존재를 위하여 자신 이외의 다른 어떤 것에도 의존하지 않고 독립되어 존재하는 능력이다. 이는 존재의 본질로서 하나님의 실재를 가리키는 것으로, 고전 기독교 철학에서는 '존재의 순수한 활동'이라고도 한다. 하나님에게는 본질과 존재가 동일하다는 로마가톨릭의 전통 교리는 출애굽기 3장 14절에 근거한 것이다. 하나님은 모세에게 자신의 진짜 이름을 이렇게 말씀하셨다. "나는 곧 나다." 초대 교부들과 스콜라 신학자들은 출애굽기 3장 14절이 정말로 하나님이 '나는 나다'라고 선언하신 것을 기록한 것이라고 보았다. 하나님의 형이상학적 본질은 존재이다.

6. Merton, *The Seven Storey Mountain*, p. 172.

7. 토머스 머튼은 동양의 지혜를 탐구하여《장자의 도*The Way of Chuang Tzu*》, 《선과 맹금*Zen and Birds of Appetite*》,《신비가와 선의 대가들*Mystics and Zen Masters*》세 권의 책을 썼다.

8. Merton, *The Seven Storey Mountain*, p. 185.

9. Yushi Nomura, ed., *Desert Wisdom: Sayings from the Desert Fathers* (Doubleday, 1982), p. 4.

10. Merton, *The Seven Storey Mountain*, p. 354.

11. Merton, *The Seven Storey Mountain*, pp. 268-9.

12. 나우웬은 1981년 예일대 신학대학원에서 〈영성생활 입문〉이라는 수업에서 영적 독서 훈련에 관하여 가르쳤다.

13. Aelred Squire, ed., *Asking the Fathers* (Paulist Press, 1976), p. 121. 〈영성 생활 입문〉(Yale Divinity School, 1981). 영적 독서에 관한 나우웬의 부록에 인용되어 있다.

14. Saint Bernard in Advent, sermon 5, Squire, ed., *Asking the Fathers*, p. 127에 인용되어 있다; 또 〈영성생활 입문〉(Yale Divinity School, 1981)에 인용되어 있다.

15. De Caussade, *Letters*, vol. 3, p. 10, quoted in Squire, ed., *Asking the Fathers*, p. 125에 인용되어 있다; 또 〈영성생활 입문〉에 인용되어 있다.

4장 자연이라는 책

1. 요즘 사람들은 책이라고 하면 흔히 튼튼한 겉표지에 제본한 조판 원고나 휴대용 기기에 내려받을 수 있는 디지털 원고를 생각하기 쉽다. 그러나 아우구스티누스를 비롯한 선조들은 '자연이라는 책'이야말로 우리가 공부할 가치가 있는 책이라고 했다. 나우웬은 하나님의 모국어가 자연이었고 자연 속에 하나님의 메시지를 남기셨다고 보는 근대 이전의 독자들과 의견을 같이했다.

2. Merton, *The Seven Storey Mountain*, p. 293.

3. Theodore Roszak, *The Making of a Counter Culture* (Anchor Books, 1969), p. 245, Nouwen, *Creative Ministry* (Doubleday, 1991), p. 104에 인용되어 있다.

4. *A Cry for Mercy: Prayers from the Genesee* (Doubleday, 1981), p. 94.

5장 인생길에서 만난 사람들

1. Merton, *The Seven Storey Mountain*, p. 219.

2. Merton, *The Seven Storey Mountain*, pp. 195-196.

3. Merton, *The Seven Storey Mountain*, p. 181.

4. 《상처 입은 예언자, 헨리 나우웬*Wounded Prophet*》(포이에마)에서 마이클 포드는 헨리와 아주 친하게 지낸 친구들의 이름을 제시하는데 최소 1,500명이 넘는다. 이 책에서 헨리와 가장 친하게 지낸 사람을 세 명 이상 언급하는 것은 지면 관계상 여의치 않고 이 책의 목적에도 맞지 않지만, 헨리에게는 이

번 단락에 포함시킬 만한 친구가 많이 있었다.

5. 치료 센터에서 몇 달을 지내면서 우울증과 상실감에서 회복된 이야기는《데이브레이크로 가는 길*The Road to Daybreak*》(포이에마)과《마음에서 들려오는 사랑의 소리*The Inner Voice of Love*》(바오로딸) 에필로그, 그리고 이 시리즈 1권인《영성수업》, pp. 120-123에도 나와 있다.

6. 헨리 나우웬은 장 바니에, 로버트 조너스, 네이선 볼과 나눈 우정에 관해서는 글을 많이 남겼지만, 수 모스텔러와 나눈 우정에 관해서는 별로 기록하지 않았다. 수 모스텔러는 1985-1986년에 데이브레이크에서 헨리 나우웬을 처음 만났다. 그리고 헨리 나우웬이 처음 데이브레이크 공동체에서 지내는 동안 예배 시간에 그와 함께 신실하게 기도했으며, 프랑스와 네덜란드, 우크라이나를 방문할 때도 그와 동행했고, 헨리 나우웬이 회복의 시간을 가질 때도 그를 찾아갔다. 어떤 면에서는 그에게 형제가 되어준 로버트 조너스와 네이선 볼보다 수 모스텔러와 나눈 우정이 헨리 나우웬에게는 더 중요한 의미가 있다. 수 모스텔러는 헨리 나우웬에게 하나님의 진리를 이야기하길 주저하지 않았고, 그리하여 헨리 나우웬이 하나님의 뜻을 분별할 수 있도록 돕는 살아 있는 이정표가 되어주었다.

7. 헨리 나우웬의 마지막 책《안식의 여정*Sabbatical Journey*》(복있는사람)에 쓴 서문에서 수 모스텔러는, 헨리 나우웬이 마지막 해에 쓴 700페이지가 넘는 일기에서 600명이 넘는 친구들 그리고 연락하고 지내는 1,000명이 넘는 친구와 지인의 이름을 언급했다고 말했다. 하나님의 임재를 보여주는 표징 중 헨리 나우웬에게 가장 중요한 표징은 사람들이었다.

6장 시대의 표적

1. Thomas Merton, *The Literary Essays of Thomas Merton*, ed. Brother Patrick Hart (New Directions, 1981), p. 500.

2. Merton, *The Secular Journal of Thomas Merton* (Dell, 1980), p. 172.

3. Merton, *The Secular Journal* (Dell, 1980), p. 98.

4. Merton, *My Argument with the Gestapo* (Doubleday, 1969), p. 138.

5. "그들은 때를 잘 분간할 줄 알고, 이스라엘이 하여야 할 바를 아는 사람들이다"(대상 12:32). 잇사갈 자손의 우두머리들이 맡았던 역할과, 때를 분별하는

표징에 관한 토머스 머튼의 생각을 비교해보는 것도 흥미롭다.

6. 나우웬이 셀마에서 있었던 시민권 투쟁을 목격한 것과, 애틀랜타에서 열린 마틴 루터 킹의 장례식에 참석한 일은 《평화에 이르는 길*The Road to Peace*》에 기록되어 있다.

7. 토머스 머튼은 '착각의 가면을 벗기는' 것을 두고 이렇게 썼다. "순수한 대상으로서 세상은 거기 존재하지 않는 것이다. 이 세상은 우리가 살아가는, 우리 바깥에 있는 실재가 아니다. 나는 나 자신의 일부고, 스스로 만든, 살아 있는 신비다. 나는 나 자신이고, 나만의 독특한 문이다. 내 입장에서 세상을 찾으면, 내가 세상으로부터 멀어지는 건 불가능하다." *Contemplation in a World of Action* (University of Notre Dame Press, 1999), pp. 154-155.

8. *Seeds of Contemplation* (Farrar, Straus and Giroux, 1990), p. 53.

7장 부르심을 확인하라: 소명 분별하기

1. Nouwen's "South American Journal" from October 1981 to March 1982 was published as *Gracias!* (HarperCollins, 1982).

8장 마음을 열라: 하나님의 임재 알아보기

1. 다음 자료에서 인용했다. "The Genesee Diary," September 23.

2. Anthony Bloom, *Beginning to Pray* (Paulist Press, 1970), p. 75.

3. 렉시오 디비나 훈련에 관해서는 1장과 3장을 참고하라.

4. 철학적으로 '다자인'은 하이데거의 《존재와 시간*Being and Time*》에서 핵심이 되는 용어로, 자기 존재의 의미를 자각하는 실체를 가리킨다. 존 유드는 존재에 관한 하이데거의 철학을 언급하면서 '다자인'이라는 용어를 사용하여 성체 성사의 빵과 포도주라는 '현상' 아래 임하시는 그리스도의 '실제적 현존'을 설명한다. 현상은 실체를 모두 드러내지 않은 상태로 겉으로 보이는 것이다. 다자인의 개념에 관한 더 자세한 설명은 다음 자료를 참고하라. Martin Heidegger, *Being and Time*, trans. by Joan Stambaugh (Albany: State University of New York Press, 1996).

5. 제네시 수도원에서 성체축일에 존 유드가 성체에 관해 한 이야기를 헨리 나우웬이 정리한 내용으로, 나우웬 일기 1권 1974년 6월 11일자 41-43쪽에

서 내용을 편집하고 각색한 것이다.

6. 에바그리우스 폰티쿠스Evagrius Ponticus, 가자의 도로테우스Dorotheus of Gaza, 디아도코이Diadoque, 요한 클리마쿠스, 성 베네딕투스의 영성에서 우리는 이러한 철학적 통찰이 강조된 것을 확인할 수 있다. 그들은 기도와 묵상, 고행 중에 하나님의 임재가 마음속에 드러난다고 보았다. 고행을 뜻하는 영어 단어 'ascesis'는 '연습하다'를 의미하는 그리스어 'askein'에서 온 것으로 종교적인 목적을 위해 관상적 이상을 추구하는 자기 훈련이다. 이에 관한 나우웬의 글은 1973년 9월 21일, 10월 12일자 《제네시 일기》에서 확인할 수 있다.

7. 닐스 달Nils A. Dahl에 따르면, 요한네스 크리소스토무스Johannes Chrisostomus, 몹수에스티아의 테오도르Theodore of Mopsuestia, 그리고 클레르보의 베르나르의 영성에, 기억에 관한 이런 개념이 퍼져 있었다. 기억에 관한 아리스토텔레스의 철학 이론에서 '기억한다mnemoneuein'는 말은 과거의 사건에만 써야 한다. 그런데 신약성경에서는 이 말이 현재나 미래에 일어나는 일을 언급할 때도 사용된다. 따라서 기억한다는 것은 '상기한다'는 뜻에 더하여 누군가 혹은 무언가를 생각하거나(골 4:18) 기도할 때 언급하는(롬 1:9; 살전 1:2; 엡 1:16) 것을 가리키기도 한다. 닐스 달에 따르면, "신약성경에서 그리스어 개념이 이런 식으로 확대된 것은 유대인의 의식과 전통이 끼친 영향을 보여준다. 구약성경에서 하나님은 그분의 백성들을 기억하고, 하나님의 백성들은 전능하신 하나님이 자기들을 구원하신 것과 하나님이 주신 계명을 기억하라는 부름을 받는다." 닐스 달은 문헌을 조사하다가 예배와 회중에게 하는 설교, 기도, 초기 기독교의 감사의 중심을 차지하는 것이 바로 기억과 기념이라는 결론에 이른다. 헨리 나우웬이 예일 대학교 닐스 달 교수의 소논문 "추억: 초기 기독교에서 행한 기억과 기념"을 연구하고 정리한 글은 처음에 프랑스어로 발표되었다. *Studia Theological I* (1947), pp. 69-95.

9장 자신이 누구인지 기억하라: 정체성 분별하기

1. 테오시스*Theosis* 또는 신화(神化, 문자적으로 '신이 되는 것')는 그리스도인이 완전한 신성에 이를 때까지 점점 더 하나님같이 되는 과정을 묘사할 때 사용하던 고대의 신학 개념이다. 이 기독교 교리의 광범위한 역사에 관해서는 다

음을 참고하라. Michael J. Christensen and Jeffery Wittung, eds., *Partakers of the Divine Nature: The History and Development of Deification in the Christian Traditions* (Baker Academic, 2008).

2. '하나님께 사랑받는 자녀임을 밝히는 것'에 관한 헨리 나우웬의 가르침은 다음 자료를 참고하라. *Life of the Beloved* (Crossroad, 2002); *Spiritual Direction*, chap. 10.

10장 때를 알라: 행동할 때, 기다릴 때, 끌려갈 때

1. *Conjectures of a Guilty Bystander* (Image, 1968), p. 156.

2. 〈십자가의 길〉 앞에서 기도하는 것은, 예수님이 본디오 빌라도에게 사형을 선고받고 빌린 무덤에 장사되기까지 14개의 사건을 기념하기 위해 로마가톨릭교회에서 하는 경건 훈련이다. 로마가톨릭 신자들은 그리스도의 수난을 생생하게 묘사한 그림과 조각 앞에서 기도한다.

3. 미국에서 1980년대 초는 문화적 공포의 시대이자 핵전쟁 위험이 날로 심해지던 시기다. 핵동결 운동이 힘을 얻으면서 헨리 나우웬도 핵무기와 전쟁 등 사회 문제에 더 관심을 갖게 되었고 미국의 군국주의를 규탄하는 데 적극적으로 나섰다. 평화를 이루는 영성에 관한 책을 썼고, 네바다에서 있었던 핵무기 실험에 항의했으며 라틴아메리카 국가들의 문제에 미국이 개입하는 것에 공개적으로 항의했다. 그러나 미국에 사는 네덜란드 국민인 까닭에 평화를 위해 싸우다 체포를 당하고 옥에 갇히는 것이 자신에게 주어진 소명이라고 느끼지는 않았다. "평화를 심는 작업Peaceworks"이라는 원고에 그는 이렇게 썼다. "내가 감옥에 가는 것이 사람들 마음을 더 끌어당기는 대신 사람들을 멀어지게 하지는 않을까 항상 궁금했다. 어쩌면 나는 다른 사람들에게 영향을 끼치는 것에 대해서는 지나치게 신경을 쓰면서, 정작 나의 헌신이 신실한지에 관해서는 제대로 신경을 쓰지 못하고 있는지도 모른다." *The Road to Peace*, p. 54.

4. 헨리 나우웬은 사회적 활동을 설명하는 글을 썼는데, 중앙아메리카에서 일어난 사건 가운데는 1982년에 과테말라에서 리오스 몬트Ríos Montt 장군이 권력을 장악한 일도 언급되어 있다. 그는 예수님의 열렬한 추종자를 표방했고 복음주의와 오순절 교회 지도자들은 그를 자기네 사람이라고 주장했다.

그러나 그가 기독교 리더십을 앞세워 군을 장악한 지 몇 달 만에 그의 명령으로 2,600명이 넘는 농민이 학살당했다. *The Road to Peace*, p. 13을 참고하라. 나우웬은 과테말라에서 자신이 목격한 일과 들은 이야기를 다음 책에 썼다. *Love in a Fearful Land: A Guatemalan Story* (Ave Maria Press, 1985).

5. 1983년 여름에, 헨리 나우웬은 한 달간 니카라과를 방문했다. 그리고 온두라스 국경에서 '평화의 증인들Witnesses for Peace' 대표단에 합류했다. 그 곳에서 헨리 나우웬은 미국의 지원을 받는 반정부 세력과 산디니스타 민족 해방전선의 충돌을 목격하고, 아이들이 고문당하고 살해당한 이야기를 어머니들에게서 들었다. 하버드 신학대학원에서 학생들을 가르치기 위해 미국으로 돌아온 헨리 나우웬은 레이건 정부가 중앙아메리카를 침공하는 것에 반대하도록 북아메리카에 있는 기독교 공동체에 촉구하지 않을 수 없었다. 헨리 나우웬은 여러 평화 단체에서 지원을 받아 6주간의 순회강연을 시작했고, 자신이 교회 지도자들과 가난한 사람들을 만났던 그 국가들에서 어떤 부당한 일이 자행되고 있는지 알렸다. 순회 기간에 그가 강연했던 교회 가운데는 내가 다니는 교회도 있었다. 샌프란시스코에 있는 나사렛 골든게이트 커뮤니티 교회에서 헨리 나우웬은 묵상과 행동에 대한 부르심에 관해 나누었다.

6. Simone Weil, *First and Last Notebooks* (Oxford University Press, 1970).

7. 소명과 리더십에 관한 자세한 내용은 이 단락의 기초가 된 다음 자료를 참고하라. *In the Name of Jesus* (Crossroads, 1989).

부록 1. 우리는 우리의 우물에서 물을 마신다: 분별과 해방

1. 구스타보 구티에레스의 《해방 신학*A Theology of Liberation*》(분도출판사)은 1960년대 후반 라틴아메리카에 등장했고 1971년에 스페인어로 출간되었다. 이 책은 '가난한 사람들에게 우선 선택권'을 주어야 한다고 강하게 부르짖었다. 구스타보는 해방신학의 아버지로 알려졌고, 사람들과의 연대를 통해 실천신학이 탄생했다. 그의 책과 강의는 라틴아메리카와 전 세계 해방신학에 선지자의 예언이 되었다. 좀 더 사색적인 헨리 나우웬의 영성과 새로운 유형의 해방운동가로서 좀 더 활동적인 구스타보의 영성의 대립은 구스타보 구티에레스의 책《우리의 우물에서 생수를 마시련다*We Drink from Our Own*

Wells》와 이 책에 실린 헨리 나우웬의 추천사에 잘 표현되어 있다.

2. 헨리 나우웬은 해방신학의 몇몇 측면에 대해 여전히 비판적인 시각을 견지했지만, 구스타보 구티에레스가 신비주의와 행동주의, 영적 성장을 위한 싸움과 정치적 자유를 위한 싸움을 결합시키는 방식에 깊은 감명을 받았다. 구스타보 구티에레스는 '해방 영성'을 전개할 때 영적 경험이라는 태고의 바다에 의지했다. 구전과 문헌, 구체적인 삶과 신앙 공동체에 의지해 자유를 위한 싸움을 펼쳐나갔다.

3. 1982년 봄에 헨리 나우웬이 돌아오자, 하버드 신학대학원은 그에게 시간 강사 자리를 주고 해방신학의 영적 측면에 관하여 공개 강연을 하게 했다. 그 해 가을에는 한 해에 한 학기만 강의하고 나머지 한 학기는 자유롭게 라틴 아메리카를 다니면서 다른 관심사를 좇을 수 있도록 배려하는 조건으로 그를 교수로 임용했다. 2년 뒤, 헨리 나우웬은 소명의 문제를 다시 꺼냈고, 학계를 떠나야 할 때가 되었음을 분간했다. 그리고 프랑스에 있는 라르쉬 공동체에서 신체와 정신에 장애가 있는 사람들 사이에서 영혼의 집을 찾기 시작했다. 하버드에서 토론토에 있는 라르쉬 데이브레이크 공동체로 그를 인도한 헨리 나우웬의 분별 일기《데이브레이크로 가는 길》을 참고하라.

부록 2. 더 낮은 북소리를 듣는 헨리 나우웬

1. 나우웬이 '하나님의 뜻 받아들이기'를 주제로 손으로 쓴 미발표 원고를 요약한 것이다. "God's Will, Acceptance of"(unpublished manuscript, 1990).

2. 그레이트풀 데드의 드러머 미키 하트*Mickey Hart*는 이렇게 말했다. "드럼 동아리는 평등합니다. 머리도 꼬리도 없기 때문입니다. 그 안에는 전 연령대의 사람들이 있습니다. 리듬을 나누고 서로 함께하는 것이 이 모임의 주된 목적입니다. 집단의식을 형성하고, 서로 공명하고… 함께 드럼을 연주하다 보면 새로운 목소리, 집단의 목소리가 나타납니다." 1991년 미 상원 고령화특별위원회 앞에서 한 증언.

3. 헨리 데이비드 소로(1817-1862)는 반골 사상가이자 저술자이며 행동가였다. 다른 사람들이 산업 발전 전망에 열광하던 시기에 그는 환경 보호라는 대의를 옹호했다. 다른 사람들이 노예제의 관습을 받아들일 때, 그는 거침없이 노예제 폐지를 주장했다. 멕시코에 노예제를 확대하고 싶어 하던 정부를 지

지하지 않고 세금 납부를 거부한 죄로 감옥에 갇혔다. 그는 비폭력 시민 불복종 운동을 옹호한 최초의 사람들 중 하나였다. 철학적으로는 초월주의자이자 이신론자였다. 그는 종교 교리가 아니라 개인의 직관을 통하는 것이 하나님을 아는 최상의 방법이라 믿었다.

4. "말씀으로 내 걸음을 인도하소서… 부르심에 합당하게 살며 소명을 이루길 원합니다. 주님, 내 걸음을 인도하소서. 주님의 뜻을 행하렵니다. 세상은 변해도, 주님은 변함이 없으십니다. 내 걸음을 인도하소서. 주님의 이름을 찬양하겠습니다." 글렌 브루이그가 쓴 〈내 걸음을 인도하소서〉의 가사.

5. *Spiritual Formation*, p. xxiii. 렉시오 디비나의 네 단계는 읽기, 묵상, 기도, 안식이다.

6. C. S. Lewis, *The Silver Chair* (HarperCollins, 2001), p. 560.《은의자》(시공주니어)

7. 성경에서 기드온은 하나님의 뜻을 분별하기 위해 양털을 밖에 놓아둔다(삿 6:36-40). "기드온이 하나님께 아뢰었다. '참으로 주님께서는 말씀하신 대로 나를 시켜서 이스라엘을 구하시려고 하십니까? 그러시다면, 내가 양털 한 뭉치를 타작마당에 놓아두겠습니다. 이슬이 이 양털뭉치에만 내리고 다른 땅은 모두 말라 있으면, 주님께서 말씀하신 대로, 저를 시켜서 이스라엘을 구하시려는 것으로 알겠습니다'"(삿 6:36-37).

8. 감리교도들은 하나님이 주로 성경과 교회 전통, 이성을 통해 말씀하신다고 생각한다. 헨리 나우웬에 따르면, 하나님은 여러 가지 방법으로 우리를 찾아오시고 길을 비추어 우리로 길을 잃지 않게 하신다.

9. *Thomas Merton: Contemplative Critic*, p. 37.

10. 6장을 참고하라.

DISCERNMENT

◇◇◇

하나님은 다양한 시기에 다양한 방법으로
그리스도인 개개인과 하나님의 백성들에게 말씀하신다.
헨리 나우웬은 이렇게 하나님이 우리에게 말씀하시려고 하는 바를 이해하고,
일상생활에서 감지하기 어려운 미묘한 표징을 읽어내며,
우리 인생에서나 이 세상에서 벌어지는 이런저런 일이 어떻게 연결되는지를
꿰뚫어보는 통찰을 '분별'이라 정의하고, 이 분별을 훈련하고 실천함으로써
우리의 소명과 사명을 이룰 수 있다고 말한다.